艺术与观念

塞尚

[英] 玛丽·汤姆金斯·刘易斯　著

孙丽冰　译

北京出版集团公司

北京美术摄影出版社

目录

对页
《从卢弗斯看圣维克
多山》
(图194)
1902—1904年
帆布油画
69.8厘米×89.5厘米
费城艺术博物馆

*本书地图系原书插图

引言

　　保罗·塞尚是 20 世纪初期绘画领域的先驱，这一角色让他在现代艺术史中拥有无可比拟的地位。即便是在塞尚孤独年迈之时，同时代的画家也能证明其在 19 世纪末的法国，在其创作的文化风景画领域中所享有的极高名望。塞尚的艺术和抱负深受当时独特的社会历史环境以及家庭背景的影响。对于塞尚作品的评价曾经充斥批评的言辞。与此不同，本书的主要目的之一是带领读者回到塞尚生活的环境，重新审视塞尚的绘画作品及其艺术生涯。

　　塞尚于 1839 年出生在普罗旺斯的艾克斯小镇。20 岁出头前往巴黎，却遭到官方艺术界的排斥。对于当时的主流画家而言，他永远是个来自偏远的南方外省的乡下人。经受挫败后，塞尚回到了家乡。也正是从那时起，他开始了奔波于巴黎和法国南部的生活和工作模式。

　　我们在塞尚的作品尤其是风景画中虽然得以一窥其动荡的艺术生涯，以及他的作品并没有为自己的生活增添多少荣光。更令人惊讶的是，尽管后来塞尚名声大噪，然而我们对于他的生平和艺术思想却知之甚少。从现存的塞尚与友人间的书信中，我们只能发现一丝他的艺术理论和灵感的踪迹。即使是塞尚的挚友、在其书中以塞尚为原型塑造了种种人物形象的作家埃米尔·左拉，还有最早一批对塞尚的生平进行过描述的传记作者，如普罗旺斯诗人若阿基姆·加斯凯，也只能提供片断的或是按照作者日志修饰过的素材。同样的，塞尚的画作很少能直接表现其矛盾的人际关系、对女人的恐惧以及对于名望和孤独这一对矛盾体的追求。然而，这样一个心理备受折磨，充满疑虑和爱恨情仇的人物形象可以通过作品得以呈现，通过追求调和过去与当下，结合叙事与纯粹的艺术形式的正统价值观得以呈现。

如果塞尚的作品是在宏伟的过去和充满不确定性的当下之间寻求平衡，那么19世纪末的法国亦是如此。后拿破仑时期，法国陷入了一系列的政治和社会动荡之中；不仅如此，普法战争（1870—1871年）中法国的颓然落败以及由此衍生出的动荡因素，进一步使这个国家阴云密布。法国文化的优势、道德的稳定性以及民族的活力统统受到了质疑。人们开始拒绝权威，从而引发政治骚动，社会动荡不安，最终促使法国现代性的出现。塞尚用生动的笔触，努力把印象派画家所表现的瞬间意象和传统大师们的理念相融合，以期能够捕捉法国文化的灵魂，并在1870—1880年间的作品中加以体现。

在艺术界，反映君主制垄断、由政府资助的机构中存在的森严等级逐渐被颠覆。学院派历史画逐渐消亡就是一个例子。曾经很长一段时期，政府主张用这一画派所表现的文学或历史题材作品来达到思想道德教化的目的。而如今，取而代之的是"外光画"现实主义流派作品和风景画。这仅仅是新型民主秩序的一个标志。1861年，塞尚到达巴黎，他期望投身于以两大艺术巨匠让·奥古斯特·多米尼克·安格尔（1780—1867年）和欧仁·德拉克洛瓦（1798—1863年）为引领的新古典主义与浪漫主义之战。这场战争为许多19世纪初期的画作提供了灵感。他频频向浪漫主义大师、色彩大师德拉克洛瓦表达忠心，声称要把德拉克洛瓦奉为画神，至死不渝（图1）。不过很快塞尚就意识到，这场19世纪的艺术之战，和引发这场战役的历史和文化一样，已经发生了不可逆转的改变。

塞尚认为自己的艺术个性鲜明，属于与众不同的流派。对此，我们也持同样的观点。本书的时间逻辑甚为松散，但是这个问题是由塞尚本人造成的：因为塞尚在其艺术生涯中几乎不在作品上标注时间；在作品的保存（他毁掉了不少作品）和分类问题上也往往非常随意。因此，所有对塞尚作品的批判性评价都集中在对于时间和出处的质疑上。还有一个问题是，虽然塞尚的创作存在交叉点，他的创作风格与相应的主题范围并不一致，但这也正是他的天才所在。例如，在风景画中，塞尚每画一个图案时所表现出的极致的观察力很难与其在天马行空的绘画中所总结出的想象技巧相匹敌。据此，我们可以发现一条独特的时间线，它隐藏在塞尚对每一个伟大的艺

术手法或画派的调查研究中。塞尚的艺术造诣得益于他对既往的艺术作品的认识、研究和理解。即便是对近代的作品，他也能做到如此。这是同时代的画家望尘莫及的。

　　塞尚同时代的印象派画家通常只专攻一到两个绘画领域（例如克劳德·莫奈，1840—1926年，专攻风景画；皮埃尔-奥古斯特·雷诺阿，1841—1919年，在其艺术生涯的晚期，专攻肖像画和裸体画）。然而塞尚却几乎涉猎所有领域。这是衡量塞尚的抱负及其成就的一

个标准。从艺术生涯的最初十年创作一些并不讨喜的临摹画，到后来他的作品发展成有序、可感知的创作，其间塞尚对传统的艺术流派进行了尝试：历史画、历史和户外风景画、人像叙事、现实主义流派、肖像画、静物画以及裸体人像画，所有这些画作都展示出自己的历史渊源以及 19 世纪法国的疲软与精神萎靡。塞尚热情高涨，如他所说，"要让印象派走进艺术博物馆"，这样的热情表现为用自己的方法去实现这一目标，将这些原本就已存在的主题转变成由于印象主义画派的原则才得以在现实的绘画世界中立足的东西。因此，这一直是对于那些在传统中备受珍视的等级制度的一大挑战。

对于研究过的每一种绘画类型，塞尚都加入了自己独特的视野，并对这一类型的绘画创作做出了贡献。例如，在描绘普罗旺斯的风景画中，很多带有其家乡特征的事物在许多现代欣赏者看来无比熟悉。因为在这些画作中，塞尚如其他浪漫主义先驱一样，展现了作品主题的地方性和历史感，并让人深深地感受到在全国的民族主义浪潮中还有地方主义的存在。塞尚的静物画因其坦率的现实主义风格备受喜爱。塞尚非常关注静物以及静物本身造成的影响，他在创作每一幅静物画，尤其是营造静物的影响时，可谓是精益求精。如 20 世纪评论家克莱门特·格林伯格所述，在塞尚的静物画中，颜料和画家才是最真实的。在塞尚创作的浴者画中，人体肖像和风景画相互交织，这一点在塞尚的许多作品中都有所体现。据此，我们可以发现塞尚极强的想象力以及大胆创新的勇气。

虽然作品类型丰富，但是塞尚拥有的极强的绘画天赋、他对过去的认识以及对于作品本身属性的了解，使得这些作品紧密地联系在了一起。塞尚不同于任何一位印象派画家——他们的作品常常大受欢迎并且能够为欣赏者所理解。塞尚是画家的画家。这是塞尚生前第一次从其同时代的艺术家那里获得的肯定。在卡米耶·毕沙罗（1830—1903 年）之后，最为鼓舞塞尚的是莫奈，他不仅买了塞尚的画作，还骄傲地把他的作品挂在吉维尼的家中。但是这位普罗旺斯画家的作品即使对于彼时功成名就的莫奈而言也会让其内心不

图1
《德拉克洛瓦颂歌》
创作于1890—1894年
帆布油画
27厘米×35厘米
格拉内博物馆
艾克斯，普罗旺斯

安：当莫奈在创作中挣扎甚至几近绝望之时，他的妻子会默默地将塞尚的画作收起来，直到他恢复平静为止。

在早期的艺术生涯中，塞尚是一名充满激情并且叛逆的画家。即便是年老之时亦是如此，只是不如此前那般明显。塞尚在艺术作品的创作中改变探索的主题，继而革新作品本身的媒介和人们的接受方式，最终将自己与欣赏者的注意力重新集中到作品的物理属性和创作过程上。这不仅仅是一种新型正规的创作体系，也是塞尚留给人类的遗产，是塞尚对自由的一种表现。

秘境与现实 在艾克斯的早年生活

塞尚

在保罗·塞尚敏锐的眼中，他的家乡——位于普罗旺斯的艾克斯，是一个阳光充足，小麦、葡萄和橄榄恣意生长的地方。圣维克多山上覆盖着大片静谧的森林。山坡上点缀着赤陶色的房屋。

塞尚于1839年1月19日出生于艾克斯。他的父亲路易-奥古斯特·塞尚是一名勤勉的帽店老板（帽店位于米拉博大街55号）；他的母亲安妮-伊丽莎白-奥诺丽娜·奥贝尔曾是他父亲的情妇，也是店里的店员。塞尚出生两年后，妹妹玛丽出生了，他们的父母也终于在1844年结了婚。又过了10年，在1854年，这个家庭迎来了第三个孩子罗斯。路易-奥古斯特虽然出身贫寒，在普罗旺斯东部瓦尔省的一个小镇里白手起家，但此时却靠着银行家和债主的身份过着富足的生活。然而，即使家境富裕，他们一家仍然受到了当地人的排斥。当地延续数百年的贵族传统、天然的优越感及独特的地方文化让19世纪的普罗旺斯艾克斯对自己的历史念念不忘。当塞尚儿时的好友、作家埃米尔·左拉抱怨他们的家乡在"沉睡""依靠回忆而活"和"它的过往冻结在傲慢的氛围中……"之时，少年的牢骚里包含的却是不争的事实。

艾克斯建立于公元前123年，因城里古老的温泉而闻名，是罗马军方的前哨基地以及洗浴场所。艾克斯城的大部分文化及城市特色都与罗马历史和温泉洗浴有关。那些如今仍然在往外喷出的温热并带有刺鼻气味的温泉提醒着人们这里昔日的繁华：许多富人慕名

AIX — Fontaine d'Eau Chaude

Edit, Rolland

来到艾克斯享受温泉的疗效、艾克斯居民悠闲的生活节奏以及高雅的生活方式。如今，在艾克斯的郊区依然能看到一些残留的水渠和水池，街道上随处可见天然的喷泉。

站在艾克斯城的任何地方，几乎都能看到附近圣维克多山壮丽的峭壁。曾经有这样一个传说：周围平原地区上鲜红的土层是被入侵的日耳曼人的鲜血染红的。在公元前 102 年的那场战役中，罗马执政官盖乌斯·马略打败了入侵者。而位于艾克斯东面不远处的圣博姆山则往往与一些和平的事件联系起来，它是中世纪朝拜抹大拉的玛丽亚的一处圣地。抹大拉的玛丽亚是普罗旺斯的保护神，人们相信她生命中的最后几年是隐居在该山区的洞穴中的。抹大拉的玛丽亚这一形象也会出现在塞尚早期的作品中。

在 13 世纪，艾克斯因其精致和具有自主意识的文化而成为普罗旺斯的首府。行吟诗人用当地的方言来歌颂艾克斯的辉煌历史。府

图3
米拉博大街，普罗旺斯
艾克斯，19世纪晚期

邸位于艾克斯的普罗旺斯伯爵，人称"好人勒内"（1434—1480年任职），他在位时，是欧洲最受欢迎的人。这个城市的人们第一次真正感受到独立和繁荣。勒内还引进了深受欢迎的节日和麝香葡萄，深受艾克斯人民的爱戴。在塞尚年少时，人们经常会缅怀勒内并主持仪式举行纪念活动。

1481年，勒内的继任者曼恩伯爵查理逝世，普罗旺斯的统治权归于法国国王，艾克斯又一次降格为地方城市。尽管如此，艾克斯形成了一套自己的包括文学、音乐和艺术的传统，其发展态势与国际化大都市巴黎截然不同。400年后，塞尚对巴黎的疏远诠释了艾克斯这种自主的精神。

普罗旺斯文化大约于7世纪至8世纪达到鼎盛时期。随着新政府的建立，在米拉博大街这样的宽广街道旁新建了许多新型的高雅社区（图3），人口也随之激增。这个时代促使了独特的艾克斯画院的诞生。画院的大师路易·芬森（1570—1617年）和让·达赫（1613—1668年）深受意大利画家卡拉瓦乔（1571—1610年）崇尚自然主义、运用强烈光线以及直击内心的画法影响。塞尚在游览当地博物馆时对芬森的宗教画和达赫的风俗画及其神秘的画中场景有所了解，在他早期的一些画作中也有所体现。这两位大师的油画也被用来装饰当地的教堂。他们的一些作品，包括一些壁画，装饰在了黄色石头建成的房屋的墙上，这些有着精致铁艺阳台的红顶的房屋，至今仍排列在这座城市的主要街道两旁。

几个世纪的荣光褪去，法国大革命之后，艾克斯开始颓败。法国铁路连接了巴黎、里昂和马赛，却唯独绕开了艾克斯。艾克斯似乎被发展中的法国遗忘了。然而，这座城市的与世隔绝与沉睡却孕育了另一次盛放。就在其附近的马赛成为熙熙攘攘的现代港口城市和世界商业通道之时，19世纪的艾克斯成为一次浪漫主义运动的中心，这主要归功于艾克斯丰富的文化积淀。就凭这一点，年少时的塞尚也会投入艾克斯的怀抱。这次浪漫主义运动不仅反映出19世纪席卷整个法国的民族主义情感，同样也彰显了艾克斯对其过往荣耀的怀念。艾克斯，这座塞尚早年生活的城市，以一种倔强的姿态成功地抵制了现代性。

整个 19 世纪，一场与众不同的革命在艾克斯悄然酝酿着。这场革命也许是受到艾克斯命运巨变的推动，更加真实地反映了法国的命运。1848 年，由于效率低下、国家经济不稳、政局动荡，艾克斯大量的商业活动难以为继。当地原有的贵族们只能眼睁睁地看着商业萧条导致自己的财富流失。而与此同时，一个新兴的中产阶级抓住了这次社会经济动荡的机遇：他们接管当地商业活动、兼并小型企业、购买老宅和城市房屋，渐渐地在当地政府有了一席之地。新兴的阶级迫使艾克斯不得不面对现实。

此时，路易-奥古斯特·塞尚的帽店生意依然红火。对商业的敏感让他免受此次经济动荡的冲击，并得以买下城里还未倒闭的银行。像许多其他新贵一样，他的成功只会突显旧秩序的没落。因此，无论是当地的贵族还是工人阶级都十分讨厌他。也毫无悬念地，他在市议会选举中惨遭失败。大胆、傲慢无礼、出身卑微、未婚生子及行为专横等特点频繁出现在塞尚早期为父亲创作的肖像画中（图 2）。也正是路易-奥古斯特的这些行为将他推向了艾克斯社会的边缘。

至于塞尚的母亲，我们所知道的更为有限。她个子高挑、皮肤黝黑、沉默寡言，整个成年生活几乎都笼罩着丈夫的霸道阴影。即便是成为城里的阔太太，塞尚的母亲依然几乎一字不识。尽管很少充当儿子的模特，也从来看不懂儿子的画，但她依然非常支持儿子的艺术事业。当遇到事关儿子前途的问题时，她执着地与顽固的丈夫辩驳，还将塞尚比作早期的绘画大师。无论何时全家去乡下度假，她都会将儿子的作品随身携带。

对于塞尚的其他亲人，我们只能从他的经历中窥知一二。和他的母亲一样，妹妹玛丽也对塞尚给予了支持和引导，即使她后来也承认自己其实根本不懂塞尚的艺术。玛丽大龄未婚，对自己的信仰十分虔诚。或许是因为她强大的意志力和强势的个性，她一直深受父亲的喜爱。随着父母年纪渐长，玛丽接管了塞尚家族的大小事务和房产。由于塞尚在家创作的时间很长，即便婚后也是如此，玛丽一直帮助哥哥打理财务。玛丽对于家庭的长期投入也许最终对塞尚产生了一定的影响。年少时就放弃宗教信仰的塞尚在其年老时又开始信教，在这件事情上，塞尚的朋友认为可能与他虔诚的妹妹有关。

塞尚的小妹妹罗斯出生时，塞尚已经 15 岁了。罗斯对塞尚的生活产生的影响似乎要小得多。她嫁给了当地的一位富人，住在艾克斯附近贝尔维尤的一座大农场里。这个农场在塞尚的作品中也有所表现。相比之下，塞尚的两个妹妹并没有因为父亲在社会上受到排斥而受到太多影响。倒是年少时害羞、敏感的保罗，即使物质条件充裕，依然受到了极大的影响。

作为外省资产阶级家庭中的长子和唯一的儿子，塞尚的童年非常顺遂，并且接受了坚实的古典教育。他先是在圣约瑟夫小学就读，其后，由于父亲的新贵地位，1852 年，13 岁的塞尚进入艾克斯最为著名的波旁学院学习。虽然塞尚性格内向、喜怒无常，但是他学习非常勤奋，擅长数学、科学、历史、希腊语和拉丁文，引用贺拉斯、维吉尔以及其他古典作家的作品时信手拈来。其晚期的一些作品也受到了古典文学的影响。然而，那时还是个学生的塞尚全身心投入到辞藻华丽、情感热烈的诗歌创作中。这些诗歌多见于塞尚最早的书信中，表现了塞尚性格中激情澎湃却不时备受折磨的一面。对于这一点我们也能在他早期的第一批画作中看到。在一首诗中，塞尚粗犷地勾勒了这样一个故事：一位父亲在晚餐时为家人端上了一颗人头，而他的孩子们还想要更多。而在诗歌《一个可怕的故事》中：午夜荒凉的黑森林里，一位诗人被撒旦跟踪，还被一具骷髅抱住了。

虽然塞尚的第一首宣泄情感的诗歌称不上是经典之作，但却得到了他在波旁学院最亲密的朋友埃米尔·左拉的赞赏。左拉虽然出生在巴黎，但他的母亲却是一位居住在艾克斯的贫苦孀妇。左拉比塞尚小一岁，社会地位不如塞尚，也没有什么朋友。左拉后来这样描述两人之间的友谊：保罗是一位忠诚的守护者，会应付"我们在班级里不得不面对的差生"，拥有浪漫主义情怀。具有讽刺意味的是，这两位文学和艺术巨匠开始选择的道路与后来截然相反。年轻的左拉早年在艺术上投入了大量的精力，在校时就获得了无数的绘画奖项；而他的朋友保罗则沉浸在无法抑制的情感之中，幻想成为一名作家。然而，尽管两人在艾克斯都不受人待见，他俩与另外一个伙伴巴普斯汀·贝利一起，共同拥有一个浪漫的梦想——无忧无虑的少年时光和光明的未来。他们一起在普罗旺斯乡下漫步，在阿克河中游泳、打猎、慷慨激昂地背诵诗歌。三人因此被称为"连体婴"。塞尚第一批保留下来的作品中有这样一幅画——事实上只是一幅铅笔草图：画面中，三个年轻的朋友游完泳后坐在一棵枝叶繁茂的大树下（图4）。这样的作品充满了鲜活的记忆，提醒着他们年少时的探险经历。左拉在其后来的回忆录中也忆起了这段悠闲的少年时光：

> 我们三个人是好朋友，调皮得很。学校的长椅会磨破我们的裤子。一到放假，我们就会逃避学习，跑到乡下的原野中去。我们需要新鲜的空气、灿烂的阳光，我们想要在望不到尽头的小路上奔跑……冬天，我们喜欢冰冷、霜冻的地面……夏天，我们就去河岸边玩耍，我们最喜欢水了……到了秋天，我们的兴趣又变成了打猎……每次打完猎，我们三个都会躺在树荫里休息，自由地谈论着我们的所爱。我们那时候爱的都是一些诗人。

19世纪的普罗旺斯艾克斯，浪漫主义运动依旧在如火如荼地进行着，这也为三位年轻的梦想家提供了另外一种表达途径。对于当地文学和文化传统的自豪感以及当代的法国民族主义，让人们

图4
《沐浴》
创作于1859年6月20日
给左拉信件中的铅笔画
私人收藏

对这一外省地区的宝贵遗产有了新的认识。为了保护他们古老的语言——起源于罗马高卢地区的方言，保护当地融合了古代和中世纪特色的独特文化，普罗旺斯的诗人联合起来以期重续过往的辉煌。1854年，一个正式的协会成立了。该协会由7名普罗旺斯诗人组成，致力于推动此次复兴活动。这个团体叫作"普罗旺斯作家协会"。其中最重要的成员是弗雷德里克·米斯特拉尔，他后来成为诺贝尔奖得主。

协会的影响，尤其是米斯特拉尔产生的影响，在塞尚和左拉的作品中随处可见。他们二人都习惯于记录童年时期经历的普罗旺斯复兴并借鉴复兴活动中诗人的作品。例如，米斯特拉尔在其1867年的寓言诗《卡朗达尔》中就描写了艾克斯庆祝"天主节"的盛况。在勒内任职期间，基督教和异教并存，这在塞尚的作品中也有所表现。米斯特拉尔年迈时，在自己的回忆录中曾自豪地提及了年轻的左拉。彼时的左拉还只是一名波旁学院的学生，参加了因复兴运动而衍生的艾克斯首批诗歌节活动。

普罗旺斯复兴运动带来的能量和色彩给塞尚提供了丰富的创作题材，这一点从他早期未经系统指导却充满活力的素描作品可以得到证实。学习绘画技巧对于那时的塞尚来说是一件非常枯燥的事情。早在1854 年塞尚 15 岁的时候，他在左拉的鼓励下开始了在艾克斯城里的绘画学校学习正规课程。到了 1857 年，虽然塞尚依然在波旁学院就读，但他同时也是当地画家约瑟夫·吉伯（1808—1884 年）的学生。在那里，他结识了阿基里斯·昂珀雷尔（1829—1898 年）（塞尚在作品中对此人有所描绘）、尼马·柯斯特（1843—1907 年），还有其他许多处于挣扎中的美术学生。与大多数 19 世纪的美术课程，尤其是外省的美术课程相似，吉伯的教学似乎就是为了压制创新而存在的。他的课程只强调该行业的肤浅技巧——绘画技巧和无尽的模仿。

毫无意外，除了随手画的素描，塞尚在艾克斯的学生生涯中所创作的作品是僵硬沉闷的。他只获得过一次绘画奖项。尽管塞尚对艺术兴趣甚笃，但他对自己今后的生活并无规划。他早期的素描本上，满是草图、涂鸦、慷慨激昂的诗歌和一些看不懂的符号。从中我们既可以瞥见他投入艺术的热情，也能洞察他反复爆发的绝望情绪，这样的情绪或者点燃了他的热情，或者浇灭了他的热情。"我笨重、愚蠢、迟缓"，这个时期的塞尚这样描写自己。细心的左拉能够体谅塞尚当时的心情，包括他频发的愤怒和多愁善感的内心。（在给他们共同的朋友贝利的一张便笺中）左拉写道，"你不应该责怪他的心灵，而应斥责那笼罩了他思绪的恶魔"。

虽然出生于外省这一不利因素使塞尚的内心饱受煎熬，但是内心的磨难并未阻止他最终成为一代名家。如同许多其他远离巴黎丰富艺术资源（如罗浮宫）的艺术生一样，塞尚开始临摹艾克斯博物馆收藏的一些画作。这座博物馆是在塞尚出生前一年建立的。虽说这座博物馆让 17 世纪的艾克斯画院感到骄傲，也的确藏有几件珍品，但总的来看，在这座博物馆中展出的作品名气都不大。馆内收藏了一些当地著名画家如弗朗索瓦-马瑞斯·格朗奈（1775—1849 年）的画作：他

图5
静物画《桃》
约创作于1862—1864年
帆布油画
18厘米×24厘米
私人收藏
借给芝加哥美术馆

图6
阿尔伯特·库普原作
静物画《桃》
创作于17世纪中期
木板油画
37.6厘米×42.1厘米
格拉内博物馆
艾克斯，普罗旺斯

的一些流光溢彩的外光画和一幅他在罗马求学时创作的自画像，还收藏了更有名气的他的朋友让·奥古斯特·多米尼克·安格尔的作品。艾克斯博物馆的绝大多数馆藏来自政府捐赠。这种对于艺术的立法支持包括在政府批准的、竞争激烈的巴黎沙龙展会上多次购买艺术品。一个世纪以来，这种支持塑造了法国艺术，引领了公众的品位。那些看起来最为沉闷的艺术品就作为馈赠送给了外省。1857 年，艾克斯博物馆得到了费利克斯·尼古拉·弗里耶（1821—1863 年）的一幅深不可测的作品《缪斯之吻》（塞尚曾选择临摹该作品）。即使是保守的艾克斯艺术界也抱怨这幅画的价值不高。

从塞尚早期的作品中不难看出，他接触优秀作品的机会是微乎其微的。很难说哪种情况更让人不安，是塞尚临摹的索然无味的画作，还

是塞尚研究专家约翰·里瓦尔德所说的塞尚对这些画作"极为痛苦且忠诚"的演绎。只有一次，塞尚在临摹桃子的静物画时进行了大胆的创造（图 5）（图 6），这归功于荷兰画家阿尔伯特·库普（1620—1691 年），由此显示出他未来可能在艺术领域做出伟大的成就。

1858 年，左拉和母亲迫于生计不得不搬去巴黎，塞尚无忧无虑的少年生活就此结束。尽管如此，他们的友谊仍在继续。从两人之间数量可观的书信往来可以看出他们的情谊深厚、目标一致。左拉会在信里告诉塞尚，当时正在进行大规模重建的巴黎到处"充满乐趣，有着纪念碑和迷人的女性"，但是同时他也无法掩饰他在巴黎

的孤独、对艾克斯以及艾克斯一切的思念。那里有他少时的好友，各种节日以及"普罗旺斯如画的风景"。这样的景致后来频频出现在他的小说和塞尚的画作中。同年夏天，左拉回到艾克斯与朋友们共度假期。他们开心地重复着以往在乡下游玩的模式，而这一切都是他们少年时永远的印记。

1858年7月，塞尚会考失利。同年11月，他通过了考试，完成了正式教育，又在当地的绘画学校上了很多绘画课。然而塞尚的父亲却对他另有安排。路易-奥古斯特坚持认为塞尚应当进入艾克斯大学法学院学习。这或许是因为他深信拥有一个法律学位能让塞尚未来在家族银行中谋得一个职位。当时，塞尚写给左拉的信（韵文）极为苦闷，反映了他对法律近乎本能的厌恶：

> 唉，我已然选择了法律这条不归路。
> 我选择了，才不是，我是被逼选择了！
> 法律，多可怕，它是拐弯抹角的托词，
> 它将让我的生活在今后三年陷入痛苦，
> 各位诗歌之神、灵感之神啊，
> 来吧，求求你们，来减轻我的耻辱。
> 可怜可怜我，这个不幸的人
> 被迫远离你们的圣坛。

塞尚大学时的笔记本上满是法律文本的片段和无数的铅笔、钢笔素描，更加深刻地表现了他的失意。

学业上日益产生的挫败感以及对于艾克斯狭隘的外省意识的不满（"一种习惯性的、有规律的平静将我们沉闷僵硬的城市包裹在它愤懑的翅膀中"，他曾抱怨道），终于让塞尚对自己的未来开始有了清楚的认识。他要去追寻自己的梦想。在1859年写给左拉的一封信中，塞尚描绘了自己的梦想——在巴黎拥有一间工作室，并

图7
热德布芳花园
普罗旺斯艾克斯
约1900年

成为一名艺术家。虽然他不得不忍受两年的法律学习和与父亲之间无尽的争执（其间，左拉给塞尚写了许多信，言语之间都是在反驳塞尚的父亲，鼓励甚至是激励塞尚），塞尚的愿望开始慢慢地实现。1859 年 7 月，当左拉又一次回到艾克斯，三个好朋友又一次来到乡间散步。这一次，据左拉后来回忆，塞尚带上了他的绘画箱，他的朋友扮成乡野强盗，为塞尚的第一批有年代记录的作品充当模特。乡野强盗是当时流行的绘画主题之一，塞尚后来将此画命名为《盗贼》。这幅画或许意味着塞尚少时生活和成年生活在油画中的交汇。

　　路易-奥古斯特一直都有很大的抱负，不仅仅局限于规划儿子的未来。把不情愿的保罗送进法学院不久，1859 年 9 月，他买下了热德布芳花园（在普罗旺斯语中，意思是"风的住所"），用来巩固家族的社会地位。这是位于艾克斯郊外的一座豪华的庄园，占地约0.15 平方千米，包括一座农场、一个葡萄园、一条两旁栽满栗子树的大道、一处带石雕的方形游泳池以及路易十六时期作为普罗旺斯伯爵居所的一栋 8 世纪的宅邸（图 7）。虽然庄园主楼有些破败，并且只能部分修复，但是这处房产却能让银行家一家像当地的贵族一样，在炎热的夏日离开城镇去避暑。这个专横的暴发户又一次惹怒了他在艾克斯的邻里。

这座庄园不仅是值得路易-奥古斯特骄傲的一单买卖和一笔有价值的投资，它还成为浪漫的塞尚终生的避难所。这座庄园为塞尚提供私密空间，他得以自由地尝试各种各样的绘画主题和风格。为了避开艾克斯城内邻居们好奇和冷漠的目光，塞尚的晚年生活也多在此度过。庄园里辽阔平静的田野、泳池和外貌庄重的人像频频出现在他的作品中。在这里，他第一次尝试去实现当画家的梦想——虽然有悖于他的发展本能，还要受到家人尤其是严苛、多疑的父亲的监督。19 世纪 70 年代末，塞尚在庄园里宏伟的客厅中创作出一大批作品。这些作品真实地表现了他所看到的一切（有时具有讽刺意味），并依据前人的作品来评估自己的艺术。塞尚在热德布芳花园的作品生动记录了他所受到的，并且日后又极力想去克服的那些影响。

父亲买下庄园不久，塞尚就开始（据说是在左拉的协助下）绘制一架大型的六折屏风。这架屏风具有里程碑式的意义。虽然一些学者在这件作品中看到了其他艺术家的痕迹，但是至少塞尚为其增加了宴会般的视觉效果——一种 18 世纪非常流行的场景风格，以木制布景和豪华的场面为特点（图 8）。塞尚与其同时代的普罗旺斯画家和一些当代批评家一样，都为法国洛可可艺术所吸引。其中以让·安东尼·瓦托（1684—1721 年）的作品最为典型。洛可可画派的画作往往体现的是一种精致完美，描绘理想中的典雅形象、阳光照耀的风景，既展现出奢华的色调，又展现出画家娴熟的笔法。这样的特点在 19 世纪的法国画作中不胜枚举。瓦托对于贵族宴会高雅场景的描绘，不仅为当时濒亡的法国学术院美传统注入了新的活力，还为一个更加温和的时代提供了精致的象征。塞尚临摹了许多18 世纪画作的版画版本，并且将许多不常用的洛可可艺术风格融进他创作于 19 世纪 80 年代的画作里的野餐场景中。他必然早就在这一方面有所努力，因为他不仅保留了它（不像他许多少年时期的作品），而且还把它融入晚期的许多作品的背景之中。据说 1904 年当一位年轻画家，也是他的学生——埃米尔·伯纳德（1868—1941年）拜访塞尚，并向他请教绘画技巧时，塞尚曾把这架屏风单挑出来进行分析。"这有一幅画适合你……所有的技巧都在里面了，所有的都在！"这儿架屏风如此美丽，塞尚对此一直爱不释手。这是他亲手绘制的唯一一架屏风，或许是有感情寄托在内。这架屏风是特意画来装饰他父亲的新书房的，它极强的装饰性大大地满足了路易-奥古斯特对于高雅的追求。仅此一次，父子二人达成了一致。

1860年9月，左拉在给塞尚的一封信里提到他期待下一次的艾克斯之行，希望届时能够看到"保罗的版画和凡利的胡了"。由此我们可以猜测，塞尚在那年的夏天就已经开始绘制他的大型版画系列作品《四季》了（图9）。这个浩大的项目至少持续到了次年，也是塞尚用来装饰庄园的众多作品中最早的一件。虽然当时的作品还充满了学生气，但是塞尚画中那些不受时间限制的寓言人物形象是如此的修长、优雅，充满传统象征意义，在画中显得甚是有趣。大胆的用色、流畅的线条以及鲜明的轮廓都在说明塞尚的大胆试验虽然显得有些天真，但都带有可追溯到文艺复兴时期的古典人物绘画传统，并且在19世纪的学院艺术中得以一直留存，但彼时的塞尚已经知道他的未来会走向另外一个方向。具有明显讽刺意味的是，塞尚在这个系列的每一幅版画上都签上了安格尔的名字。安格尔早期声名大噪的一部作品《朱庇特与忒提斯》（图10）就保存在艾克斯博物馆，塞尚曾戏仿过这幅画。塞尚甚至将自己其中一幅版画的时间标注成1811年，也就是安格尔创作《朱庇特与忒提斯》的时间。

因此可以说，在艺术生涯刚刚起步时，塞尚就把安格尔这样一位法国学院派的著名领军人物当成了自己的对手。安格尔的作品，即使是老年时期创作的作品，都是法国新古典主义的杰出代表。塞尚的反叛精神确定无疑。正如艺术史学家尼娜·艾桑娜索格鲁-卡梅尔所说，安格尔一类画家一直是塞尚非常不喜欢的。塞尚早期对安格尔一些备受艾克斯人欢迎的画作进行了戏仿（图11）。安格尔画

图8
装饰屏风
约创作于1859年
油画
250厘米×402厘米
私人收藏

图9
《四季》
约创作于1860年
壁画，后拆下装入画布
高314厘米
宽分别为97厘米、109厘米、
104厘米、104厘米
小皇宫博物馆
巴黎

秘境与现实　在艾克斯的早年生活　　25

中性感、柔韧的女神形象最能体现其对流畅线条的把控，然而塞尚却把女神恶搞成了笨拙、贪婪的裸体形象。在塞尚的作品中，安格尔画中令人敬畏的神明朱庇特无处不在，体型巨大、举止淡漠，附着在作品表面，像凡人一样笨拙地倚靠着。直至安格尔去世，塞尚都对其在古典主义画作中矫揉造作的画风不屑一顾。他既不欣赏安格尔对于勤奋寓意的偏爱，也不赞成安格尔的艺术风格——抽象的线条、单一的色调和光泽细腻的画面。在安格尔去世数十年后，塞尚仍会批评安格尔的艺术作品。他对伯纳德说："安格尔是一个危害极大的古典主义者。这些人要么是否认自然，要么是编造复制自然。他们通过模仿希腊人和罗马人来寻找自己的风格。"

　　塞尚的创作理念从人像画转向风景画，从描绘理想化的人物转向描绘完美的自然，也许是在热德布芳花园创作的第一阶段中他创作了《有渔民的风景》这幅作品。起初，塞尚是直接在家里新客厅的墙上作画（后来改用帆布，并把它们剪成小块儿），塞尚的乡村风景画带有一种真挚、自我意识的时尚感；巴洛克画派代表人物尼古拉·普桑（1594—1665年），其有序、和谐的古典视野在19世

图10
让·奥古斯特·多米尼克·安格尔
《朱庇特与忒提斯》
创作于1811年
帆布油画
327厘米×260厘米
格拉内博物馆
普罗旺斯艾克斯

图11
安格尔《朱庇特和忒提斯》漫画版
约创作于1858—1860年
钢笔、棕色墨水以及铅笔绘制而成
23.5厘米×15厘米
罗浮宫博物馆
巴黎

纪依然备受推崇，也成为塞尚后期艺术生涯的标杆。

　　与创作人像类似，塞尚一旦尊崇某一类型，就会转向探索该类型的对立面。类似作品如约创作于 1860 年的《有恺撒塔的风景画》（图 12），一间小小的油作坊，其苍劲的笔触和鲜艳夺目的色彩让人想到艾克斯画家格朗奈的风景素描（见图 23）。这也近乎是对绘画题材的直接描绘，因为在当地的郊区的确有这样一处遗迹。然而，在这幅画中塞尚建议可以采用两种截然不同的风景画手法——理想化的古典主义乡村风景画手法和更为现代的自然写生手法。这两种画法无须彼此排斥。塞尚的小型乡村风景画充分展示了他对事物近距离观察的特点，同样也清楚地展现了塞尚后来会一直坚持对细微秩序感的把控。前景部分的丘陵，无论从哪边开始都正好在画中央那一长排笔直的柏树处交会。在这些树下，作品的主线条在小木屋倾斜、对称的线条处翻转。在《有恺撒塔的风景画》中，塞尚不仅描绘了他对艾克斯地区乡村风景的第一印象，而且还展现了一种结合理想与现实、传统与现代的自然秩序观。而且，和他后期众多作品一样（虽然此处规模更为壮大），普罗旺斯当时的地形似乎是塞

图12
《有恺撒塔的风景画》
约创作于1860—1861年
帆布油画
19厘米×30厘米
格拉内博物馆
艾克斯，普罗旺斯

尚对于古典主义回应的灵感之源。

　　整个 19 世纪 60 年代，塞尚都在庄园客厅里创作度过。在那些尤为复杂的岁月中，塞尚最大的成就或许就是他的早期名作《路易-奥古斯特·塞尚的肖像画》（见图 2）。这幅画挂在房间中央，那里还挂着塞尚的《四季》。整幅作品运用了厚重的笔触，一个强势的坐在椅子上的人物形象跃然纸上。这幅画比塞尚当时任何作品的风格都要大胆且符合他的主题。作品所用的繁复装饰不仅描绘出了路易-奥古斯特的喜好，也反映出他在生活中对儿子的强势。很难想象塞尚在了解 19 世纪 60 年代初巴黎的革新的艺术观之前是如何做出此番傲慢大胆却富有生气的宣言的。这幅肖像画的创作日期大概不会早于 1862 年。那时，即便是塞尚顽固的父亲也不再坚持儿子在普罗旺斯发展事业。塞尚北上，改写命运的旅途由此开始。

玻璃心 塞尚在奥斯曼男爵时代的巴黎

图13
《裸体男子的背影》
约创作于1864—1865年
铅笔画
24.1厘米×17.8厘米
皮克艺术馆
科尔盖特大学
汉密尔顿
纽约

　　1861 年 4 月，左拉多次来信催促塞尚逃离令人窒息沉闷的义克斯。之后，22 岁的塞尚终于前往巴黎去实现自己的画家之梦。即使身为作家的左拉已在信中多次描述过当时的巴黎，但当塞尚抵达拿破仑三世统治期间经过重建的首都巴黎时，依然感到无比震惊。这座城市外表光鲜现代，新建的街道宽阔大气，经济也在迅速增长。19 世纪 60 年代，巴黎闪亮的外表掩盖了其日益腐败的内核。法兰西第二帝国的首都与塞尚此前所了解的平静安稳的乡下生活形成了鲜明对比。在这个时期，当塞尚在巴黎反复无常的新政治、新社会和新艺术格局中摸索自己的道路时，他的艺术、志向甚至是公众形象都在不断地发生着改变。

　　塞尚早期的作品充满了冲突和悖论，就像那段历史时期一样，充盈着不安和迫在眉睫的变化。有时，塞尚会表现得像一个反叛的艺术家，通过画布和社交来表现自己的傲慢和不满。然而，他也会向传统的绘画大师学习，以激发灵感或寻求认同。他曾多次在信中向左拉吐露自己每年都会与自我怀疑做斗争。奇怪的是，在寻求主流艺术界认可的同时，他又会含蓄地摒弃这种认同。也正是在这段时期，塞尚形成了一个延续一生的模式，那就是他会频频逃离巴黎，回到普罗旺斯隐居起来，以此逃避巴黎无可避免的严酷竞争。因此，尽管有时他比同行更显超然，甚至尖刻，但是也正是法兰西第二帝国多变的社会格局及其同样不稳定的艺术环境造就了塞尚，他早期充满问题的作品开始变得有条理了。

正如左拉在日后的历史小说里所描绘的那样，那时的巴黎散发着迷人的魅力。社会在进步，到处充斥着资产阶级的机会主义。拿破仑·波拿巴的侄子路易-拿破仑·波拿巴在 1848 年的民主革命（即二月革命）之后，当选为法兰西第二共和国总统。由于宪法规定其无法参加第二次选举，他在 1851 年 12 月发动了一场迅速且血腥的政变，翌年称帝，为拿破仑三世。他手握绝对的权力，着手改造巴黎，使其成为一面反映他自己设计的帝国方案的镀金镜子。

中世纪无政府状态中的巴黎，在拿破仑三世的亲信、地方行政长官奥斯曼男爵的手中，被迅速改造成了一个现代化大都市。到 1861 年塞尚抵达巴黎时，崭新宽敞的街道不仅景色秀丽，而且交通便利。法国的一家周报对翻新后的香榭丽舍大道（图 14）揭幕仪式的描述如下："令人震惊……如此壮美。"十年间，崭新的公共花园、壮丽的纪念碑、快速发展的商业和房地产行业，不仅极大地改变了巴黎的外观，还改变了巴黎的生活。地铁、自来水和新建的排污管道极大地改善了公共卫生和环境。

奥斯曼男爵的建筑活动促进了巴黎的经济发展。重建巴黎为许多劳动者提供了工作机会，同时为巴黎未来的发展做好了基础设施建设。拿破仑三世在全国范围内推动工业扩张，修建公路、铁路，刺激了全国经济的增长，提高了生产力，也使法国进入了一个充斥着企业、机会主义和奢侈消费的时代。在巴黎，崭新又气派的百货商店沿着街道两边的林荫大道有次序地排列着。这些商店被左拉在其小说《妇女乐园》（1883 年）中描述为现代的资产阶级教堂，是榨取中产阶级女性新生购买力的"一种新型宗教"。与此同时，法国戏剧院和歌剧院空前繁荣；一个崇尚精英和物质至上的社会将新的巴黎公园、煤气灯照明的咖啡馆以及高档饭店变成了游乐场。光芒四射、满眼浮华的巴黎变成了"新巴比伦"，不仅仅吸引着像塞尚这样的外省人，还吸引了一批来自国外的诗人、画家和作家。

图14
巴黎
香榭丽舍大道
19世纪末

　　第二帝国时期的巴黎虽然表面辉煌、现代，但是社会和政治结构却十分脆弱。路易-拿破仑·波拿巴复辟君主制一方面是为了稳定社会，另一方面则是想扩大自己的统治范围。

　　19世纪60年代初，塞尚来到巴黎。尽管巴黎看起来无比奢华，但它的社会和政治格局已经在逐渐发生变化。在奥斯曼男爵的改造下，可以使马车和汽车轻松通过的宽阔崭新的街道取代了狭窄曲折的通道，设置临时路障和进行反叛活动也更便利了。即便是这样，一旦叛乱突然发生（像1871年那样），新的地形也能让赶来的军队迅速控制局面。城市规划成为社会政策。宏大的新建筑工程建造了标准化单一外形的建筑，取代了此前穷人居住的区域。随着外来者在新领地发迹，贫民窟的原住民被赶走。拿破仑三世对工人阶级既独裁又有着家长式的关心，不过这对于缓和动荡的政治局势似乎并没有起到任何作用。

　　塞尚所面临的颇有争议的巴黎艺术界折射了那个时代的冲突，

而这些冲突主要是以政治形式表现出来的。数十年里,战争一直是艺术理论的关注点;而主流艺术圈在这一主题上逐渐发展为两类,由两位年事已高的精英分别引领——安格尔和德拉克洛瓦,他们是对手。对于安格尔的新古典主义,当塞尚还在艾克斯时就已经把它摒弃了。然而刚完成其晚年时期杰作圣叙尔皮斯教堂里的壁画的德拉克洛瓦,充满激情的浪漫画作对于年轻的塞尚来说是一项巨大的发现,因为塞尚自身的画作也同样富含激情。总之,德拉克洛瓦的作品代表了塞尚在艺术中追求的自由、个性以及深沉的情感。

塞尚在他漫长的艺术生涯中对德拉克洛瓦艺术从始至终有着一份爱。德拉克洛瓦从历史中寻找历史题材和神话题材,并且经常在自己的作品中运用饱和的色彩而非线条去模仿16世纪的威尼斯画作。像德拉克洛瓦一样,塞尚临摹保罗·委罗内塞(1528—1588年)的《加纳的婚礼》(见图44),研究罗浮宫中彼得·保罗·鲁本斯(1577—1640年)的作品。与其他画家相比,鲁本斯在自己的崇拜者中培养了一种抗拒新古典主义的情愫。塞尚也会临摹德拉克洛瓦的作品,但德拉克洛瓦作品中丰富的色彩、性感的形象以及奇异或是想象出来的题材会让塞尚形成自己的情感故事,而这些都是非常私密的。即便是在塞尚晚年,早期的激情融入后期的艺术风格之后,德拉克洛瓦的作品依然是塞尚重要的灵感来源。

然而到了19世纪60年代,安格尔和德拉克洛瓦之间已经失去了充满火药味对话的动力。无论是在安格尔受过良好教育的学院派画作中,还是在德拉克洛瓦热情浪漫的视野里,两位画家似乎都无法完整地表现这样一个在方方面面都经历着根本性改变的城市或时代。在巴黎,来自法国东部奥尔南的年轻叛逆画家居斯塔夫·库尔贝(1819—1877年)崭露头角,将艺术界的关注点早已转移到了崭新的领域。在19世纪40年代末、50年代初举办的前沿个人画展和沙龙上,他的作品因大胆描绘了朴实的农民、不完美的裸体以及乡村风景(见图19)而成为众人关注的焦点。画中大量使用浓厚的笔触表现粗砺、雕塑的感觉，有力地展现了当时的革命精神，表达了对学院派等级制度的不屑，体现了一种新型的现实主义元素。

然而到了 1860 年，巴黎一位更年轻的现实主义画家，文雅、成熟的爱德华·马奈（1832—1883 年）取代了库尔贝此前数十年里傲视群雄的地位。马奈热情洋溢、观察敏锐的油画形成另一种能够替代学院画派过往的风格，以一种时尚、都市化的方式去拥抱现代主题。马奈的作品中将画家的技巧巧妙地与现代城市生活的自然主义形象融合在一起，鲜明地反映出巴黎当时社会文化上的巨大变化。

刚到巴黎不久，塞尚就去参观了业界公认的艺术圣地——罗浮宫、卢森堡宫、凡尔赛宫。还有当时两年举办一次的巴黎沙龙（后来于 1863 年改为每年举行），是当代艺术品的展示橱窗。一位艺术家想要获得传统意义上的成功，作品必须得进入沙龙参展。而这样的许可来自于一个评审团，其成员不懈地推崇长期存在的艺术等级。这样的等级制度一直统治着法国艺术，实际上它从一开始就制约了法国艺术的发展。尽管出现了许多新的绘画形式，历史题材的绘画依然是当时法国绘画的主流，在巴黎沙龙上仍然大受欢迎。

历史绘画作品从《圣经》、古典文学中取材，原本是为了那些受过教育的贵族欣赏者创作的高贵且具有教育意义的艺术作品。历史绘画作品理想化的外形和说教主题，至少从表面上来看，都是在追求一种崇高的艺术。但是到 19 世纪中期，传统的历史绘画开始日益走向没落。沙龙的观众中，越来越多的人来自资产阶级，他们的艺术品鉴能力不太高，因此许多学院派的画家就针对这样的欣赏者绘制出宏大、毫无灵感的作品，而实际上这样的作品往往非常平庸。在 1861 年的沙龙上，最为瞩目的要数亚历山大·卡巴内尔（1823—1889 年）著名的画作《森林之神与水泽仙女》（见图 38）和让-里奥·杰洛姆（1824—1904 年）的《法庭上的芙丽涅》；这种伪古典的形象气质不仅大受资产阶级的喜爱，也受到皇帝（他买下了卡巴内尔的画）的欣赏。塞尚在给一位友人写信时，提及当时一位已被遗忘的历史题材画家伊西多尔·比尔森（1813/15—1875年），并赞扬了他的画是描述了一场"激动人心"的战争。在信中，塞尚还称赞古斯塔夫·多雷（1832—1883年）可怕的眼光"犀利独到"，梅索尼埃（1815—1891年）的微型画作"精美绝伦"。塞尚同年参展的古装杰作《西班牙吉他手》，获得了荣誉奖（或许是在德拉克洛瓦的帮助下），甚至受到了批评家泰奥菲尔·戈蒂耶的赞扬，称其笔触粗犷、色彩生动。显然，一切都在空气中悄然改变了。

虽然塞尚之后很快就会奋起反抗巴黎沙龙的传统和等级制度，但是起初，这样的成绩对于一个外省艺术家来说还是非常振奋人心的。尽管塞尚认为博物馆中许多作品都只能算是粗制滥造的艺术品，但他也认可自己在巴黎所见识过的所有事物中，充满争议的沙龙是"真正最好的地方，因为一切的品位和风格都会在此相遇、撞击"。沙龙激发了塞尚的灵感。他制订了一个严格的学习计划，使自己沉浸在首都丰富的艺术作品中，从中汲取营养。

塞尚在巴黎的生活几乎可以写成一部小说，尽管不断出现的自我怀疑和固有的倔脾气影响了生活质量。（那年夏天，左拉在给贝利的信中抱怨塞尚的固执："向塞尚证明一件事情简直像说服圣母院钟楼跳一曲四对方舞一样困难。"）许多个清晨，塞尚都在圣米歇尔桥附近的一个非正规的艺术学校瑞士学院学习绘画。这里虽没有提供正规的绘画指导，但却提供了画家们需要的友谊，以及只需支付小额费用，就可以请到的男女裸体模特。在 19 世纪 60 年代，许多年轻的风景画作家来此研究人体。该处意外地成为印象主义运动的温床。在那里，塞尚认识了这些后来成为印象主义画派成员的艺术家，如阿尔芒德·基约曼（1841—1927 年），又通过基约曼认识了出生于加勒比海的卡米耶·毕沙罗，塞尚一生的良师益友。

塞尚的下午往往在约瑟夫-弗朗索瓦·维勒维耶伊尔（1829—1915 年）的工作室度过，与普罗旺斯的朋友们一起画素描。约瑟夫-弗朗索瓦·维勒维耶伊尔是一位来自艾克斯，比塞尚略年长的画家。他当时在巴黎工作和教学，有时候也在用父亲给他的补贴在地狱街租来的小屋里作画。尽管巴黎的生活无比自由，塞尚初到巴黎那段时间却是他早期艺术生涯中最令人沮丧的时期。左拉在塞尚抵达巴黎两月后写道："塞尚时不时会灰心丧气。尽管他谈及声名之时言语里都是鄙夷，我知道他仍然想要功成名就。（但是）一旦遭受失败，他除了说要回艾克斯去做一名书记员，别的什么也不会说。"塞尚早期的自画像中（图15），画面上（约创作于1861年）那个专心、矜持的年轻人（图16）已经变得无比绝望。

　　尽管左拉想尽一切办法说服塞尚留在巴黎，甚至答应可以无休止地坐在那里为他的那幅还未完成的肖像画做模特。然而他最担心的事情依然发生了。1861年秋天，他的老朋友塞尚在巴黎生活了仅仅5个月后打包走人了。两人的分离看似平静。数月后两位好友恢复联系时，左拉对他们共同的理想变得闪烁其词。私下里，左拉开始怀疑塞尚是否能够成为一位艺术家："保罗或许拥有画家的天赋"，他在给贝利的信中不耐烦地写道，"但是他永远不会拥有成为一位伟大画家的天赋。"

　　回到艾克斯，塞尚的状况证实了左拉忧心的预言。他在家族银

图15
自画像
约创作于1861年
帆布油画
44厘米×37厘米
私人收藏

图16
塞尚的照片
约1861年

行中任职，但是沮丧不振的状态很快让路易-奥古斯特放弃了鼓动儿子从商的想法。塞尚想在一个更大的舞台上获得认可这件事情似乎受到了阻碍，因此，他又重启少年时代的模式，报名进入了当地的美术学校，和一众艾克斯老友一起跟着吉伯学习绘画。在某些领域，塞尚的天赋似乎和他的理想一样哑然失声了。虽然痛苦，但塞尚在这个时期的人物绘画却表现极佳。诸如 1862 年的《裸体男子》（图17）这样的画作，他赋予人物完美的姿态、无懈可击的轮廓和理想比例，高度精准地描绘了他的画中主题。几乎看不出他后来会对人像题材倾注那样的激情，甚至是赋予了它们重要意义。

如果说这些作品只是拥有难以改变的外观，那么那些可以追溯到塞尚在艾克斯度过的躁动岁月的作品中随处可见他在巴黎所见识的大胆的试验和现实主义艺术粗犷的重构。塞尚早期为其父所作的充满魅力的肖像画（见图 2）以及表现出的对于艾克斯乡村风景不同寻常的观察力，说明库尔贝的作品对其有重要影响。比如，在约创作于 1862 年的《拱门》（图 18）这类作品中，塞尚巧妙地运用深绿、黑色和奶油黄的强烈对比，以及短而粗的浓厚笔触，描绘出一幅静谧的风景，让人不禁回想起同时期库尔贝的作品（图 19）。艾克斯的环境成为塞尚后期赞美普罗旺斯风景的重点，但在塞尚最早的作品中也扮演了不同的角色。在艾克斯，独处的塞尚可以和巴黎的艺术圈保持安全距离。他在熟悉的题材作品中汲取养分。1862 年秋天，塞尚已做好再次北上巴黎的准备。

一回到巴黎，塞尚就重新回到瑞士学院加入了毕沙罗和他的圈子。从这时起，甚至是塞尚的人体绘画也开启了崭新的篇章。例如，在大约于 1864 年创作的《裸体男子》（图 20）中，其风景画中一贯的粗犷的情感力量改变了他对人像的观察角度。画中漆黑、直接和模糊的印记结合了线条和单调笔触绘制的底纹，同时，浅灰色的阴影色块像是给黑纸打上了高光。由于对材料的运用更加自由，塞尚已经不需要通过线条，而是通过丰富的色彩对比就能描绘出想要表

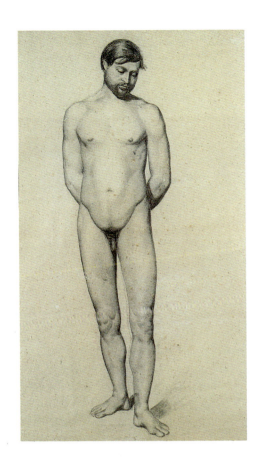

图17
《裸体男子》
创作于1862年
石墨铅笔画
61.5厘米×47.8厘米
格拉内博物馆
艾克斯，普罗旺斯

达的意象。这般富有表达力的作品也说明塞尚开始学会运用自己观察的能力，而不仅仅是简单的重复。塞尚的许多同学不像毕沙罗那样有先见之明，总会嘲笑他的基本功，因此他又有了一个外号叫作"玻璃心"，因为塞尚太在意同学的批评了。

当塞尚备受同龄人挖苦嘲讽时，他似乎更能忍受主流艺术圈对他的拒绝。或许是为了安抚父亲，1862年，塞尚申请进入巴黎高等美术学院学习。这所学校是巴黎美术界的主流学校，对于任何一位踌躇满志的年轻艺术家而言，进入该校学习是非常必要的第一步。但是塞尚的画遭到了拒绝，可能在审查者看来，他的画作"太过放

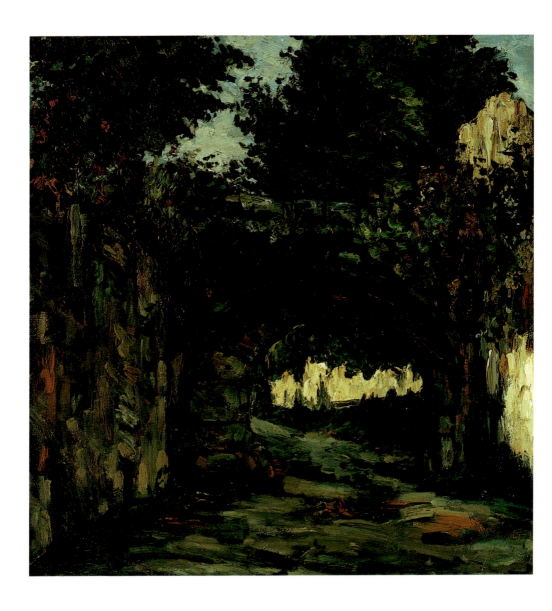

纵"。塞尚并没有退缩，几个月后，塞尚与在瑞士学院认识的朋友们一起向 1863 年的巴黎沙龙提交了作品。然而这场两年前就让塞尚心心念念的盛大展览却饱受争议。由于在画家们提交的 5000 件作品中，超过半数的作品（包括塞尚的作品）被无比严格的评审团退回。因此，画家们表示抗议，要求有展台展出自己的作品。统治阶级最怕出现动乱，赶紧安抚这些艺术家，许诺提供附近的场所为他们举办画展。

两周之内，被沙龙拒绝的画家们的作品就在"落选者沙龙"展出了，这成为反对逐渐过时的艺术建制的标志。由于参观"落选者沙龙"免费，仅在几个周日的时间就吸引了 4000 多人前来参观。但是，据说"落选者沙龙"上展出的作品让参观者感到厌恶。许多批评家也表达了公众的愤怒，称参加展出的作品太过"粗糙""无耻"和"不文明"。然而，在这如洪水猛兽般的批评和嘲笑中，画家们发现他们之间的关系变得融洽了，同时还发现一位新的捍卫者——左拉。他会竭尽全力为他们的作品辩护。

我们如今无法确定塞尚在 1863 年的这次"落选者沙龙"展出了哪些作品。他的作品似乎被评论家忽视了，甚至是左拉也不曾注

图18
《拱门》
约创作于1862年
帆布油画
43.5厘米×41厘米
私人收藏

图19
居斯塔夫·库尔贝
《被树遮掩的小溪》
创作于1855年
帆布油画
104.1厘米×137.2厘米
国家艺术馆
华盛顿

意。而左拉很快就被任命为《事件报》的评论家，并与塞尚一起在短暂的展出期间参观了展览。有关展品的恶意批评大都是针对马奈的，因为他参加展出的作品《草地上的午餐》（图 21）当时被认为是恶俗、不道德，且影响重大，激怒了公众。但这也给与他一道参展的其他画家，包括塞尚，留下了深刻的印象。马奈原本给这幅油画起名叫作《沐浴》，旨在展现在大自然中庄重、理想的浴者形象。由于画面是一位裸体女人被一群衣冠楚楚的现代男子围坐，令人不安的静物画和风景画元素结合在这一人造场景中，因而马奈摒弃了学院画派的传统：神话或寓言故事题材中的裸体形象都出现在美丽、有重大历史意义的风景中。没有任何的故事背景或道德背景能够解释清楚马奈画中裸体女人毫不害羞的注视目光，以及她明显的身着现代服装的同伴出现在作品中的理由。此外，马奈的作品使用近乎平涂概括的色块也是学院派所无法忍受的。很久之后，人们才发现，马奈这些画来源于文艺复兴时期的艺术。那时，几乎每一位年轻的画家都成为新的前锋，包括塞尚，以各种形式回应马奈的挑战。

　　1863 年的大事件并没有让参与的人们对人际关系和集体反抗权威的氛围产生疑虑，塞尚自那之后几年的画作显示了一种新的力量和坚定的信仰，同时也展现了那十年中复杂运动的许多特点。有一幅阴郁的肖像画，受到了马奈的影响，采用了粗犷、色调对比

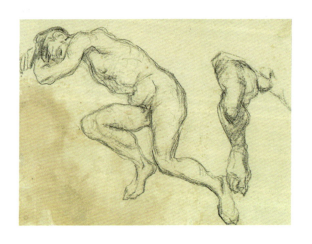

图20
《裸体男子》
约创作于1864年
炭笔画
20厘米×25.7厘米
私人收藏

图21
爱德华·马奈
《草地上的午餐》
创作于1862—1863年
帆布油画
208厘米×264.5厘米
奥赛博物馆
巴黎

鲜明的风格，有作者的签名，日期标记的是 1864 年。而库尔贝强健、有肌理的画法则更多地出现在塞尚的普罗旺斯风景画中。这些作品的开放形式和明亮氛围，如他约于 1865 年创作的小型风景画（图 22），往往会让人回想起艾克斯艺术家格朗奈（图 23）的外光画素描或者是更出名的风景画画家卡米耶·柯罗（1796—1875 年）的作品。塞尚油画中表面的粗犷处理手法跟库尔贝描绘他的家乡奥尔南时所使用的手法相似。而对于崎岖的风景画题材是由浓厚、短小、涂满颜料的刷子或是调色刀大面积覆盖实现的，这与塞尚对画作本身处理的强调也是不可分割的。

在这段时期里，塞尚不仅在作品中承袭了库尔贝的风格，处事也带有了库尔贝叛逆的姿态。在 1865 年写给毕沙罗的一封极具特点的信中，塞尚写道，他计划提交给巴黎沙龙的作品一定会"让整个机构的人因愤怒和绝望而面红耳赤"。第二年，塞尚的作品又被巴黎沙龙拒绝了。愤怒的塞尚向主席艾尔弗雷德-艾米里·德·乌韦

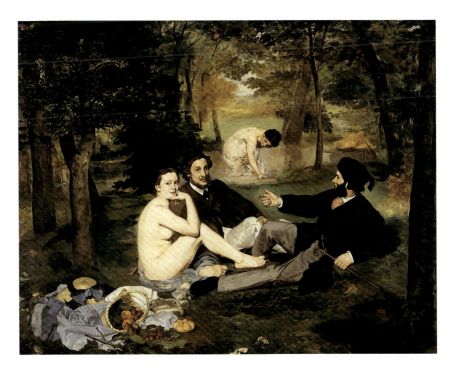

克尔克申请重新开展一次"落选者沙龙"。虽然申请未获批准，但是不少朋友称赞塞尚又一次的大胆行为和会招致拒绝的大胆作品。"塞尚希望在展会（巴黎沙龙）上遭到拒绝"，1866年3月，一位艾克斯老友安东尼-福蒂纳·马里恩写道，"而与他相熟的画家都在准备为他的荣耀而喝彩"。

塞尚的公众姿态显得有些自以为是，他的动机就如他的艺术一样，也可能会混杂其中。即使他本人蔑视权威，他也还是可能会在画布上表达对权威的感激之情。并非他所有的现实主义作品都是以粗野的风格或是题材来哗众取宠，许多作品展现了塞尚根深于旧式美术传统中的自我意识。例如塞尚1865年的静物画《面包与鸡蛋》（图24），画中阴暗的色调和有序的构图，与马奈早期灰暗的静物画类似，是一幅难得有他签名和标注日期的作品。但是此画朴素的题材和不同寻常的抑制处理法让它与保守现实主义画家泰奥迪勒·里博（1823—1891年）和弗朗索瓦·伯韦恩（1817—1887年）联系更加紧密。这两位画家对于让-西美翁·夏尔丹（1699—1779年）这位法国静物画大师的热情，以及对于17世纪西班牙伟大的自然主义传统的热情在他们19世纪60年代的作品中均得到了体现。巴黎沙龙视

图22
《风景》
约创作于1865年
帆布油画
26.5厘米×35厘米
ɔ萨学院美术馆
波基普西
纽约州

图23
弗朗索瓦-马瑞斯·格朗奈
《艾克斯乡村风景》
约创作于1840年
帆布油画
27.2厘米×35.1厘米
格拉内博物馆
普罗旺斯艾克斯

图24
静物画《面包与鸡蛋》
创作于1865年
帆布油画
59厘米×76厘米
辛辛那提艺术博物馆

静物画为二流艺术品，不及历史绘画，也不如肖像画，因为静物画的题材都是些普通的事物。尽管如此，静物画仍然占据着画廊，且由于中产阶级的成长，静物画在艺术品商人中也有不小的市场。

从"落选者沙龙"取回自己提交的作品不久，塞尚申请了一张能够在罗浮宫进行临摹的学生卡，由此开始了他长达一生的临摹绘画大师的学徒生涯。截至 1864 年，他已经完成了首批临摹作品：鲁本斯的《亨利四世升天》(图 25)，以及这位巴洛克画派大师部分关于法国王后玛丽·德·美第奇丰富生活的作品。塞尚对鲁本斯这幅油画的左边部分进行了临摹(图 26)，画中这一部分描绘的是法国国王在朱庇特和萨图恩的陪伴下升入天堂的情景。这是塞尚一生中最大、最为精美的临摹作品之一，因为画中推进鲁本斯的人物上升的浓厚、复杂曲线是由许多环线和浓密的交叉影线组成的，而经过转换后的元素使得塞尚后期的人像绘画更具生命力。例如，约创作于 1864—1865 年的《裸体男子的背影》(见图 13)一画中，模特充满肌肉的后背和紧绷的姿势就是通过一系列相似的巴洛克式曲

图25
彼得·保罗·鲁本斯
《亨利四世升天》
约创作于1622年
帆布油画
394厘米×727厘米
罗浮宫博物馆
巴黎

图26
对鲁本斯之临摹
《亨利四世升天》
约创作于1864年
铅笔画
40.5厘米×30厘米
私人收藏

线以及低矮的弧线来体现的，给作品带来了新的生命力和优雅的外观。鲁本斯的动态视角也会在塞尚热情洋溢的画笔下体现出来。

事实上，到了19世纪60年代中期，无论塞尚看见什么事物，无论新旧，他都能在画布上再现。作品带有一种内在的野蛮风格，与跟他同时代的艺术家库尔贝的厚涂颜料作品类似。但是在塞尚的早期作品或者库尔贝的早期作品中，没有任何迹象显示他们会创作出1866年那样的用调色刀完成的作品，这批油画作品让众人惊讶，因为它们虽然让人联想起许多其他作品，但却切切实实是原创作品。另外还有少许静物画、风景画和一系列非凡的肖像画，这些画是塞尚第一批能够形成一套体系的作品。从这些画中我们可以看出，塞尚的画形成了一种统一的新型风格，以及一位成熟的艺术家追求艺术的热情和心无旁骛。虽然这些画中都是一些传统的题材，但是这种激进的、有力度的新型调色刀画作被看作艺术和政治上反抗姿态的象征。

这些新作品促使毕沙罗的一位朋友安东尼·基美（1841—1919年）在向另一位现实主义艺术家弗朗西斯科·奥勒（1833—1917年）

提到塞尚时说道，单从塞尚风格上的优点来看，他已经了解了作为一名革新派艺术家的职责："库尔贝正走向古典主义之路。他绘制了许多风格壮丽的作品，但是一同马奈相比他就显得传统了；而马奈一同塞尚相比，马奈就显得传统了……让我们只相信自己，用浓厚的颜料去建造、去描绘，在吓破了胆的资本家肚子上舞蹈。我们的时代终将到来。"

面对这种自己无比确定的新风格，塞尚最初的做法是为一位老友安东尼·瓦拉布列格绘制了一幅巨大的、四分之三侧面的肖像画（图27）。1865年的冬天，塞尚在艾克斯度过。部分时间塞尚是在瓦拉布列格的陪伴下度过的，他是一位诗人和作家。但是到了1866年2月塞尚回到巴黎时，他非常渴望与巴黎沙龙的评审团对阵。不久，瓦拉布列格也来到了巴黎，并为塞尚向巴黎沙龙提交的最新作品充当了模特。当这位诗人的形象跃然纸上——一幅隐隐约约的铅灰色和带着诡异背光的黑色的肖像画——它像是一个傲视群雄的存在，预示着塞尚的艺术走向。塞尚用起调色刀来就像雕塑家一样，极为鲜明地用画笔和颜料描绘出了瓦拉布列格的特点。在一些地方，比如紧握的双手，他所运用的画法相当强烈。无论塞尚还是作为模特的瓦拉布列格都认为这幅肖像画会被拒绝。的确，这幅画遭到了拒绝，尽管有主流艺术家查理·杜比尼（1817—1878年）的恳求也无济于事。那些未经编辑的乡村风景画，就像许多当时在巴比松镇（位于巴黎东南部约100公里）附近的画家一样，让杜比尼更加欣赏"每年沙龙上都会出现的遭到拒绝的作品"。瓦拉布列格回忆道："评审团中有个俗人看到我的肖像时大声评论说，这幅画不仅是用刀创作的，还有手枪。"

在巴黎奋力一搏后的秋天，塞尚回到了艾克斯。他用调色刀创作的作品惊骇众人，也引起了人们的兴趣。艾克斯当地的一些人好奇地来到了塞尚的工作室，对他冷嘲热讽，却发现塞尚的脾气和他的画一样变化无常。不过，塞尚在艾克斯的崇拜者人数却在逐渐增加。一首赞扬塞尚的诗歌刊登在当地的一家报纸上，用调色刀作画

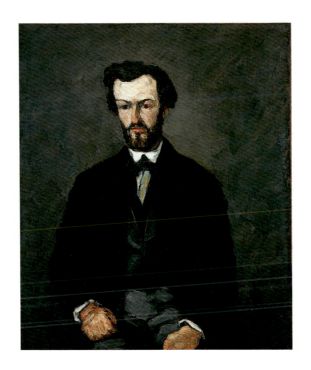

也成为一种潮流。"保罗对于艾克斯来说就像一场大型流行病的病菌",安东尼-福蒂纳·马里恩说,"艾克斯所有的画家,甚至是玻璃工人,都开始使用厚涂颜料的手法。"1866 年 11 月,瓦拉布列格在给左拉的信中提到自己在这充满争议的油画中充当的角色,使得这样的画作快速传播:

　　昨天,保罗让我为他的一幅肖像画充当模特。血肉之躯是红色的,白色的部分是运用刮涂法创作的。那简直就像是泥瓦匠在创作。画中我的脸部色彩明亮,这让我想起了被压碎的黑莓覆盖的尚普夫勒里牧师的雕像。幸运的是,我只做了一天的模特。舅舅经常给塞尚做模特,每天下午,都会有一幅新的肖像画产生。

　　遗憾的是,瓦拉布列格描绘的这幅画似乎已经遗失了。但是从他后来的信件中可以看出,这些调色刀作成的画中,塞尚耐心的舅

舅多米尼克·奥贝尔才是真正的主人公，他为塞尚在普罗旺斯期间的肖像画创作当过多次模特。这一系列作品早期以一些小规格的半身画为主，画中的多米尼克舅舅往往是露出一个侧面或者戴着帽子或包头巾。这些画作的创作往往是直接将厚厚的甚至是多层颜料涂抹在画布上，然后用调色刀描绘出模特或是画中布景的特点。这些画中不断使用这一创作技巧，使得这一技巧逐渐与塞尚的名字联系了起来。虽然有些粗糙，但这些小型的画作为塞尚的艺术带来了一种崭新、宏大的理念：一幅画的结构不仅可以体现在整张画布上，甚至也体现在画作所使用的一切材料中。

塞尚的现实主义要归功于库尔贝（虽然库尔贝在肖像画中从未使用过这一技巧），面对媒介时更加任性，甚至野蛮，塞尚的笔触从未不曾这么简单直接。似乎是为了彰显自己的功绩，塞尚在作品中加入了蔑视的意象。一幅约创作于 1866 年的小型深色画作（图 28）与塞尚 5 年前所作自画像（见图 15）几乎没有相似之处。画中的脸部线条由粗重、迅疾的线条草草勾画，注视的目光从画布上深陷的眼窝中发出。杂乱的胡子和头发令人物的表情显得无比狰狞。面对他的诋毁者，塞尚自己的粗野风格成为完美的绘画风格。

后来，在那个多产的秋季或是 1867 年年初，塞尚完成了不少他舅舅的半身画像。乍一看，这些画会被归入古装画——马奈常用的、幻想出来的人物题材。这些画中几乎没有现实主义画家作品中所应有的风格设计或是历史性。相反，塞尚对待他的模特跟他后期对待静物画作品几乎是一样的。色彩浓厚的服装和画中人物独特的姿势即刻将我们的注意力吸引到了画面的浓墨重彩上。在这一系列作品中，有三幅相对大的画，颇具表现力，塞尚在服装的选取上也绝不随意。在这几幅画中，塞尚将舅舅分别塑造成一位律师（塞尚的父亲希望他从事，但是他自己看不上的一个职业）、一位艺术家（塞尚自己所选择的、具有创新性的、不受陈规束缚的职业），还有最具表现力的禁欲僧侣——一个他后来描绘的、极度痛苦的角

图28
自画像
约创作于1866年
帆布油画
45厘米×41厘米
私人收藏

图29
《装扮成律师的多米尼克舅舅》
约创作于1866年
帆布油画
62厘米×52厘米
奥赛博物馆
巴黎

图30
奥诺雷·杜米埃
《刑事案件》
约创作于1860年
水彩和体色用钢笔、棕
色墨水和黑色粉笔绘制
38.5厘米×32.8厘米
保罗盖蒂博物馆
洛杉矶

图31
《僧侣肖像》
约创作于1866年
帆布油画
64.8厘米×54厘米
大都会艺术博物馆
纽约

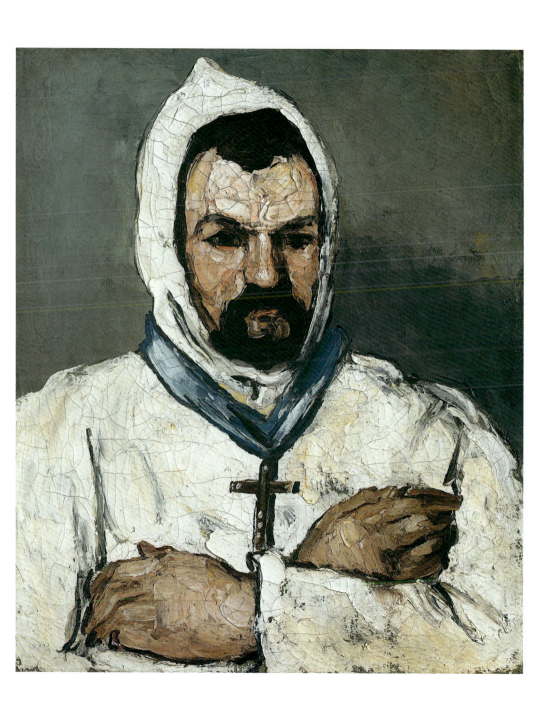

色——塞尚赋予这三幅画的特性远比之前的传统肖像画要鲜明。正是这种赋予作品的深刻个人含义有力地展现了多米尼克舅舅的身体特征，并使之成为塞尚最具影响力的系列作品。

《装扮成律师的多米尼克舅舅》（图 29）一画中，人物大量的手势明显展示了说教或批评的传统姿态。粗糙的颜料堆积描绘出了手指和手掌的轮廓，暗讽了法官的教皇角色，这一形象来源于耶稣基督作为法官的意象。奥诺雷·杜米埃（1808—1879 年）在他许多的法律从业者题材的画作（图 30）中大量地使用这一形象。另外，塞尚的色调，尤其是画中围巾鲜亮的冷蓝色，有可能是借自杜米埃的先例。画中人物象征性的中心位置和冰冷的凝视增加了一丝严肃性，使得这个职业带有挑衅意味，或者虔诚感，这是一个塞尚拒绝从事的职业。令人惊讶的是，塞尚通过人物带流苏的蓝色帽子和罩衫来分辨其舅舅在他的作品中扮演的缺乏激情的艺术家和工匠角色。

到目前为止，塞尚三件作品里最具表现力的是《僧侣肖像》。画中，他将受限的姿势和紧绷的图片结构与壮硕、充满活力的多米尼克僧侣形象相结合（图 31）。仅仅几年后，塞尚就画出了饱受折磨的僧侣圣安东尼（见图 42），在居斯塔夫·福楼拜一部当代小说中为人所知。塞尚和福楼拜都关注故事构建时粗俗的感官享受和禁欲主义之间的相反张力（另外现代巴黎的矛盾外表也许在其中充当了催化剂）。在《僧侣肖像》中，人物黝黑、忧愁的面容和爪状的双手表现的是一种原始的感官效果以及即便在这个系列中也显得热情洋溢的笔触。他魁梧的形象由于浓厚的冷白色颜料绘制的、朴素且收缩的僧袍也被固定在画里。这个魁梧的人物以其僵硬的姿势出现在塞尚的画布上：一条紧绷的垂直轴线和水平交叉的手臂看起来就像这位僧侣组成了一个十字架一样。不仅是复杂的表面，画作本身的构成也有复杂的诠释。艺术史学家迈尔·舍皮偌所说的"感官的愉悦和沉思的对立，豪爽和自制的对立"，在此处得到了完美的诠释。

尽管这些作品显得粗犷、熙攘，调色刀绘制而成的作品却提供了一种新的、成熟的绘画手法。这些作品在画面活力、题材和空间构成之间达成的一致使得它们成为塞尚艺术生涯中的里程碑。这些肖像画是塞尚用这种画法创作出的最为大胆的作品，他还将这种画法融入到了静物画中，比如静物画《骷髅头、蜡烛与书籍》（图32）。画中枯萎的玫瑰、燃尽的蜡烛和骷髅头是虚空派或者死亡冥想题材的标准象征，而且由于野蛮和沉重的风格，它们的象征作用更加典型。这幅画是塞尚为一位朋友、德国音乐家海因里希·莫施塔特所作，是这位朋友将艾克斯文艺圈引入了理查德·瓦格纳热情洋溢的音乐。

多年以后，塞尚把那段用调色刀创作作品的时期称作是自己原始生命力最顽强的时期。画家的创作过程是既勤奋又充满痛苦的。虽然画纸表面的色彩强度会在几个月内轻松获得，并且在未来十年可能会在不同的作品中反复出现，但是画家的自信却难以维系。质疑重现时，塞尚过剩的能量和作品表现的极端性可能会让它们成为受害者——塞尚愤怒或感到沮丧时，很多画作都被毁掉了。

1866年11月2日，在给左拉的一封信中，基美如此描述《阅读报纸的路易-奥古斯特·塞尚》（图33），这幅画不仅展示了用调色刀作画的技巧，在画中的下半部分还展示出一种更加富有节奏和精心把控的风格，因此似乎给这段付出艰苦卓绝努力的英雄时期画

图32
静物画《骷髅头、蜡烛
与书籍》
约创作于1866年
帆布油画
47.5厘米×62.5厘米
私人收藏

图33
《阅读报纸的路易-奥
古斯特·塞尚》
创作于1866年
帆布油画
200厘米×120厘米
国家艺术馆
华盛顿

上了句号。画中，路易-奥古斯特坐在一把印花式样的扶手椅上，基美写道："坐在宝座上的教皇"正读着激进的报纸，报上是占据统治地位的左拉的艺术观。虽然在现实生活中塞尚父亲阅读的是保守的《时代报》(据基美说，这幅画的初稿中出现过)，塞尚后来的修改似乎既是对新获成功的左拉的致意，也是对父亲讽刺的叛逆。巨大的椅背后悬挂的是塞尚用调色刀绘制的一幅画作，那是一幅小型的静物画，算是塞尚近期作品的代表。或许塞尚是在画中寻求左拉的专业肯定，彼时的左拉还不曾在出版物中赞扬他的作品。也有可能是想获得向来强势的父亲的支持，这时的路易-奥古斯特已经不像早期阴郁的肖像画中的他那么振振有词了。当时，左拉和塞尚父亲都在回避塞尚，就像塞尚顽固的虚饰表面下，隐藏的是对主流美术界认可的渴望。到了1867年，塞尚又开始四处奔波。

戏仿与临摹　早期叙事作品

3

　　19世纪60年代末，由于塞尚的行为夸张粗鲁、作品惊世骇俗，成了巴黎先锋艺术圈中的一位神秘人物。尽管塞尚拼命想加入巴黎大都市艺术圈，但是寒酸的乡下服饰、目中无人的举止和暴躁的脾气使他仅能在这个圈子的边缘徘徊。他鲜少造访舒适宜人的盖尔布瓦咖啡馆，而当时许多先进的年轻画家，如后来的印象主义大师莫奈、雷诺阿、毕沙罗以及许多批评家常常会聚集在此。即便偶尔去了，他也是躲在角落里，只有在反驳别人观点的时候才会开口。更多时候，他带给人们的是意外的震惊。莫奈后来回忆道，有一次塞尚走向咖啡馆聚会的中心人物——文雅的马奈，大声说"我不是来跟您握手的，马奈先生，我已经一个星期没有洗手了"。虽然塞尚受过良好的教育，有个资产阶级的父亲能保证他衣食无忧，但是他夸张的南方口音、不修边幅的样子，似乎在嘲讽着其他艺术家粉饰自身风格的行为。在巴黎他受到了南方口音和不修边幅的困扰，受到了其他艺术家的嘲笑。约翰·里瓦尔德认为塞尚不仅仅是通过自己的作品，而是全身心地表现了青春的叛逆。同时代的一些人也在塞尚的性格中发现了一些引人入胜之处：小说家埃德蒙·杜兰蒂和塞尚的朋友左拉都以塞尚为原型来创作小说中的人物——一位行为粗鲁、苦苦挣扎的画家。

　　研究塞尚艺术的历史学家很早以前就注意到，在1867—1869

年这焦躁不安的几年里，塞尚的许多作品描绘的都是一些不同寻常的场景，包括谋杀和死亡。例如在一幅约创作于1868—1869年间、可怕的、令人不安的作品《谋杀》中（图34），在昏暗、荒凉的背景里，一位妇女被人压制住，并用刀残忍地杀害了。这些作品将早期用调色刀绘制的作品中激烈的元素和独特的笔触、残暴的题材结合在了一起。左拉告诉我们，创作于19世纪60年代末期的这类油画中的其他作品，都被绝望中的塞尚毁掉了。尽管到了大概1870年，这些令人难忘的、常常显得很怪异的作品开始逐渐被更加奇妙梦幻、充满热情的作品所取代，但它们在很大程度上为塞尚早期传奇事业的发展提供了动力。

　　这个传说的焦点之一是艺术家对女人的恐惧。从早期痛苦的诗句和写给左拉的信件中，我们就可以看出塞尚在这件事情上备受折磨。后来这一点还被左拉加以利用，写进了他的小说《杰作》（创作于1886年）中。在描绘这个以儿时好友塞尚为原型的虚构人物——克洛德·朗蒂埃时，左拉写道："那些被他赶出画室的女孩，他在画中暗暗倾慕；他对她们时而爱抚、时而攻击，绝望得哭了出来，因为他未能让画中的她们足够美丽、明艳动人。"这样的担心会折磨塞尚一生。塞尚一度向雷诺阿坦白了他的担忧，"女模特总是让我感到害怕。她们总是看着你，寻找你没有防备的时机"。在他去世前不久写给埃米尔·伯纳德的一封短信中，塞尚表示了类似的不安，这种不安既来自于想象又来自于生理的吸引。塞尚在信中发誓说绝对不会屈服于"这种恶性的病患，它会威胁年老之人，让他们允许自己被热情所主导，失去敏锐的感知力"。然而，无论是野蛮的早期叙事作品还是后期的裸体画，如果我们只把这些作品看作是个人的春梦或者是为了延续灰暗神话，我们就太低估这些作品的力量了。

　　塞尚在盖尔布瓦咖啡馆结交的朋友中，即便是最为激进的画家，他们的作品偶尔也会被一年一度的巴黎沙龙接受，而塞尚的作品却一次次地被沙龙拒绝。由于巴黎沙龙认为塞尚的作品不仅是藐视甚至是扰乱和侮辱了传统艺术,其早期充满暴力的作品在公众眼中就是一个大写的"失败"。19世纪60年代,塞尚提交给巴黎沙龙的每一件作品都遭到了拒绝,不仅如此,还有许多作品饱受众人的嘲讽。这使得他在一个场合中公开表达不屑,并建议年轻的画家只把最差的作品提交给沙龙。诸如《谋杀》这样令人震惊的作品清晰地表明了塞尚心中尚存幻想,同时也表达了他在艺术圈所遭受的挫败感。这个圈子只有通过震撼的手法才能够引起关注。如果对那些等级制度意识根深蒂固的艺术家认可的画作进行分析,即便是在19世纪60年代——塞尚艺术生涯中非常关键的初期阶段,他的作品也已然能够表现出对题材的洞察力和对艺术手法的良好把控,这令人感到震惊。

不管这些问题丛生的早期作品有多粗糙,它们都呈现出另一种面貌。塞尚作品中的暴力形象残暴,毫无目的可言。借用艺术史学家罗伯特·西蒙的话,"十足的怪异",表现的既是个人的故事,也是公众的故事。和左拉许多早期的小说一样(例如1867年的《红杏出墙》),左拉的书中不时会出现令人不安的场景,包括性犯罪、暴力以及可怕的屠杀。塞尚充满预言意味的作品必须作为法国历史的缩影才能够得到解读。当时,性习俗和社会习俗的分崩离析被视为更大社会弊病的象征。其中一个标志性的事件就是,当时法国文学和通俗新闻中充满了艳俗的故事,显然这是因为公众的欲望无法得到满足。这段时期里对暴力和谋杀意象的广为传播可以反映出深陷骚乱和动荡的法国现状。

19世纪60年代末,眼看支持者减少、反对的呼声高涨,拿破仑三世逐渐放松了之前实施的一系列强压政策:工人们又开始拥有一定的罢工、组织和公开集会的权利了,媒体也重获自由。然而,

图35
19世纪中期的一则谣言

事实证明这样的让步太小，也来得太迟了。在普鲁士首相俾斯麦的计划实施之前，一系列的罢工（有的被暴力镇压下去了）、抗议和激烈冲突就已加速了第二帝国政府的衰亡，这些激烈冲突主要发生在无家可归、日益激进的下层阶级和认为自己的生活安危未定的城镇资产阶级之间。

对于公共秩序的混乱、无政府状态和民族衰败的担忧在法国催生了更多有关社会暴力的恐惧。这或许可以解释法国当时文学艺术，甚至是塞尚早期最令人毛骨悚然的作品中为何滔天罪行大为盛行。两宗流传最广，并且记录在案的恐怖谋杀案"雷鸣"，被许多法国人看作是社会结构日益腐朽的象征。1869 年 9 月，一位拥有一半德国血统一半阿尔萨斯血统的名叫让-巴蒂斯特·特罗普曼的年轻工人，在巴黎东北部的田野残忍杀害一位年轻的法国孕妇、她的丈夫和 6 个孩子。年轻工人因此被法庭传唤。公众对这宗案件的方方面面都无比痴迷，尤其是对犯罪嫌疑人宽大、抹刀似的双手（犯罪嫌疑人本人却外表弱小）的好奇从未停止。5 个月后，特罗普曼被推上了断头台。然而这对于消除群众心里的怨恨几乎没有起到任何作用。与此类似，当年深秋，发生了"奥特伊的罪行"，王子皮埃尔·波拿巴（皇帝的表亲，出了名的鲁莽）在一次决斗中杀死了共和党记者亨利·罗什福尔的一名支持者。这似乎为这个王朝的道德败坏提供了更多佐证。正如历史学家弗兰克·耶利内克指出的那样，这类事件在这样一个"走向灭亡"的国度里产生的影响十分重大。

两宗谋杀案成为当时众多谣言的主题（图 35），这些成本低廉的猛料激发了法国社会中那些目不识丁的人们对于相同题材绘画作品的需求。这在 19 世纪 60 年代的法国是很常见的。这些也促使了塞尚充满挑衅的视觉词汇的出现。从塞尚早期充满技巧的作品中我们可以得知他是一位技巧熟练的制图员。因此，他那些怪异、暴力的素描和油画中所表现出的笨拙都是刻意为之。正如西蒙

图36
《绑架女子》
创作于1867年
帆布油画
90.5厘米×117厘米
菲茨威廉博物馆
剑桥

所说，这样刻意的粗笨画面，如《谋杀》一画中两名妇女过于粗大的手和硕大的头，在塞尚的学生时代作品中并未出现，而是出现在了描绘当今正在流传的病态故事的作品中。它们似乎不仅为塞尚提供了绘画题材，而且提供了粗糙有力的外形，这样塞尚就可以攻击沙龙艺术的精英传统以及观众的细致感受力，同时还可以借此把周围的世界联系起来。尽管主题不值一读，形式的驾驭并不得当，这些充满问题的早期作品却可以让我们得以一窥当时他们周遭的政治氛围。

有趣的是，塞尚暴力主题的作品中最具挑衅意味、具有里程碑意义的作品《绑架女子》（图36）将我们带离了阴暗的巷道和分崩离析中的社会。虽然我们知道塞尚是1867年创作此画并在上面标记了自己的名字和创作时间（可能是他从艾克斯回到巴黎不久后完成的），之后将这幅画给了朋友左拉，但是隐晦的主题和不寻常的表现形式让这幅画一直显得神秘莫测。其他作品中的残忍形象，往往笔触尽显愤怒，未完成的部分让人迷惑，或画法显得笨拙，而《绑架女子》则与此不同。它是塞尚的决心与克制共同造就的杰作。画中运用的笔触非常谨慎。难得的是画家完成了整幅作品（尤其是考虑到这件作品的庞大尺寸）。在令人感伤却又平衡、精心营造的构图里，塞尚描绘了一场古典主义的绑架情景，画中的每个笔触都和谣言般的《谋杀》一样激进、不按规则行事。

可以大致确定塞尚此画取材于奥维德《变形记》第五卷某一章节。作品中描绘的风景是西西里岛。正如那位古罗马作家所描绘的，远处是埃特纳火山的火山顶（与人们更为熟知的圣维克多山相似）、浓密的植被和风暴侵袭过的湖。神话中的冲突就在这片湖岸边发生。塞尚将戏剧性场景放在了这幅虚构场景的正中央。一位体形壮硕、古铜色皮肤的裸体男子——塞尚迄今为止最让人印象深刻的人物形象之一——拥有英雄的姿态、仿佛雕像般完美的身体比例

图37
普桑
《回声和水仙》
约创作于1627年
帆布油画
74厘米×100厘米
罗浮宫博物馆
巴黎

图38
亚历山大·卡巴内尔
《森林之神与水泽
仙女》
创作于1860年
帆布油画
245厘米×147厘米
里尔美术馆

和编得整齐的发辫。他是地狱之神普鲁托。几乎和奥维德描述的一样（"普鲁托几乎在看见了这名女子的一瞬间就爱上了她并将她掠走了，他的爱真是突如其来"），普鲁托有力地抓住那名女子，大步走进了阴暗处。他的囚徒是苍白、虚弱的普罗塞耳皮娜女神。她也赤裸着身体，与普鲁托壮硕的体格相衬。背后是普鲁托从她肩上褪下的衣物。远处，岛上的两名水泽仙女为她的遭遇感到痛惜。西亚涅将女神落下的腰带握在手里，将它呈给了刻瑞斯，普罗塞耳皮娜悲痛不已的母亲，之后也转动身体，沉入了水中。画中她的同伴阿瑞塞莎这一形象则来源于塞尚在罗浮宫博物馆临摹过的一幅古典画作——普桑的《回声和水仙》（图37）。像普桑笔下的水泽仙女一样，阿瑞塞莎也向后倾斜，痛苦地消失在湖水中，正如奥维德所描述的那样。《绑架女子》不仅对古老神话故事中的细节进行了极为忠实贴切的处理，而且作品的方方面面都说明这是塞尚对此前欣赏的沙龙画作的大胆创新。

正如我们所知，到了19世纪中期，巴黎沙龙上的历史画已经成为日益壮大的资产阶级观众眼中的可以预测的、用绘画表现的一种娱乐方式。尽管人们对风景画的兴趣日益浓厚，但是与历史风景画有关的创作（1817年被巴黎美术学院正式认定为一个独立的创作类别）却同样受到牵连。风景画中的自然界比外光画中的效果显得更为理想，比大多数历史画作更加关注自然。一些经典故事中的道德含义得到了提升，田园牧歌式的大自然得到了歌颂。

19世纪60年代，即使是最为模糊的古典暗示也为一些公开迎合大众品位的画家提供了可接受的托词，进而描绘一些理想化的裸体画。提交给巴黎沙龙的作品中，有许多作品描绘了受辱的欧罗巴和绑架阿密摩涅或得伊阿尼拉等场景，或是或明或暗地描绘了许多籍籍无名、赤身裸体的水泽仙女或海神之女遭到诸神、半人半羊牧神和萨蒂尔（古典神话中半人半羊的怪物）袭击的情景。典型的一个例子是当时颇受欢迎的画家亚历山大·卡巴内尔的一件作品。卡巴内尔最为著名的是 1863 年的《维纳斯的诞生》，但是让他在 1861 年的巴黎沙龙上第一次大获成功的作品却是《森林之神与水泽仙女》（图 38）。画中表现的野蛮的激情让人感到不适，但这幅声称描绘神话的画作还是让人乐于接受的。拿破仑三世买下了此画（就像塞尚的画一样，描绘的也是一位体格壮硕、古铜肤色的绑架者和一位面色苍白的受害者的场景），并将其在 1867 年的万国博览会上展出，受到了高度的赞扬。塞尚可能在展览会上见过这幅画。

然而，虽然此类大受欢迎的沙龙画提供了一个大致框架，可以把塞尚的《绑架女子》归入其中，但是这件作品，尽管主题相似，却似乎在不同的领域产生影响。这件作品说明塞尚熟知许多古代文学和古典画作，塞尚早期作品中充斥着向古代文学和古典绘画致敬的欲望。显然，塞尚把这件作品当成了这类作品的一个展示，也许是为了向尚存疑虑的同伴左拉证明历史画的伟大传统仍有可能复兴。相比之下，卡巴内尔的作品中没有任何文学叙事、古典人物和风景画传统可言；而这一切在《绑架女子》中都有意识地一一体现出来了。

但是塞尚的历史画却是以其他的方式实现了对当时流行的学术派艺术的真正超越。虽然《绑架女子》所描绘的故事主题来源于一个温和的神话故事，但是这幅作品的真正主题是暴力。塞尚画中苍白无力的裸体女子并非陶醉其中，而是遭受蹂躏，甚至可能已经死去。过去艺术中的英雄传统——甚至历史风景画中充满象征意义的道德领域——都被用来塑造一种尤为可怕的虚构故事；这样的故事中，暴力或死亡是等同的。除去对权威的艺术传统发起具有战略性的挑战之外，这件作品还从塞尚一贯隐晦的视角反映了这个时代的暴力主题。《绑架女子》和塞尚更小幅的、像是花边小报的《谋杀》都反映了第二帝国最后的日子里无处不在的恐惧和不安造成的巨大影响。刹那间，塞尚成功地展现

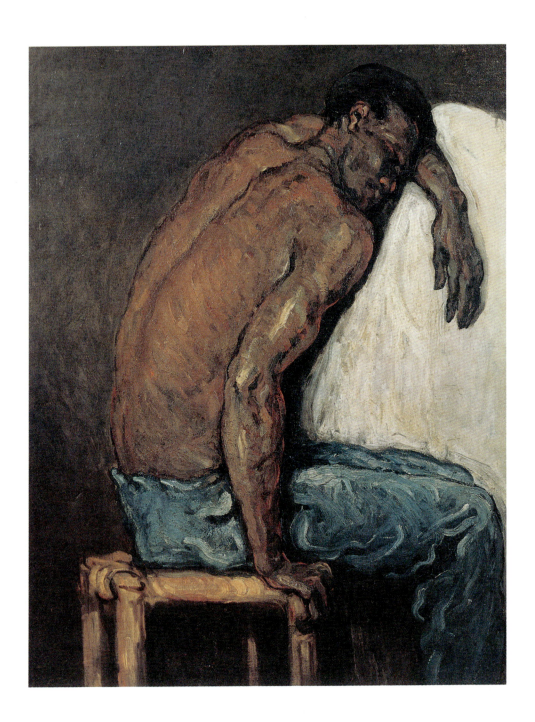

了自己的愤怒和恐惧中最为黑暗的形象，也成功地描绘了一个厄运逐渐靠近的、沉迷的社会。与此同时，这些形象用更为视觉化的语言，既洞悉一切又傲慢不屑地反击了把他拒之门外的文化权威。

19世纪60年代末保存下来的塞尚作品里，许多都含有这些令人难忘的作品中所带有的极端的热情和激情。例如，不止一位作家表示《绑架女子》中皮肤黝黑的裸体男子的形象起源于一幅大概创作于1867年的巨作《黑人西庇阿》（图39）。虽然这幅画是写生（人物原型是瑞士学院一位有名的模特），但塞尚的油画传递出了他早期更具叙事功能形象的所有情感力量。人物富有表现力的姿态，闪闪发光、强壮的肌肉以及礼貌的双手都在《绑架女子》中经过讯捷、旋转的笔触得以体现。这使得它和塞尚早期的艺术作品区分开来。塞尚对于色彩范围的选择——阴暗的青铜色系、蓝色系和黑色系加上冷白色调的背景——也让这幅画更加引人入胜、神秘莫测。数年后，莫奈买下了《黑人西庇阿》，将其挂在吉维尼家中的卧室中，并非常自豪地向朋友们介绍说它是"含有强大力量的一幅画作"。这样柔和的色调会在早期创作的其他同样让人感到沮丧压抑的作品中重复出现，其中包括：塞尚约创作于1867年的忏悔中的抹大拉的玛丽亚，一幅让人动容、关于极度痛苦和悔过的画作，以及大约创作于1869—1870年塞尚的一位友人阿基里斯·昂珀雷尔的肖像画（见图104）。

对于当时塞尚作品的极端性，当我们了解到塞尚喜欢激进的理查德·瓦格纳的音乐，欣赏于居斯塔夫·福楼拜的当代文学作品时，也就不足为奇了。瓦格纳在1861年以酒神节歌剧《唐怀瑟》名震巴黎；福楼拜于1857年出版了震惊世人的小说《包法利夫人》，描述了乡村地区有关通奸的一则现实主义故事。福楼拜遭到了起诉，理由是这部小说有伤风化。但是也正是从福楼拜的另外一篇作品，1874年出版的极为浪漫的《圣安东尼

图39
《黑人西庇阿》
约创作于1867年
帆布油画
107厘米×83厘米
圣保罗艺术博物馆

戏仿与临摹　早期叙事作品　　71

图40
《盛宴》
约创作于1867年
32.5厘米×23.8厘米
铅笔，彩色蜡笔
淡彩，水粉
私人收藏

图41
《盛宴》
约创作于1869—1870年
帆布油画
130厘米×81厘米
私人收藏

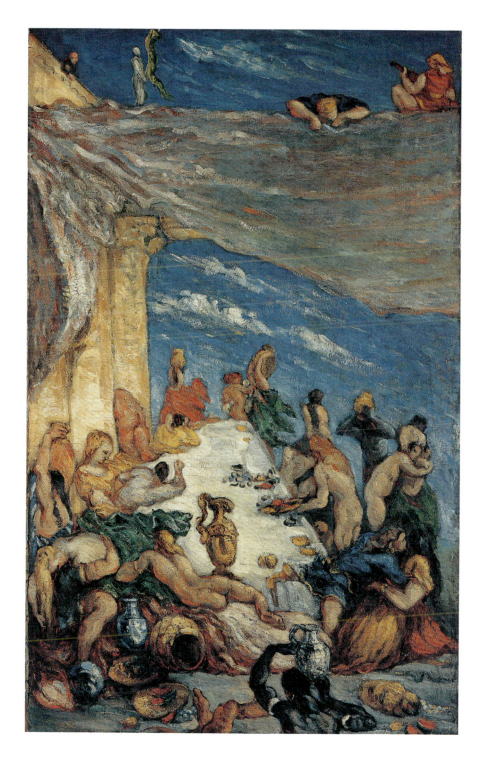

的诱惑》中——塞尚已从 1856—1857 年的《艺术》期刊中读过节选——塞尚为自己充满野心的早期叙事作品找到了一个媒介。

福楼拜详细叙述了隐士圣安东尼的故事：安东尼被疑惑困扰，也被丰满性感的女性形象和纵欲的狂欢会所引诱。这样的描述满足了当时对性道德日益关注的社会大众的想象。纵欲主题频频出现在这一时期的文学作品中、舞台上和歌剧里（不仅是瓦格纳的《唐怀瑟》，夏尔·古诺 1859 年的《浮士德》也是如此）以及为迎合大众寻欢作乐愿望的沙龙画家的作品里。在早期的一系列素描和小幅水彩中（图 40），塞尚极为深入地探究了这一主题。他约创作于 1869—1870 年的大型画作《盛宴》（图 41）对这一主题进行了全面的处理。福楼拜关于放纵酒神节的描述是此画灵感的一个主要来源。在细节处理中，塞尚刻意增加了小说中感官诱惑的主题，通过反复出现的金色、美味的食物和散落一地的成熟水果来证明国王的富有。不仅如此，还有一条邪恶、弯曲、侵入右下角的蛇，这些东西都明显指向道德。在多张准备阶段的草图，包括这幅油画的成品里，塞尚将倾倒的双耳细颈罐裂开的孔口对齐，使之与观赏者的视线平行，并用一位裸体女性或一对热情拥抱的夫妻作为明显的暗示。大量的诱惑元素使得《盛宴》成为塞尚第一幅备受折磨的有着圣徒画像的耀眼挂饰。色彩灰暗但同样极为出色的《圣安东尼的诱惑》，也是创作于约 1869—1870 年（图 42）。

放纵主题的巅峰之作，同时也是这个主题在塞尚时代大受欢迎的一个主要原因，是托马·库蒂尔（1815—1879 年）创作的《颓废的罗马人》（图 43）。这幅画作在 1847 年的巴黎沙龙上受到了众人的关注和批评，也在 1855 年的万国博览会上重新展出时获得了赞誉。极为紧凑的前厅呈现了罗马人沉溺于酒色的景象。勇猛的罗马统治者雕像目睹着他们后代堕落的滑稽姿

图42
《圣安东尼的诱惑》
约创作于 1869—1870 年
帆布油画
57 厘米 × 76 厘米
布尔勒收藏展览馆
苏黎世

图43
托马·库蒂尔
《颓废的罗马人》
创作于 1847 年
帆布油画
472 厘米 × 772 厘米
奥赛博物馆
巴黎

态。库蒂尔的作品描绘了一个和谐、充满智慧的古典文化世界以及与之大相径庭的陷入衰败的画面。果然，到了 19 世纪 60 年代，不少观赏者从库蒂尔的油画中学到了关于法国社会堕落的一课。

塞尚的《盛宴》模仿了库蒂尔的《颓废的罗马人》，其中严格对称的大厅和罗马英雄的塑像被凌乱不堪的情景所替代。塞尚在《盛宴》中所用的明亮色调，如各种威尼斯蓝（类似钴蓝）、威尼斯红和灿烂的金色，是在向收藏于罗浮宫博物馆的文艺复兴时期画家委罗内塞的《加纳的婚礼》（图 44）中的宴会场景和华丽色彩致敬。此外，《盛宴》还会让人联想起一些塞尚熟悉的罗马作品中的一些片段。左下角斜躺着的金发女子出自于德拉克洛瓦的《十字军占领君士坦丁堡》（1840 年），此画也收藏在罗浮宫。而画中举起双臂的形象和拥抱的夫妇则出自于德拉克洛瓦的《萨丹纳帕路斯之死》（图 45）。因此，塞尚的《盛宴》不仅是对于一个时代里沉溺酒色、狂欢作乐景象的写照，更是对已经成为塞尚传奇生活中一部分的被自身欲望折磨并对抗的反映。与塞尚早期的《绑架女子》相似，《盛宴》生动地说明了塞尚当时强烈的求知欲，甚至是对过去的伟大作品中的形象进行模仿的欲望。

然而，对于塞尚而言，就如同对于福楼拜一样，圣安东尼的故事引起了极为强烈甚至不安的共鸣。"我就是那位圣徒"，福楼拜在一封讨论他小说的信件中如此写道。在第一幅《圣安东尼的诱惑》（图 42）中，塞尚用了类似的手法来描绘他的主题：在一个烟雾笼罩、昏暗的场景中，四位令人生畏的裸体女子表现了塞尚既害怕又不情愿的心情。她们中最无礼的女子似乎有些令人反感，尤其是她厚着脸皮从这位僧侣身后去勾引他。塞尚此前的《僧侣肖像》（见图 31）中简洁的构图和浓郁、明显的颜料如今似乎成为精神与肉体大战中的序幕。然而，即便是在塞尚这幅早期最为直白的油画中，他也对传统的描述女性之美的艺术进行

图44
保罗·委罗内塞
《加纳的婚礼》
创作于1562—1563年
帆布油画
666厘米 × 990厘米
罗浮宫博物馆
巴黎

图45
欧仁·德拉克洛瓦
《萨丹纳帕路斯之死》
创作于1827年
帆布油画
392厘米 × 496厘米
罗浮宫博物馆
巴黎

了尖锐的讽刺。前景中故作姿态的三名裸体女子被费力地排列成了一个三角形，让人不禁想起一些传统题材如《帕里斯的评判》（塞尚曾经研究过这个主题），画中三名裸体的女神正在比较谁最美丽；甚至让人想起相关的《美惠三女神》，一幅描绘女性之美的典范之作。然而，塞尚画中的裸体形象，是以浓厚的颜料、狂乱的笔触、草草完成的轮廓以及强烈的色调对比表现出来的，这使得她们的不祥多过性感，挑逗的姿势也变得模糊不清。从这些形象中我们看到了后来塞尚浴者系列画作中的怪异、难以解读的手势和姿态。当一位早期的塞尚批评者抱怨"只有最无能的恶魔才会拿这些裸体女子去引诱一名禁欲的圣徒"时，他并没意识到塑造出这样的形象不是因为塞尚的绘画技术有问题，而是因为塞尚既想要摒弃自身欲望，又想要摒弃艺术作品中理想的女性裸体形象。

另外两幅创作于1869—1870年的叙事性油画也体现了这种热情和复杂性。一幅是《田园牧歌》（图46），与之后创作的浴者系列画一样让人难以解读；另一幅是更为现代的《草地上的午餐》（见图48）。塞尚又一次采用了模仿的方式。值得注意的是，他将自己融进了这两幅画的场景中。因此，他与过去进行的对话不是迟钝的，而是高度自知的。

在充满梦幻的《田园牧歌》中，塞尚绘制的不仅是一幅不祥的，甚至是近乎荒谬的场景，湛蓝的天空、碧蓝的水、画中裸体和云彩明亮的粉色调让这种氛围更为明显。塞尚画中结合了裸体女性、着衣男性以及草木覆盖的自然，虽然带着讽刺，但是结合了马奈的《草地上的午餐》（见图21）和文艺复兴时期威尼斯田园风景的特点。塞尚和许多19世纪艺术家，包括德拉克洛瓦和马奈一样，都会在罗浮宫临摹典型的田园盛宴作品（图47），然后将之归功于乔尔乔涅（约1477—1510年），并在寓言形象和田园诗般的自然之间探索和谐的象征。然而，平静的艺术形式并未消除塞尚受到的折磨。在他丰富的精神世界中心，塞尚也画下了自己。画中的他像德拉克洛瓦《萨丹纳帕路斯之死》（见图 45）中那样斜躺着，陷入了深刻、忧伤的幻想中。他在画中以一位斜躺的裸体男子代表自己，很像《盛宴》（见图 41）中的一个形象。尽管《田园牧歌》中的人物冲突看起来是属于塞尚的，但是在他梦幻的田园风景画里，已经变得不那么可怕了。

田园风光传统和它 18、19 世纪的遗存也被融入了塞尚约创作于 1869—1870 年的《草地上的午餐》（图 48）中。正如标题暗示的那样，它与马奈 1863 年创作的油画同名（见图 21）。马奈在当代的草地野餐场景中放肆无礼地摒弃了过去的艺术传统，完美地诠释了 1863 年"落选者沙龙"精神。与几乎同时代的每个年轻画家一样，塞尚受到了挑战。但是与莫奈、弗雷德里克·巴齐耶（1841—1870 年）、雷诺阿或任何一位用他们的新型风格重塑马奈作品的艺术家（几乎不带讽刺的意味）相比，塞尚更加欣赏这些作品的历史背景和其大胆的现代性。塞尚的《草地上的午餐》，这一主题无数版本中的第一个版本，明确地融入了洛可可式的田园盛宴风格。这一风格是早期田园风景模式的衍生物，它也塑造了马奈版本。瓦托优雅的 18 世纪田园宴会作品中常见的散步或闲逛的夫妻形象，出现在塞尚油画中的最左边。分享食物——等同于马奈作品中和谐有爱的大自然——在塞尚的观念中也十分重要，即便没有裸体出现。

与马奈的作品或者同时代其他印象主义画家的人物风景画不同，塞尚的《草地上的午餐》中人物的布局和姿势说明了 18 世纪的田园盛宴风格之间细微却又明显的互动。画中人物清醒的状态说明田园盛宴中玫瑰色的世界已经被颠覆了，就如同《绑架女子》中英雄式风景被颠覆一样。这种神秘的颠覆将塞尚的《草地上的午餐》与当代文学中野餐场景里堕落后的主题联系起来。这种联系在左拉早期的小说中尤其明显。在《泰蕾丝·拉甘》和《玛德莱

图46
《田园牧歌》
创作于1870年
帆布油画
65厘米×81厘米
奥赛博物馆
巴黎

图47
提香
《田园牧歌》
创作于约1510年
帆布油画
105厘米×137厘米
罗浮宫博物馆
巴黎

图48
《草地上的午餐》
约创作于1869—
1870年
帆布油画
60厘米×81厘米
私人收藏

娜·费拉》（1868 年）中，野餐场景中代表的伊甸园一直背有负罪感。塞尚重塑了这个混乱的、影响重大的背景，又一次将自己投入一个虚构的典型场景中（可以看出是在前景中的秃头人物），他将这个场景看作他自己神秘的叙事性作品的另一个舞台。到这十年快结束时，塞尚作品中的这种压力被耗尽了。19 世纪 70 年代有着自我意识的戏仿作品，尤其是围绕马奈的戏仿作品，具有了自身的幽默和智慧。

　　从一些创作于 19 世纪 60 年代末的作品中，可以预见这种即将来临的改变趋势。塞尚似乎已经发现描绘现实中的风景而非描绘刻意虚构的神话才是一种真正的释放。而且，这还能让他学会自然写生的规则。但是在风景画成为他的作品中一个新型的角色之前，塞尚已经转用静物画这一表现方式来发现虚拟现实的有序组成部分，并以此来构建自己的作品。

　　两幅塞尚早期的静物画之间的对比就说明了这种来自想象的艺术手法最终会导致这种间歇。静物画《骷髅头、蜡烛与书籍》（见图 32）创作于 1866 年，是一幅调色刀绘制的作品。已经在第 2 章中作为围绕传统象征构造的形象进行过探讨。与此相反，

约创作于 1869—1870 年的精美静物画《黑色大理石时钟》（图
49）则是复杂精细的形式和精湛设计的代表：作品左部是带有洛
可可式曲线的贝壳，中部是垂直的、刻有凹槽的花瓶，右部是暗
黑的钟盒；它们都摆放在朴素的、悬崖般的白色桌布上。杯子和
茶碟摆放不稳，仿佛放在了油画的表面与观赏者之间的空间里一
样。虽然这些意象暗示的是一些私密的意义——例如贝壳性感的
凹痕和红唇般的开口，表现的似乎不只是一个表面角色——但是从
这件作品中我们也无法读取任何具体的象征意义。即便是画中的
主角黑色时钟，并没有时针，也无法当作传统的静物画象征物来
理解。

就像后来的浴者系列作品一样，塞尚围绕这种精心编织的悖论
进行形象塑造，这种悖论带来的紧张感增加了这些形象的视觉冲击
力。如果说法兰西第二帝国破碎的社会秩序和与之相随的社会恶习
导致和映射了塞尚的喜怒无常，那么这些来自塞尚艺术生涯中一段
灰暗、动荡时期和当时历史背景下的作品，已经指向了纯粹形式的
道德秩序。

图49
静物画《黑色大理石
时钟》
约创作于1869—1870年
帆布油画
54厘米×74厘米
私人收藏

通向印象主义之路　19世纪70年代的风景画

图50
《马里恩和瓦拉布列格》
创作于1866年
油布油画
39厘米×31厘米
私人收藏

对于塞尚而言，19 世纪 70 年代是一个重要的转型期，他涉猎过的所有绘画类型都取得了不俗的成绩。他在这些年所经历的社会动荡和政治变迁比任何一个法国人所见识过的都要多。塞尚在艺术事业中取得的突破就是他所处时代的最好反映。但是为了更全面地了解塞尚在这关键十年的创作本质以及全面发展的程度，可以把他的作品进行分类，正如画家本人所做的那样。因此，后续章节将会从以下几个方面来追溯他在 19 世纪 60 年代的艺术发展情况：风景画，早期的裸体人像画和浴者画，以及同一时期的肖像画和静物画。

早在 1866 年，塞尚已经向左拉暗示过风景画在他的作品中扮演的重要角色：

然而你知道，所有在画室里完成的作品从来都不及那些在露天完成的。一旦采用户外的景象，人物和环境的对比会令人惊叹，风景也无比迷人。我看到了一些绝美的景物，我必须下定决心在户外作画。

塞尚的作品——一幅以老友马里恩和瓦拉布列格为模特画的素描草图（从未完成，之前他已经完成了一张油画速写）（图50）——可以很好地阐明他在信中提及的创作意图：虽然作品运用了浓墨重彩的笔触，但是站在右侧的头戴高顶礼帽、身着黑色外套的诗人瓦拉布列格依然引人注目。他的同伴马里恩有时会尝试着绘画，在这幅作品中戴着一顶巴比松的帽子，背上背着风景画画家的背包，还带着一个画架。这幅生动的速写说明了塞尚对于由巴比松画派画家和普罗旺斯前辈格朗奈开创的外光派画法有了信念。尽管大概5年后风景画才会在塞尚的作品中占据主要地位，但是1866年的另外一件作品概述了户外写生给塞尚的艺术带来的磨炼和起到的调和作用。

塞尚创作小幅作品《博尼耶尔风光》（图51）的时间可追溯到1866年夏天。那年春天，塞尚在向巴黎沙龙提交作品又一次遭受拒绝后离开了巴黎，同左拉、瓦拉布列格等人去本尼科特住了几个月。博尼耶尔是一个刚好跨越了塞纳河并通过渡船与贝当古相连的小镇，不过塞尚笔下的特写很可能是从一艘船或是河中一处小岛的角度描绘的。画中调色刀的笔触非常有力，就像数月后大胆的多米尼克舅舅肖像画系列一样，他的这幅河流风景画为研究画面的平衡和稳定提供了素材：位于中轴线的教堂尖塔倒映在下方的水面上。两条精心安排、完全对称、成对角线的小径通过亮色的线条，以及水岸的优美弧线加以强调。画中几乎没有提及任何逸事（我们只能尽力去辨认货船中的车马和粗略的农民身影），这幅画极其关注博尼耶尔的平面、正面风光；画中留白的部分教会了塞尚日后在描绘普罗旺斯风景时关注作品内在的秩序。

并非所有早期的风景画题材都有助于塞尚构建在博尼耶尔创作的平静、稳定的作品。这段时期，对这个静谧小镇的描绘说明他对这个小镇的观察角度非比寻常，作品中表现的冲动也更加典型。例如在《索勒街》这幅画中，蒙马特街道陡峭狭窄，这样的视角简直能导致幽闭恐惧症。这是一幅小型的、浓墨重彩、颇费心思的油画。塞尚在1867—1868年的巴黎，也是在他努力想要对作品加以把控的一两年后，以及几乎没有对风景画做过任何研究的情况下，在热德布芳花园附近所作的名为《穿山铁

图51
《博尼耶尔风光》
创作于1866年
布面油画
福雷博物馆
艾克斯莱班

路》的作品——一幅素描和两幅油画——进一步地证明了他在自己最好的作品中所付出的努力，即从观察到的主题中获取明确的秩序。

塞尚为第一个版本所做的准备工作清楚说明了这项任务的艰辛。在这幅速写中，塞尚反复用明显的线条强调图案的对角线和垂直线。约创作于1867—1869年的《穿山铁路》第一版（图52）却是一幅在小木板上粗略勾画的油画，有力的新型曲线被一系列主导这件作品的对角线连接在画面中心。以遥远的蓝色天际为背景，以鲜亮的橙色、黄色和绿色色调为前景，使画面显得活力十足。前景重点关注教堂尖塔、塔柱和火红的球，以及铁路标志信号轴极为垂直的轮廓。风景画的各个部分因此达到了平衡，但是塞尚充满激情的笔触、浓厚的颜料和绝妙的刀法却淡化了这一平衡。在约创作于1869—1870年的最终版本中（图53），他的这幅志得意满的作品达到了顶峰。通过更为柔和的赤土色调和灰蓝色调，以及少许的细节处理和经过反复斟酌的笔触，塞尚转而将他的视角扩大到边远的位于画面右侧的圣维克多山。在热德布芳花园低矮的围墙这条水平线（这条线使前景空间变得扁平，与花布的下端边缘遥相呼应）之上，在碧蓝如洗的天空映衬下，一系列有序的曲线将观赏者的视线重新引向远处古老山峰的简洁轮廓。

如后来许多的作品一样，圣维克多山的形象似乎是为了凸显在它前面铺陈开来的雄伟壮丽的美景。这种场景看似毫不费力就能实现画面的平衡。后来不少崇拜塞尚的画家都指出《穿山铁路》的最终版本是塞尚艺术生涯中的一座里程碑。因为它与塞尚当时最为出色的静物画在运用平静的力量这一点上有所共鸣（见图49）。甚至是塞尚的风景画画风在这一关键时期也在逻辑严密的作品和紧随其后更为不安和情绪化的作品之间摆动。

19世纪60年代，塞尚一半时间在普罗旺斯，一半在巴黎。

图52
《穿山铁路》
约创作于1867—1869年
个放油画
19厘米×33厘米
巴恩斯基金会
梅里恩
宾夕法尼亚州

图53
《穿山铁路》
约创作于1869—1870年
帆布油画
80厘米×129厘米
新绘画陈列馆
慕尼黑

从他的风景画中我们可以想象出他动荡的旅途和壮志未酬的心情。即使风景画在他的艺术中占据更加重要的地位，塞尚提交给巴黎沙龙的作品却又回到了更为熟悉的领域。1870 年春天，塞尚展出了他近期最为大胆的两幅人像画：一幅是直接让人联想起他早期作品的裸体人像，另一幅是巨大的、充满表现力的人物肖像（见图 82 和图 104）。我们可以看到，这两幅画成为塞尚在 19 世纪 70 年代人像作品中最为关键的作品（见第 5 章）。然而，尽管当年巴黎沙龙的评审团是近期内最为开明的一届，雷诺阿、毕沙罗、埃德加·德加（1834—1917 年）、巴齐耶和其他一些塞尚朋友的画作都被接受了，但塞尚的作品依然遭到了拒绝。这也可能激发了塞尚对于风景画这一不太具争议性的题材的兴趣。

7 月，沙龙刚刚结束，法国军队与奥托·冯·俾斯麦手下更加训练有素的普鲁士军队发生了冲突。很快人们就发现，在拿破仑三世的操控下，法国变成了无益的国际冲突战场。到了 9 月初，第二帝国已然沦陷：皇帝和他手下的士兵在东线投降，而普鲁士的军队则一路畅通地冲向巴黎。短短数日，巴黎就陷入了包围之中。一场分外煎熬、长达 4 个月的围攻开始了。随后在漫长的寒冬和次年的春天，动乱不断。盖尔布瓦咖啡馆的朋友圈子也支离破碎：莫奈和毕沙罗逃亡去了伦敦，雷诺阿被招入伍，马奈和德加加入国民军成为志愿枪手（但是少有行动），而这个圈子中最年轻的一位画家巴齐耶则死于战乱。塞尚，如他的风景画所显示的那样，在家乡普罗旺斯低调地生活。

1870 年 5 月，参加完左拉的婚礼后，塞尚离开了巴黎，似乎是在热德布芳花园度过了夏天。到了秋天，他搬到了一个小小的沿海村落埃斯塔克居住，这个村子就在马赛西边。彼时的塞尚似乎已经不受遍及大半个法国的动乱的影响了。据他自己日后回忆，在那里，他平静地把时间平分在外光画创作和画室创作上。然而，这一切或许并没有那么平静，从一封塞尚的朋友马里尤斯·鲁写给左拉的信中，我们了解到塞尚在艾克斯的逃避兵役人员名单上，警察已经对热德布芳花园进行了搜查。到 1871 年 6 月，正如左拉告诉他们俩共同的朋友保罗·阿莱克西的那样，塞尚甚至可能逃到了埃斯塔克，并"藏在马赛或是某个峡谷的洞穴中"。

事实上，塞尚逃避的不仅是当地警方的通缉，还有父亲敏锐的目光。塞尚的父亲还不知道他在与奥尔唐丝·富盖幽会。奥尔唐丝·富盖是塞尚一两年前在巴黎遇见的一位模特，身材高挑、皮肤黝黑，遇见塞尚时，她只有 19 岁。奥尔唐丝来自都勒侏罗山附近的萨利盖伊，未来她与母亲一起在巴黎生活。母亲去世后，便在战时来到埃斯塔克与塞尚偷偷地住在一起。塞尚这段时期里荒凉、险峻的风景画似乎与个人生活和周遭的环境中的忧虑不安吻合。

塞尚的艺术生涯中有许多时间是在埃斯塔克度过的。埃斯塔克不仅是画家熟悉的避难所，还有着陡峭、壮丽的地形和美丽的风景。在数年后的一封信中，塞尚赞美了埃斯塔克令人印象深刻的地中海风光，这封信将他在埃斯塔克形成的绘画形式简化成为对比鲜明的剪影。得益于 1869 年苏伊士运河的开通，马赛成为一个独特且喧闹的国际港口城市（法国在 1871 年的合约中失去阿尔萨斯地区之后，马赛成为更加重要的贸易基地）。而与现代大都市马赛相比，埃斯塔克只是一个普通的渔村，满是岩石的山坡上有着几家冒烟的工厂，由于它们对航海经济的支持，这个村庄与现代社会多少有了一点关联。

塞尚在那个严冬和次年春天保存下来的作品很少，且都显得阴郁不堪。其中，最主要的一件作品是《雪中的埃斯塔克》（图54）。作品运用愤怒的横扫式笔触来凸显雪花猛烈的下落感。用一位艺术学者劳伦斯·高英的话来说就是，"描绘一个可怕的分崩离

析的世界形象。陡峭的对角线所代表的山坡之间是卷曲的松树。松树几乎失去了平衡，让人心生恐惧。松树是巴洛克式，大面积湿重的褐色色块使作品显得很独特"。与此主题相似的是同一时期的另一幅风景画《埃斯塔克渔村》，螺旋向下的海岸和海水让人看后深感不安。塞尚在《雪中的埃斯塔克》中近乎单色的冷淡色调，低沉的天空和猛烈的笔触在与埃斯塔克有关的另一幅油画中（图55）再次出现。画中描绘的是简陋的渔民小屋，屋顶上盖满了浅灰色的雪。这一时期的每件作品中都带着显而易见的阴郁，将之与塞尚早期的风景画区分开。通过叙事的形象表达恐惧和叛逆，这些作品让人瞬间想起法国当时四处弥漫的恐惧与绝望的气氛。即便是塞尚也

没能逃脱。

坏消息接踵而至，冬天的日子更加难熬。阿道夫·梯也尔成为临时政府首脑。1871 年 1 月法国与普鲁士签订了停战协议。但是到了春天，巴黎爆发了内战，第二轮围攻随之而来。新的左翼群体巴黎公社的成员大都是工人阶级。他们反对阿道夫·梯也尔的第三共和国，并且逼迫国民议会撤退到凡尔赛。到 5 月初，政府军与巴黎的工人阶级及其支持者交战。当月末，经过可怕的流血冲突，巴黎公社被镇压下去，法国前途未卜。街道（图 56）以及建筑（包括罗浮宫的一部分）被炸毁，铁路和高架道路被彻底摧毁，经济损失不可估量，人们受到了惊吓。昔日光鲜的大都市以及前几十年无限美好的乐观情绪已经不复存在。在这"可怕的一年"（维克多·雨果的这一说法恰如其分）中，法国不仅遭受了巨大的人口损失（5 月底一周就有两万五千人被杀害），失去了两个重要的省份——阿尔萨斯和洛林，还失去了欧洲文化与社会的领军地位。短短两年半的时间里，法国偿清了 1871 年 5 月的和平协议里所承诺的、令人震惊的 50 亿法郎赔款。但是法国需要更多的时间从战争中恢复。

画家、诗人和哲学家们陆续回到了巴黎。此时的巴黎比他们一年前或更早些时候离开时暗淡了许多。事实上，马奈亲眼见证了战争带来的破坏作用。他在描述战争情形时运用的痛入骨髓的形象让幸免于难的人们也仿佛亲身感受。雷诺阿也创作了一幅描绘一名巴黎公社成员被处死的素描，这说明他在流血事件结束之前已回到了巴黎。甚至连一些留下来战斗的学院派画家，如巴黎沙龙最喜欢的一位画家梅索尼埃，也创作了一些形象怪异的作品，让人们不禁想起法国的这场溃败。这场溃败是无法用英雄式象征或者讽喻的传统语言所描绘的。

塞尚终于不再受征兵的威胁了。他先是去了艾克斯（不过可能不是和奥尔唐丝·富盖一起），很有可能就是在 1871 年夏末回家

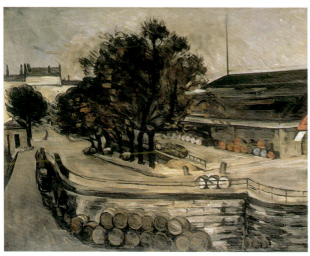

图57
《热德布芳花园的板栗树大道》
约创作于1871年
帆布油画
37厘米×44厘米
泰特美术馆
伦敦

图58
《巴黎贝尔西码头——红酒工厂》
创作于1872年
帆布油画
73厘米×92厘米
波特兰艺术博物馆
俄勒冈州

探亲的几个月之中，他创作出了小巧、色彩鲜艳的《热德布芳花园的板栗树大道》（图57）。在这幅风景画中，塞尚巧妙地运用了迂回的平行线以及直接的光影对比，重申了他此前的目标——让自然界中这种图案带有平衡、有序的形式逻辑。他全新的鲜艳色调——尤其是许多层次的绿色和黄色，和他灵活多变的笔触都说明他的艺术事业很快会转向新的方向。

秋天，塞尚回到了巴黎。同年12月，他和奥尔唐丝在塞纳河左岸的一处小公寓安顿下来。在那里，面对战后可怕的遍地焦土，主流的艺术界迅速恢复了运作。但是对塞尚的态度却仍和以前一样不友善。再加上他的第一个孩子即将出生，塞尚的作品中无法避免地带有阴郁情绪。其中一幅油画可追溯到1871—1872年的冬天，塞尚难得画了一幅城市风景画《巴黎贝尔西码头——红酒工厂》（图58），这幅画的场景是从他二层公寓的窗户的角度来描绘的。虽然巴黎贝尔西码头的市场很喧嚣，也是葡萄酒商的商业中心（阿基里斯·昂珀雷尔来拜访塞尚时却抱怨说"这个地方连死人都能被吵醒"），但是塞尚笔下的市场却在沉闷的天空下显得无比荒凉。塞尚关注的是一桶桶堆积起来的葡萄酒，一个本身就不稳定的意象。以棕色和深灰色为主色调，这幅画与塞尚近期的埃斯塔克风景画不谋而合，都让人感到压抑。不久之后，塞尚将此画赠予毕沙罗，一位经常鼓励他，称赞这幅作品带有"非同寻常的活力和力量"的画家。但是这似乎也标志着作为一位风景画画家，塞尚这一独特的事业阶段已经结束。1872年塞尚带着奥尔唐丝和他们襁褓中的儿子保罗离开巴黎搬到蓬图瓦兹，与毕沙罗一道创作（图59）。塞尚的新型风景画常常让人想起一些年长的和日益成长的艺术家的作品，包括塞尚经常接触的基约曼。这暗示着塞尚的艺术生涯即将开始书写全新的篇章。

从蓬图瓦兹到巴黎很方便，只需要坐一趟火车即可。此前，在1871年为拦截普鲁士军队而被法国人破坏的铁路桥也是

图59
塞尚与毕沙罗在蓬图瓦兹毕沙罗家的花园中
拍摄于1877年
从左到右
业余画家阿方索、塞尚、卢西恩·毕沙罗、医学生阿吉亚尔、卡米耶·毕沙罗

图60
临摹毕沙罗
《去往路维希安的路》
约创作于1872年
帆布油画
73厘米×92厘米
私人收藏

图61
卡米耶·毕沙罗
《去往路维希安的路》
创作于1871年
帆布油画
110厘米×160厘米
私人收藏

第一批重建项目之一。蓬图瓦兹是历史上一个著名的抗击普鲁士军队的乡村小镇，坐落在俯瞰着瓦兹河的小山坡上。由于蓬图瓦兹靠近巴黎，许多工厂想在此建厂。巴黎的有钱人也想把这里变成周末的休闲住所。它坚持保持住了自己独特的乡土自然，这一定是它吸引谦逊安静的毕沙罗的原因之一，毕沙罗于1866 年搬到蓬图瓦兹。法兰西第三共和国动荡不安的早期，蓬图瓦兹和瓦兹河畔奥维尔小镇周边地区也能够提供创作所需的乡村社会景象，以及复兴这个饱受磨难的民族所需的可供发展的经济。

塞尚在蓬图瓦兹创作的第一幅风景画（图 60）是一幅小型的临摹画，原画是毕沙罗前一年在路维希安完成的一件作品。路维希安是马赛附近的一个村庄，毕沙罗除了普法战争那 7 个月是在英国避难外，从 1869—1872 年一直和家人住在那里。后来，毕沙罗的儿子卢西恩回忆起塞尚要临摹这幅画时的情形："当时我的父亲正开始研究创作亮色作品。他从自己的调色盘中去掉了黑色、赭色等颜色……他向塞尚阐述了画中题材的理念，而塞尚为了理解我父亲的理念，向他借了一幅油画，这样他就可以通过临摹来判断这样的新理论是否可行。"塞尚的风景画与毕沙罗的风景画（图 61）之间的对比说明了塞尚在新导师的指导下迅速地掌握了新技巧。运用从毕沙罗手中学到的短促、克制的笔触，明亮的色调和小块的纯色来取代传统模式，塞尚的油画终于不像早年的风景画作那样受情绪起落和暴躁的影响了。但是，也已有迹象表明塞尚的艺术会自成一家。塞尚的版本应用了许多更为鲜明的光影对比，强调镇上建筑的块状外形和洒在路上的阳光。另外，他避开了许多突出毕沙罗画中质朴场景的风景细节：他笔下的树叶子更少，花园中培育的一排排整齐的树木被画笔一扫而过，农家妇女和儿童则几乎是粗略地勾画进去的。事实上，这是塞尚少有的人物风景画。尽管有毕沙罗的范例和教导，塞尚的感受力完全不同。

　　抵达蓬图瓦兹不久，塞尚和家人在附近瓦兹河畔的奥维尔小镇安顿下来。河畔风景如画，它的田园魅力早年吸引了柯罗和杜比尼。到了1890年荷兰画家文森特·凡·高（1853—1890年）来到这里时，从某种意义上说，这里已经成为各国画家们的根据地了。毕沙罗常常和塞尚在那里见面，并将塞尚引荐给保罗·嘉舍，一位善良的内科医生和业余画家，他也支持塞尚，还临摹甚至购买了塞尚的一些画作。嘉舍高大古雅的白色房屋出现在塞尚来到奥维尔之后的首批作品之中。其中一件作品《嘉舍医生在奥维尔的房子》（图62），色调柔和，创作时间或许可以追溯到1873年年初。画中颜料轻薄的笔触，勾勒出早春通往嘉舍家的弯曲道路两边的灌木。这一画法显然是受了毕沙罗的影响。房屋本身和周围的建筑物组成了一幅清爽的几何图。或许因为作品中对于空阔道路的创作手法主要体现的还是塞尚的风格特点，而非他的导师毕沙罗的，这让人们想起塞尚早年的一幅描绘蒙马特街道的画作。触感良好的表面和浅色调的街道让这个村庄似乎显得在向上倾斜而非陷入低处。一条蜿蜒伸向远方的道路尤其让观赏者仿佛身临其境。奇怪的是，作品把村庄从人类的互动中抽离了出来。许多塞尚后来的乡村风景画也会描绘这样浅浅的、蜿蜒的道路，不仅是因为它们似是而非的视觉效果，也是因为它们能够让他复杂画作的表面看起来更加和谐。

　　实际上更能体现正面和扁平效果的是创作于1873年的《拉克鲁瓦神父在奥维尔的房子》（图63），是塞尚那一时期难得签名并标注日期的几幅油画中的一幅。画中鲜亮的色调和茂盛的灌木使得我们更加确定这幅画创作于那个高产年份的夏天。或许当时距离创作《嘉舍医生在奥维尔的房子》只有几个月，但这幅作品包含了塞尚迄今为止最为复杂的对应结构：近处和远处的图像元素、浅色和深色的色调以及一系列色彩鲜亮的笔法争相斗艳，形成了一幅对立

图62
《嘉舍医生在奥维尔的
房子》
约创作于1873年
帆布油画
61.6厘米×51.1厘米
耶鲁大学美术馆
纽黑文

图63
《拉克鲁瓦神父在奥维
尔的房子》
创作于1873年
帆布油画
61.5厘米×51厘米
国家美术馆
华盛顿

又互补的生动场景。在画中央，一扇位置处理得恰如其分的窗户将整件作品联系到一起。塞尚似乎已经重新树立起信心，这多少得归功于毕沙罗对他一直的指导和鼓励。

　　毕沙罗信奉社会主义，他满怀热情地支持着当地的农民（此外，他还在当地帮忙成立了一个面包师联盟）。与塞尚的作品相比，他的作品在描绘闲适恬静的乡村环境时，投入的要多得多。对比毕沙罗和塞尚对相同风景进行描绘的作品就能说明这一点。塞尚约创作于 1873—1874 年的《奥维尔的小屋》（图 64）关注的是鲜绿的田野中白色农舍的外表，而毕沙罗相似的画作《收获土豆》（图 65）则展示了一幅和谐的乡村劳作的情景。塞尚作品中出现的厚涂建筑物的正面和留白，在毕沙罗创作的永恒的收获主题的作品中仅仅是个背景。同样，塞尚通过图中左侧笔直的烟囱、树木和扁平的平行笔触，狭窄的天空和前景墙的水平框架创造出的视觉韵律来构建他的作品；而毕沙罗的作品更具象征性：在画中，农舍鲜明的几何结构衬托了或是站立或是弯腰劳作的农民。远处的平行线条和耕种的小山坡则与画工更加粗糙的前景田野形成了鲜明反差。这样的比较强化了毕沙罗作品中的保守思想和理想主义色彩。如果不是跟毕沙罗的作品比较，而跟雷诺阿或莫奈同时期的作品相比，那么塞尚早期的一些奥维尔风景画中描绘乡村环境甚至是耕地特点的自我意识会显得更强烈。

　　莫奈创作于 1873 年的《田边屋舍》（图 66），第一眼看去很像塞尚的《奥维尔的小屋》。这两幅画描绘的都是水平天空下广阔的田野中，有着清晰的轮廓线的白色房屋洒满阳光。画家运用了许多早期印象主义画家曾用过的笔触分割画法，其中莫奈的笔触更细小多变。然而这两幅油画展现的是完全不同的风景，以及画家看待风景的不同态度。塞尚的农舍位于农田中央，山坡的一侧因耕种形成的条纹状图案深深吸引了一位一直专心在大自然中寻找统一秩序

图64
《奥维尔的小屋》
约创作于 1873—1074年
帆布油画
40.5厘米×54.5厘米
哈佛大学福格艺术博物馆
坎布里奇
马萨诸塞州

图65
卡米耶·毕沙罗
《收获土豆》
创作于1874年
帆布油画
33厘米×41厘米
私人收藏

图66
克劳德·莫奈
《田边屋舍》
创作于1873年
帆布油画
54厘米×73厘米
国家美术馆
柏林

的画家的注意。画中央笔直的树木枝叶浓密，将远近相结合，柔化了建筑物的线条，并与最右边大胆的平行笔触相呼应，进一步增加了塞尚画中乡野自然的和谐感。

相比之下，莫奈的作品则是满眼鲜花遍地的田野和清新舒适的阳光，描绘了一种更具有城市气息的或是郊区感觉的风景画：中间一些矮小房屋的图案与较远的、高大的教堂尖塔竞相吸引我们的注意力，而开放式的前景和私人观赏花园与后面建筑密集的城市形成了鲜明对比。正如研究莫奈的学者保罗·塔克所说，莫奈的主题来自于快速扩张的阿让特伊镇（在巴黎西北的塞纳河畔）边缘的新建房屋。那里曾经是耕地。可以不知不觉感受到与塞尚作品不同的主题：两个世界骤然相遇。相比之下，塞尚的《奥维尔的小屋》描绘的是平静稳定、不受现代变化所影响的自然风景。

出于对巴黎沙龙这一主流机构的不满，1873年年底，一群画家在毕沙罗的领导下，自发组织了一个独立的画家合作组织。1874年4月15日，在莫奈、雷诺阿、德加和毕沙罗的指导下，无名氏艺术家合作社（他们自己取的这一名字）的首次展览在摄影师纳达尔位于华丽的卡布辛大道上的画室开展。这次展览在此后经常被称为第一场印象主义作品展。

　　塞尚约创作于 1873 年的《自缢者之家》（图 67）在这次展览中也出现在极为显眼的位置。这件作品可能与毕沙罗提交的作品一样，扮演了"蓬图瓦兹派"宣言的角色。尽管这件作品极具争议性的题名（画作来源不清）很有可能让塞尚再次变得臭名昭著，但是塞尚在作品里塑造的却是一个他曾居住过的乡下小镇的安静一角。和他许多描绘乡村道路和小径的作品一样，这幅画中前景也显得多变，空间的转换也带着不确定性，观赏者也难以找到画中风景的入口，但是整幅画保持着对称的轮廓和秩序。整件作品中，棱角分明的长方形窗户、门和房屋的轮廓都因干枯的树枝而变得柔和。塞尚可能是向毕沙罗学习的这一表现手法。虽然塞尚采用正统的手法驾驭题材，但是却没有掩盖画中的质朴气息。塞尚画中对于满是岩石的崎岖地表、一簇簇的野草和右边的古雅小茅屋的曲线外形的描绘，为他在风景画领域打下了极好的基础。但是经过他带着厚重颜料的画笔重新处理过的粗糙的油画表面，也让它有了一种强大的物质的力量。

　　虽然塞尚会因为一些讽刺性的评论感到沮丧，但是他也意识到了这幅画所代表的绘画成就。在展览上，他将这幅画卖给了阿尔芒·多利亚伯爵，一位富有的地主和贪婪的收藏家。后来伯爵又把此画卖给了塞尚早期的另一位赞助人——维克多·萧克。在之后的几十年中，塞尚为了证明自己的成就，将此画借回来参展了三次（包括 1889 年在巴黎举行的万国博览会）。《拉克鲁瓦神父在奥维尔的房子》（见图 63）可能是塞尚 1874 年提交送展的另一件作品。这幅作品尺寸大，标有签名和日期，受毕沙罗的影响采用了印象主义风格。这些都说明创作这件作品的初衷可能就是为了参展。

　　一个月后，展览结束了。有一件事对于前来参观展览的 3500 名观赏者中的大多数人和画家们来说是很明显的，那就是沙龙体制

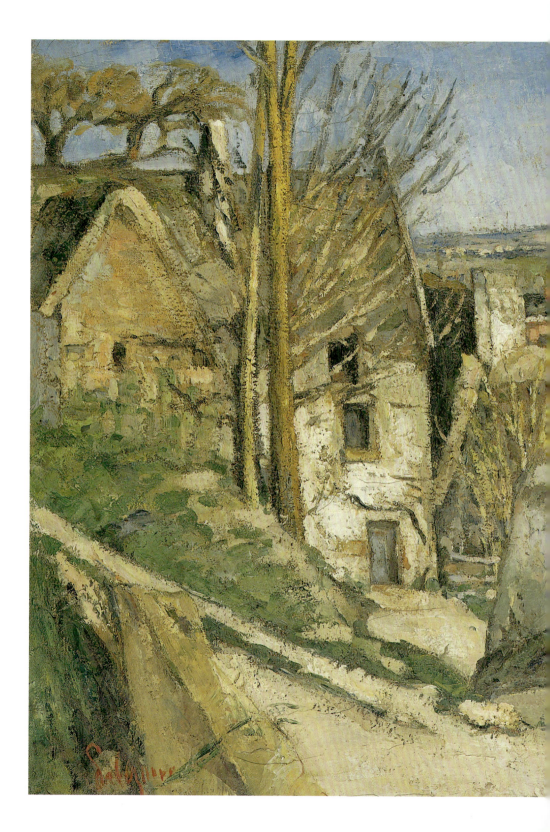

图67
《自缢者之家》
约创作于1873年
帆布油画
55厘米 × 66厘米
奥赛博物馆
巴黎

的权威和等级制度都因这次展览而被极大地削弱了。同样，这次展览上出售的画作数量并不乐观，已经有一些艺术品商人，如特立独行的保罗·杜兰德·鲁埃尔，甚至一小部分私人收藏家，如多利亚伯爵的兴趣开始转向日益壮大的资产阶级艺术市场。这一转向很快就会挑战法国的赞助模式。因此，曾经被视为"不过是学生的叛逆而已"的作品事实上成为现代绘画史的分水岭。

　　一些学者勾勒出了印象主义产生的政治以及更广的历史环境。这些学者的工作极为重要，有助于我们了解印象主义这一概念松散的艺术形式的初期阶段。当时的前卫画家在 1874 年聚到一起不仅是为了寻找一年一度的巴黎沙龙的替代品，也是为了自身寻求更多的公众认可和财政支持。与其说把他们聚到一起的是某一种风格或理论，其实更多是因为他们面对长久以来的艺术等级制度持有相同的反叛态度。他们的艺术作品采用了广泛的现代题材和个人手法，同时也受到了很多批评。无论收获的是正面评论还是负面评论，都帮助这些在纳达尔的画室展出的作品在当时紧张的政治局势下找到自己的定位。

　　因此，这次展览引发的紧张不仅仅是审美上的。相反，它减缓了一直犹豫、要保护自己地位的传统社会与一群对学术传统感到厌烦、变得边缘化的艺术家之间的冲突。这些艺术家因战争而变得支离破碎的生活在令人眼花缭乱的自然界和城镇生活中得到了滋养。新作品强调画家独特的感受力。许多人可以从中看到各自对于自然界的视觉刺激所做出的反应。这一视觉刺激通过同样主观的绘画技巧进行传递——既赞扬原创性，也从陈腐的学术日常中得到解救。同样，印象派画家对城镇生活的频繁关注和对郊区世界的放弃很受中产阶级观赏者的欢迎，这一点也向一些批评者说明印象主义代表着法国艺术甚至是法国整个国家未来的新希望和进步。塔克说过，民族复兴这一主题对于莫奈的名作《日出·印象》（图 68）至关重要。印象派这一提法就是因这幅作品（及其他几幅作品）而得名。

这是一幅奇妙的、类似素描的作品，描绘了阳光穿过雾气洒在勒阿弗尔的工业港和造船厂上的情景。

战后的前几届艺术沙龙了无生气，而此时印象主义画家眼中的法国显得更有希望。他们的这一看法在社会中也显得日益重要。然而，他们首批展览的作品受到了猛烈的批评。其中一些批评是来自于残留的民族主义。普法战争带来的屈辱回忆和长期的影响，以及法兰西第三共和国早期的保守思想全面影响到法国社会的方方面

图68
克劳德·莫奈
《日出·印象》
创作于1872年
帆布油画
48厘米×63厘米
马蒙丹美术馆
巴黎

面，包括艺术界。在这样一个时代，印象主义画派对于艺术中传统的修饰理念和主观事物上的直接反驳可能会很容易被看作颠覆性的。在传统媒体中被称为"顽固分子"的艺术史家琳达·诺克林认为，这是从政治词汇中生造的说法，反映的是激进或无政府主义的倾向，这些看似谦逊低调的现代法国风景画画家需要长期忍受这样的双重看法。直到1877年，批评家弗雷德里克·舍瓦利耶才承认，在第一批印象主义画派作品中出现的刻意的不连贯和破坏性意象反

映了这一时期法国的混乱局面。

印象主义画派的首场展览一结束,塞尚就打点行装赴南方度夏,但是人们对于这场展览的批评也传到了身在艾克斯的塞尚耳中。除此之外,素描大师、时任当地美术馆馆长的吉伯去塞尚的画室拜访他,并提出要欣赏他的作品。塞尚在给毕沙罗的信件中这样描述:

我断定他看了我的作品,对于什么是邪恶的进步不会有准确的认识。他应该欣赏那些伟大的巴黎罪犯们的作品。对此他回复说:"当见识了你的攻击性,我就完全能够想象得到绘画的危险。"

尖锐的批评并非画家宣布从沙龙中独立所承担的唯一风险:当这场展览进行了最终的财务结算后,人们发现参展的画家不仅受到了许多批评,每人还欠了 184.5 法郎。然而塞尚却从这一整个带着坚定信仰和希望的大胆实验中脱颖而出,这在他的艺术生涯中是前所未有的。那年秋天,回到巴黎后,他满怀希望地给母亲写信:

我开始觉得自己比周围的人都要强。你知道我对自己的良好看法只有在经过深思熟虑后才会得出结论……这一刻总会到来的,尤其是当一个人有所突破之时,比起那些虚有其表的人,会有更加热情和坚定的崇拜者。

塞尚没有参加 1876 年的第二次印象派展览,但是在 1877 年的印象派展览上却展出了各种题材共 16 件作品。居斯塔夫·卡耶博特(1848—1894 年)巧妙地将这些作品排放起来,用以提升这个群体的社会形象。印象主义画派第三次展出将展览作品缩减为该画派中最具天赋画家的典型代表作品。例如,莫奈有 30 件作品参展;德加有 25 件参展作品。这次展览重新调整平衡了展出主题:卡耶博特在巴黎歌剧院附近租下了一间大公寓（就在杜兰德·鲁埃尔的画廊街对面），在公寓的墙面上展出了静物画、肖像画、风景画、城市风景画和室内装饰画，甚至偶尔还能看到一幅裸体人像画。虽然这样的作品如过去一样，会招来人们的嘲弄和讽刺性的漫画，但是许多批评家却及时颂扬了这场展览（和这个群体）中令人印象深刻的新方向。面对日益增加的支持者，印象主义画家对发展前景有了些许乐观。不过，战后的不安依然笼罩着艺术发展的可能性。

塞尚提交参展的许多作品，包括一些静物画和水彩画，与雷诺阿、毕沙罗和贝尔特·莫里索（1841—1895 年）的作品一道挂在宽大的第三陈列室中。在旁边的一个房间的门边也能看到塞尚的《美妙的风景》，似乎让人回想起他早前神秘难解的主题绘画。但是他的那幅具有重大影响力的《休息的浴者》（见图 99）恰如其分地总结了他作为一位人像和风景画画家极为出色的原创能力和日益增加的地位。如里瓦尔德所说，很有可能塞尚用这幅画取代了目录中所列的作品。他也可能意识到了 1877 年这一次印象派展对于他的公众形象，乃至整个印象主义画派的重要地位影响都非常重大。

收藏家肖凯借出了许多塞尚的作品给印象主义画派举办第三次展览，《埃斯塔克海》（图 69）可能就是其中之一。塞尚 1876 年春天离开蓬图瓦兹前往南部时受到委托创作此画。这幅作品是塞尚艺术生涯的分水岭。那年夏天，塞尚在埃斯塔克写信给毕沙罗，信中展现出一种令人耳目一新的敏锐观察力：

我正在为肖凯先生绘制两幅小型海景主题画……像扑克牌一样。碧蓝的大海，红色的房顶。如果天气变得好点的话，我可能会将它们一一完成……其中有一些风景图案需要三四个月才能完成，这倒是可能的，因为这里的植被不会随着季节发生变化。橄榄树和松树四季常青。这里的太阳光照很强烈，以至于在我眼中似乎事物的剪影不只有黑白两色，还有蓝色、红色、棕色和紫罗兰色。我可

能看错了，但是这对于我来说似乎是反面教材。如果我们可爱的奥维尔风景画画家在这里，他们会有多么开心啊。

在绘制了大量宁静的蓬图瓦兹以及奥维尔的北部风光画之后，地中海风光的炫目阳光、高处眺望到的壮丽风景以及饱和色调明显让塞尚恢复了元气。我们可以看到《埃斯塔克海》中所强调的生动场面：塞尚没有使用浓密的树叶，而是注重前景中肥厚的土地，这体现在画中则是使用短促、平行的笔触，大面积色块来描绘蔚蓝的海和远处的地平线。批评家乔治·里维耶尔，后来被 1877 年《休息的浴者》（见图 99）深深地吸引，也注意到《埃斯塔克海》的强大力量：它那"令人惊奇的壮观和前所未有的宁静"，清楚地将其与塞尚同时期其他画家枯燥乏味的风景画作品区分开来。

塞尚 19 世纪 70 年代末的埃斯塔克系列作品创作大胆、气势恢宏、景色壮丽，既把熟悉的地形、明亮的光线和南部的特点有力地结合在了一起，又代表塞尚对他早前的印象主义风格有所舍弃。尽管当时许多印象主义画派的作品都要经过反复评估，但是塞尚拒绝参加后来的任何一次印象派画展。而在离开埃斯塔克之后所创作的作品中，如在约创作于 1877—1879 年的《从圣亨利欣赏马赛湾》（图 70）中，塞尚会追求一种类似"扑克牌"般的空间的绘画隐喻，这一点他也在给毕沙罗的信件中提起过。在这幅画中，更加统一、钝涩的笔触和经过调节的色调都使得他的图像更具连贯性甚至是系统性，而作品的影响依然非常宏大和深远：扁平、竖直的工厂、尖塔和烟雾强调了画面的水平状态；只有前景中怪异、弯曲的墙表达了相反的意图。塞尚的审美在毕沙罗的指导下得到了磨砺。但是如今在自己熟悉的领域，塞尚允许风景画自身的画面力量去取代创作于 1870—1871 年的埃斯塔克系列作品中的情感压力（见图 54，图 55）。

1877 年的多数时间，塞尚都在奥维尔和巴黎之间来往。他在

图69
《埃斯塔克海》
创作于1876年
帆布油画
42厘米×59厘米
古斯塔夫·劳收藏
苏黎世

图70
《从圣亨利欣赏马赛湾》
约创作于1877—1879年
帆布油画
66.5厘米×83厘米
曾收藏于东京都市美术馆

南方时新建立的信心对他的作品影响明显。又一次在蓬图瓦兹，塞尚和毕沙罗各自创作了一幅描绘毕沙罗家屋后果园的风景画。将这两幅作品进行对比，我们可以更好地了解塞尚日益独立的风格、系统的笔触，以及把正统风景和构图融合在风景画中的技巧。在毕沙罗（图71）的作品中，开花的树、云朵和农田的肌理是作品的主题。这是通过类似莫奈的创作技巧——细微、颜料的断笔来传达的。塞尚的油画（图72）表达的是相反的空间关系。像以前的作品一样，他寻找场景中几何图形的张力，把焦点放在了一堵低矮的

图71
卡米耶·毕沙罗
《蓬图瓦兹春天的
果园》
创作于1877年
帆布油画
65.5厘米×81厘米
奥赛博物馆
巴黎

图72
《蓬图瓦兹果园》
约创作于1877年
帆布油画
50厘米×61厘米
私人收藏

土墙和画面中央建筑的正面墙面上。两者在画面中以平行的姿态呈现，突出了一种内在的扁平感。画面右上角凸起的房屋以及下方怪异的弯曲的树形，不同视角的事物，使画面达到了平衡。塞尚的笔触是他的空间语言中最为根本的一部分。用艺术史家帕维尔·马丘卡的话说就是："作品既没有带来感官愉悦，没有展现完善的精细的笔触，也没有展现塞尚1880年创作的作品中平行笔触的构造性的功能。这里，大部分的笔触塑造并定义了它们组成的平面。"

似乎从蓬图瓦兹的果园中所运用的块状绘画技巧——高英称之为"1877年风格"——在塞尚这一时期的肖像画中也有所体现（见第6章）。这种画法距离塞尚著名的用整体对称的短促、平行笔触完成一幅油画的方法只有短短一步。艺术史家希欧多尔·拉夫从塞尚19世纪70年代晚期的许多作品中都发现了这一笔法，称之为塞尚的"构造性笔法"。然而这种出现在70年代晚期许多风景画中，甚至延续到了大概80年代的画法，塞尚一直小心翼翼当成自己所属来捍卫的风格，似乎第一次出现在塞尚的幻想题材作品中。到后面我们讨论《永恒的女性》（见图93）时就可以看出，塞尚平行构造性的笔法使得他即便是创作裸体人像作品也显得井井有条，仿佛单单通过形式他就可以控制它们的感情冲动。显然，当时是通过难以捉摸的时间表来描绘塞尚的风格变化。甚至最为关键的变化也是以周期出现的：形式和表现方面的考量继续在他的作品中扮演着重要且时而可以互换的角色。但是19世纪70年代，塞尚对有序的创作体系日益关注，尝试将生动、浓墨重彩的表面与更加清晰简明、体积测定和有序空间的正式语言相结合这一点，也是一场更大的、有时是带有政治性的辩论的一部分。这场辩论在70年代末一直围绕着印象派作品展开。

这一时期有一件作品似乎被推到了风口浪尖：塞尚约于1876—1877年创作的《收割》（图73）。在他最宁静的古典作品中，这幅画作是最为大胆的，也是他的构造性笔法技巧最早的范例之一。此外，此画如此特殊，因为这既是一幅人物风景画，也是一幅生动的虚构场景画。《收割》以及塞尚的另外五件作品是保罗·高更（1848—1903年）的藏品，他对塞尚无比着迷（后来崇拜巴勃罗·毕加索）。尽管塞尚需要认可，可是一位对手热切地收购他的作品这件事却是一把双刃剑。甚至在见到塞尚之前，高更就向毕沙罗询问（这让塞尚恐慌）其他画家发现的、用于"将想要表达的、感知到的一切压缩入一个独特的步骤中"的基本原则。塞尚后来抱

图73
《收割》
约创作于1876—1877年
帆布油画
45.7厘米×55.2厘米
私人收藏

图74
文森特·凡·高
《收割》
创作于1888年
帆布油画
72.5厘米×92厘米
凡·高博物馆
阿姆斯特丹

图75
尼古拉·普桑
《夏天》
（《鲁思和波阿斯》）
创作于1660—1664年
帆布油画
118厘米×160厘米
罗浮宫博物馆
巴黎

怨高更"偷用"他的技巧。尽管高更的确有许多作品是模仿《收割》中的图像，并且尝试了类似的风格，但是他从来不曾真正掌握这一独特的表现形式。但是，或许是对高更做出这一尝试的报应：当他1887年离开前往马提尼克之时，不得不将《收割》一画出售给巴黎的一位艺术品商人阿尔丰斯·波提耶。后来，此画受到了文森特·凡·高的欣赏，那时，他也正处于艺术生涯中的一个成型时期。

凡·高后来回忆起《收割》一画中鲜艳的色调，认为这幅画让美术馆中"其他一切事物都黯然失色"，有力地描绘了"普罗旺斯严苛的一面"。这些话写于1888年，凡·高认为这幅画的主题是普罗旺斯并不让人惊讶。尽管此画田园劳作的主题让人回想起毕沙岁的蓬图瓦兹农民系列画作，但是塞尚笔下的光线以及多岩石的山中小城体现的更多的是法国南部，而不是法国北部乡村的特点。塞尚与普罗旺斯的景象与文化的联系是如此密切——这是塞尚自己的看法，他可能改变了其他画家对普罗旺斯的看法。这一点从凡·高在阿尔勒附近创作的、以收割为主题的作品（图74）中可以看出。

然而，尽管塞尚这幅作品独具普罗旺斯的特点，《收割》依然是一幅虚构的风景画，很有可能作于画室之中。它常常被比作《旧约》中一场收割的情形，17世纪法国古典大师普桑的《夏天》（图75）描绘的就是这一场景。据说塞尚在罗浮宫时就非常欣赏他的圣经风景画，关于这一点，对比以上两幅画就可以确定。画中出现类似的框架、对称的树木、水平的茂盛的草地以及一大片形状规则的开阔麦田。塞尚采用了普桑特有的技巧，将我们的目光引向远处中央位于山坡顶上的村庄。即使是正在劳作的，改自普桑的鲁思和波阿斯两个形象的农民，也横跨了整个舞台般的空间与作品底部的边缘相呼应。如艺术史家理查德·希夫所说，许多19世纪的评论员和艺术家，包括塞尚，都认为这样理想化的历史风景画是普桑的

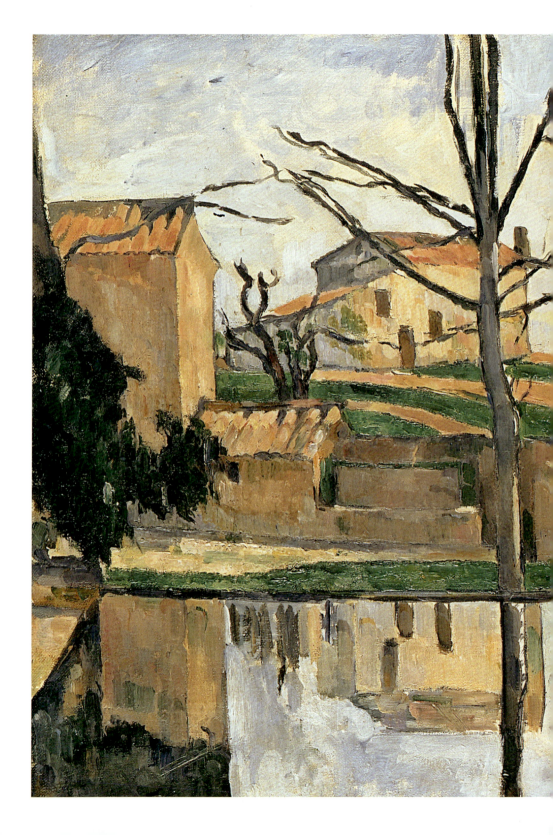

图76
《热德布芳花园的池塘》
约创作于1878年
帆布油画
52.5厘米×56厘米
私人收藏

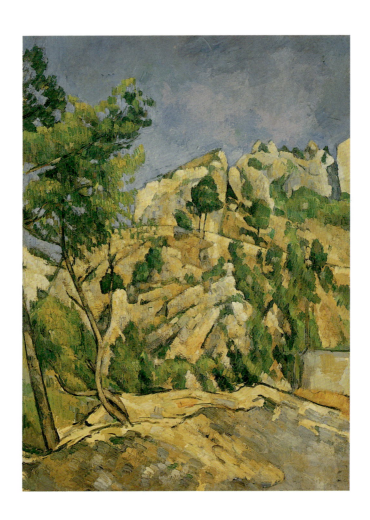

最高成就。在直接观察自然之后，普桑根据自己的古典主义理想，利用有力的画架客观地把自然中的景色转移到作品中，使之永恒、理性。就如同他的杰作《休息的浴者》（见图 99）一样。这件作品与《收割》创作时期相同，具有同样连贯的构图逻辑。塞尚在《收割》一画中复兴了古典主义传统和普桑的技巧，创造了一个永恒、有条理的和谐新愿景。而且在这件构成复杂的作品中，塞尚富有韵律、彼此平行的笔触包含了崭新的意义——既是他早期印象主义风格的遗留，也是一种强制秩序的标志。

尽管平行构造性笔触在塞尚的虚构题材作品中至关重要，但他只有在描绘大自然时才运用这一笔法。1878 年，塞尚大部分时间都在普罗旺斯，在艾克斯和埃斯塔克之间来回穿梭。因此，运用了扁平色带和最简单的网格进行构图、朴素的《热德布芳花园的池塘》（图 76）可能作于 1878 年初春。中间一棵垂直细长、叶尽凋零的树几乎将这幅画分成了对半，与池塘的水平线一起，通过严格的对称，使得景象原原本本地展现。甚至其中的冷光、暗淡的天空和池塘也让人在这幅空荡、寒冷的景象面前，仿佛看到塞尚停了下来，在仔细回想这种自然景象的余下的美丽。

图77
《峡谷山底》
约创作于1878—1879年
帆布油画
73厘米×54厘米
休斯敦美术馆

图78
皮埃尔-奥古斯特·雷诺阿
《埃斯塔克岩石》
创作于1882年
帆布油画
66.3厘米×80.8厘米
波士顿美术馆

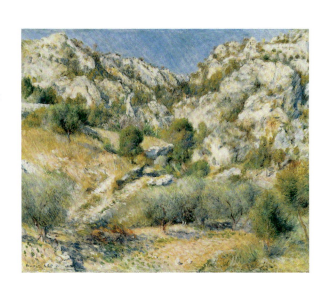

塞尚的私人生活在 1878 年依然显得有些凄凉。奥尔唐丝和他们年幼的儿子保罗跟着塞尚来到南部，悄悄地住在马赛，而塞尚则想尽办法来养活家人。然而到了 3 月，年迈的父亲怀疑塞尚在外面有了情人和私生子（这位银行家拆阅了一封萧克写给塞尚的信），塞尚矢口否认。出于责怪，路易-奥古斯特将儿子每月的零用钱削减到 100 法郎。塞尚不得不向左拉寻求帮助，每月借一点钱以便支撑他的家人生存。彼时的左拉境遇不错，取得了他小说写作生涯中第一次真正意义上的成功。塞尚从普罗旺斯写给左拉的信中又充满了对自己的怀疑。他抱怨自己的作品只展现了"糟糕的结果，并且与大众理解相去甚远"，自己只不过是"一个郁郁不得志的画家"。

塞尚在 1879 年 2 月末离开了南部，多年不曾回去。他在巴黎、默伦镇和梅塘附近的城镇创作，也曾又一次去蓬图瓦兹与毕沙罗一起创作。尽管个人生活遭受了变故，在冒险北上之前他似乎已经创作出一系列的作品，从这些作品中可以看出他初期的构造性笔触已经达到了绝妙的顶点：与他的家乡普罗旺斯有着明确联系的作品成为他接下来十年中伟大的古典主义风景画的基础。

这些作品中，有两幅非常优秀、极为吸睛的原创油画。塞尚约于 1878—1879 年创作的《峡谷山底》（图 77），是一幅少见的垂直视角作品，描绘了多岩石的高耸悬崖从山谷中望去的景致。画中运用的是他这一时期特色鲜明的笔法：井然有序的对角线笔触。图中呈现波状外形的浓厚颜料色调非常鲜艳，几乎是如浮雕般展现出了悬崖光秃秃的外形。塞尚仿佛又发现了另一种为他在埃斯塔克"强烈的"阳光下，扁平、"扑克牌"般的题材着色的方法。雷诺阿 1882 年在埃斯塔克拜访了塞尚，他也为当地壮丽的景色而惊叹。不过在雷诺阿看来，诸如《埃斯塔克岩石》（图 78）此类的作品中较轻的笔触和近似蓝色的阴影再次展现了风景画作品的本质精华和

图79
《埃斯塔克海》
约创作于1878—1879年
帆布油画
73厘米×92厘米
毕加索博物馆
巴黎

图80
克劳德·莫奈
《博尔迪盖拉》
创作于1884年
帆布油画
60厘米×73厘米
私人收藏

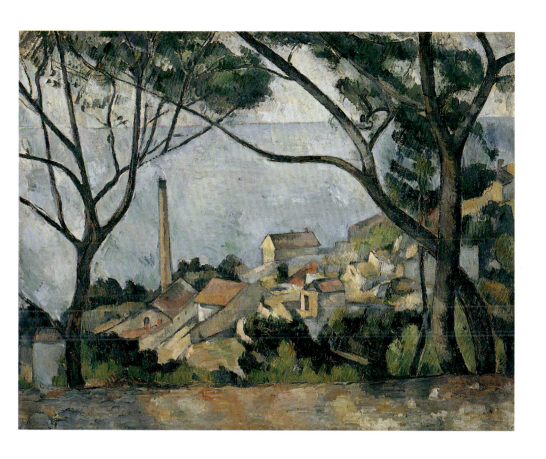

图81
尼古拉·普桑
《风景画：福基翁尸体
运出雅典》
创作于1648年
帆布油画
117厘米×178厘米
普利茅斯伯爵
外借给威尔士国家博物
馆和美术馆
加的夫

令人印象深刻的自然构图。直到乔治·布拉克（1882—1963年）的野兽派埃斯塔克风景画出现，塞尚的大胆想象力才遇到了对手。

1883年年末，雷诺阿在从意大利写生归来的途中，又去了埃斯塔克拜访了塞尚，这次还有莫奈同行。越发像是处于隐居状态中的塞尚的作品让莫奈惊叹了。几个月后，莫奈返回开始创作第一幅地中海沿线的风景画。在诸如1844年创作的《博尔迪盖拉》（图80）这样的作品中，莫奈显然带有了塞尚作品的痕迹，如塞尚约创作于1878—1879年的《埃斯塔克海》（图79）。

在这幅透过树林的地中海风景画中，塞尚运用更加柔和的平行笔触、统一的色调和大胆的几何形式，创作出了他自觉最为经典的作品之一。画中采用了普桑式的技法描绘了优雅的、倾斜成括号形状的树，扁平的前景和远处有框架的地平线。艺术史家理查德·威尔第称之为塞尚的《福基翁》，可以参考普桑一幅典型的古典主义风景画（图81）。然而，《埃斯塔克海》中有力和谐的设计是由于突然向下的视角、海洋的扁平扩展（尤其是在左上方）和近处远处相互交错的树枝的装饰效果才变得生动的。不仅莫奈，20世纪40年代购得此画的毕加索也意识到这件伟大的作品代表塞尚艺术生涯中至关重要的节点。

LE SALON PAR STOCK

图82
塞尚漫画
展示的是一幅丢失的裸
体画作
施托克相册
1870年

整个 19 世纪 70 年代这十年中，塞尚继续凭借想象进行创作，并研习了以往的艺术。他的作品既包括身处奇异内饰空间的女性，也包括在山野间沐浴的男女。塞尚的一生对人体和浴者这两类题材的创作投入了大量的精力，而这段时期的创作仅仅是个开端。正如塞尚在这十年中的其他作品一样，这些充满想象力的作品也构成了一条错综复杂的发展轨迹——塞尚早期的作品特点在于激情四射的笔触以及有可能令人感到不安的人物，但从 19 世纪 70 年代末之后创作的作品呈现了一种新的和谐平衡之感。19 世纪 80 年代末，塞尚宏伟的浴者作品，尤其是约创作于 1876—1877 年的巅峰作品《休息的浴者》（见图 99），奠定了他在人物和风景画领域中的重要地位。

塞尚曾创作了一幅大型作品，画中描绘了一位身体后倾的裸体老妇，他在 1870 年向巴黎沙龙提交了这幅画，这似乎是对评审团一次无情的侮辱。这幅画现已失传，能够了解这幅画的方式只有两种，一是从一位名为施托克的记者所绘的辛辣讽刺漫画中看到（图 82），二是询问曾有幸看过这张画作的人士。根据一位评论家之后的回忆，在这幅帆布油画上，一位裸体老妇的"悲凉遗体平放在一张刺目的亮白床单上"。在其身后的黑墙上，挂着一张模糊的流行图画，而其前方有一张小椅子，搭着颜色鲜艳的红布。在被评审拒绝以后，这幅画在 19 世纪 80 年代转到了高更手中，有可能为高

图83
《圣安东尼的诱惑》
约创作于1877年
帆布油画
47厘米×56厘米
奥赛博物馆
巴黎

更更加正统的侧卧人物画提供了灵感。之后，这幅画又流入到绘画交易商唐基在巴黎开办的店铺，震撼了无数的年轻画家，其中便包括埃米尔·伯纳德。他认为，尽管画中模特"十分丑陋"，但画作本身无疑是一部杰作。在《绑架女子》（见图 36）、《田园牧歌》（见图 46）两幅作品中，塞尚再一次挑战了原有的绘画分类。而塞尚的这幅人物画暗指了马奈 1863 年绘制的《奥林匹亚》（图 84），这幅画作描绘了一位交际花。同时，该画也大胆地颠覆、挑战了传统的理想化躺卧裸体人物形象。这幅失传的油画将塞尚的人物画推向一个新的高度，对于了解塞尚早期作品而言，它的遗失无疑是一个重大遗憾。

　　我们可以看到塞尚本人对裸体女性模特的恐惧。这种恐惧心理正是他作为一名画家内心挣扎的主要原因，也是激发其创造传奇作品的关键所在。这可以解释为什么塞尚的裸女画像几乎全部是他想象的产物，而非来自对生活的研究。也可以解释为什么文学叙事在其艺术作品中的地位下降之后，这些画像仍可以长期唤起人们的记忆。正如之前显示的版本（见图 42）一样，塞尚这一时期的《圣安东尼的诱惑》（图 83）是其最为自传性的作品，在这些绘画上，受惊的苦行僧躲避或挡眼不看那些令人恐惧的妖娆女性。但塞尚早期的裸女形象也反映了艺术界和社会

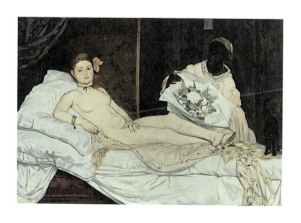

图84
爱德华·马奈
《奥林匹亚》
创作于1863年
帆布油画
130.5厘米×190厘米
奥赛博物馆
巴黎

对裸画的各种新态度，即将其视为视觉对象、现代主题、社会标杆。

19 世纪 70 年代早期，塞尚创作了一批名为《现代奥林匹亚》的作品，借此向马奈的经典名作《奥林匹亚》致敬。马奈绘制的《奥林匹亚》在 1865 年震撼了巴黎沙龙的观赏者。相较于第一版，塞尚之后在奥赛博物馆的版本（图 85）更为人所知，并且在加入第一次"印象派"展览后，这一版本便受到了广泛的评论。但塞尚的第一版（约 1869—1870 年）《现代奥林匹亚》（图 86）更加确切地表现了马奈原画中的放荡不羁。如马奈一样，塞尚推翻了其主题和意象原先所属的等级秩序。塞尚使用了同样不完美的方式对人物进行了刻画：她窘迫地蜷缩在明亮的床上，背后的窗帘如剧院幕布一般，衬托得她像是一件展品。周围还有水果、红酒、鲜花以及一位异国侍者。这一男性观众在马奈的作品中仅以隐晦的方式出现，而塞尚却在自己的作品中明确

图85
《现代奥林匹亚》
创作于1873—1874年
帆布油画
46厘米×55厘米
奥赛博物馆
巴黎

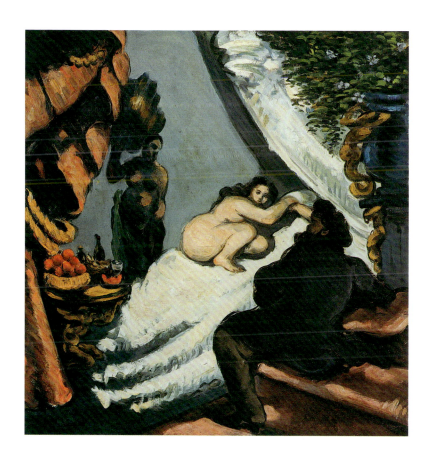

图86
《现代奥林匹亚》
约创作于1869—1870年
帆布油画
56厘米 × 55厘米
私人收藏

地表现了出来。他形似塞尚本人和其老乡库尔贝（在之后的版本中，塞尚刻画其为一位时尚的都市人或一名浪荡子）。但这一形象却没有融入画中的感知环境。这位旁观者身处阴影之中，他对面前放肆呈现但又不完美的裸露女性躯体充满了震惊，甚至产生了困惑。

到了 1890 年，莫奈发起了一次公开募捐，购买马奈的《奥林匹亚》并捐献给罗浮宫。但《奥林匹亚》依然受到了严厉批评，这种批评很多与民族主义者的自尊有关。保守的《自由报》问道：

图87
《夜晚蜘蛛》
《喜剧世界》
1875年

图88
爱德华·马奈
《李子》
约创作于1877年
帆布油画
73.6厘米×50.2厘米
国家艺术馆
华盛顿

图89
《交际花》
约创作于1871年
帆布油画
17厘米×17厘米
巴恩斯美术馆
梅里恩
宾夕法尼亚州

"当外国人在这些伟大的珍宝中发现了这幅奇怪的《奥林匹亚》后，面对这个宣扬着恶，（代表着）罗浮宫里最不完整的艺术品时，他们会怎么想？"

在 19 世纪 70 年代，马奈的《奥林匹亚》甚至更为直接地引起了众人的反思。在那个战火弥漫的年代，法国各派批评家也处在一种对国家衰败的恐慌之中。正如历史学家鲁伯特·克里斯琴森指出的，许多法国人担忧法兰西第二帝国的物质主义已经荼毒了整个法国：法国出现生育率下降、娼妓盛行、性病泛滥，而民众则沉醉

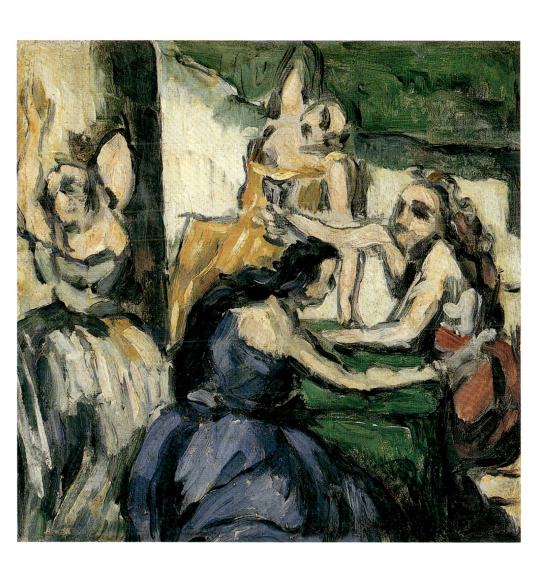

于苦艾酒、非法性行为，最终导致体质虚弱、精神狂乱，再加上当代巴黎生活的休闲舒适，这一切都消磨了法国人的意志，也让他们变得贪婪怠惰。

　　妓女在法国街头愈加常见，她们也成为越来越多文学艺术作品的创作题材，象征着这个国家的内在痼疾。相应的文学作品有左拉的小说《娜娜》（创作于 1880 年）。书中，一位虚构的底层交际花摧毁了她所能接触的每一个社会阶层，代表着一种致命的女性腐朽力量。1875 年，《喜剧世界》上出现了一幅名为《夜晚蜘蛛》（图 87）的卡通画，以视觉形式呈现了当时社会对妓女的普遍印象：富有权势但又充满危险，编织蛛网去诱惑和捕捉猎物。这位放纵不羁的女性也给当时既有的艺术传统带来了同样的冲击。巴黎沙龙和中世纪的前卫交际花画像以彰显的画法而著称，使其在模糊的历史或坊间类别划分中可以保持明确、安全的独立地位，之后有大量印象派画作延续了这一主题，但这种张显的画法却在其中几乎不占任何地位。正如艺术史学家霍利斯曾经所说，在这些作品中，如马奈的《李子》（图 88），其中女性的社会和道德标准经常被故意模糊化处理。

图90
《沐浴者》
约创作于1875年
帆布油画
19厘米×27厘米
私人收藏

图91
《三浴女》
约创作于1874—1875年
铅笔、水彩和水粉
11.4厘米×12.7厘米
威尔士国家美术博物馆
加的夫

图92
《三浴女》
约创作于1875年
帆布油画
30.5厘米×33厘米
私人收藏

当代交际花这一主题可以用来提供建议或进行暗讽，塞尚可能是第一批意识到这一点的画家。在塞尚创作的此类画作中，如1871年的激进作品《交际花》（图89），当代女性所带来的威胁未被削弱，而且融入绘画个人含义、公共含义的核心。此类转型作品让人欲罢不能，它们展现了作者在不同力量之间进行的艰难斡旋。其中既有形式因素，也掺杂了个人、社会历史因素。这些力量共同造就了19世纪60年代晚期的黑色浪漫主义和更加叙事的艺术作品，促成塞尚在日后创作出其他具有田园风格的浴者画。

在这张狭小拥挤的帆布上，作者浓墨重彩地绘制了富有生气的人物形象，用当代的手法打造当代的主题。两位站立的女人（左侧和中间）虽然身体被衣服部分遮挡，但她们暴露的衣着仍展示出了真实丰满的乳房。紧实的手臂弯曲着，大眼圆睁，面庞如鹰，头部生硬地抬起。相较于第一幅《圣安东尼的诱惑》（见图42），这幅画中所透露的情绪有过之而无不及。画中粗暴的视觉语言说明了画者希望通过有力的笔触来呈现这一令人困扰的话题。塞尚作品中的交际花形象所采用的正统处理方式，以及其更广泛的关于政治、社会及情感含义在其首批浴者作品中均得以体现。因此，早期的叙事性作品就其本身而言就已经引人注目，同时我们也可以借助它来更加全面地分析19世纪70年代的复杂作品。

《交际花》下隐藏着的暗流最终被转移到了1875年《沐浴者》（图90）一画的自然田园背景中。在这幅尺寸不大的帆布油画上，3名男性浴者在暗中偷看水中的裸体女性。画中只粗略地勾勒了这些女性的轮廓。尽管画幅不大，但勾画的主题和正统轮廓把塞尚早期的浴者画与其之前的作品联系了起来。画中精简、块状的画法也暗示了塞尚日后同主题画作的构造性特点。

在《三浴女》中，女性沐浴者被放在了近景中，并在画面上和

图93
《永恒的女性》
约创作于1877年
帆布油画
47厘米×56厘米
保罗盖蒂博物馆
洛杉矶

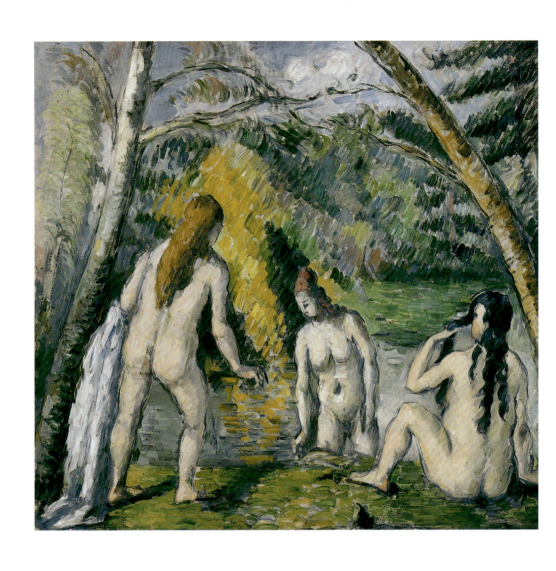

图94
《三浴女》
约创作于1877—1880年
帆布油画
52厘米×54.5厘米
小皇宫博物馆
巴黎

主题上占据了主要的位置，这种设定在之后也得到了保留。正如艺术史学家克鲁姆林所说，在此类作品中，作者使用了巧妙的三角形构图（后期的《沐浴者》基本延续了这一方式），在画面里容纳了女性沐浴者，并在图中将其与闯入的男性隔开。这种几何结构强劲有力，涵盖了一种有可能造成不安的女性力量，这是当时四分五裂的法国社会所不能控制的。在 19 世纪 70 年代中期，塞尚创作了一幅最为不寻常的作品（图 92），其中没有严格的形式约束，躁动的人体和炽热的画笔显示出了致命的能量，给田园画领域造成了威胁。

因此，在远离了以森林为主题，布局严谨的风景画之后，塞尚的裸体画带有一种不同的基调。在 幅约创作于 1877 年的重要油画作品及相关的水彩画（《永恒的女性》）（图 93）中，塞尚似乎在以一种讽刺的方式致敬充满情感力量的裸体女性。借助舞台性的戏剧效果，塞尚呈现了一位粗俗、强壮的裸体女性如神明一般处在三角形的华盖下面，周围围绕着来自各阶层的男性，但她却不为所动的画面。这幅画致敬了无数的前辈作品，包括德拉克洛瓦的《萨丹纳帕路斯之死》（见图 45）、马奈的《奥林匹亚》（见图 84）等。然而，尽管画中女性拥有让人无处可逃的气场，吸引着周围男性的崇拜目光（包括画板前的画师），但这位“永恒的女性”却没有眼神，她血红空洞的眼眶让她无法对视男性的目光。

塞尚对这个肖像感到畏惧，他似乎选用了新的方法风格，试图去缓和或控制肖像的力量。西奥多·雷夫曾称《永恒的女性》为“塞尚 19 世纪 70 年代画作中最为激进的代表。塞尚使用小而平行的笔触构造整个画面，随处可见的对角的韵律，就如磁场中的引力一样把所表现的物体对齐”。虽然塞尚之后在自然画中探索了这一构造型笔触，并赋予其他认为早期印象派所缺乏的持久的坚固性，但在一定程度上而言，该笔法在如此具有想象力的帆布油画（如

《永恒的女性》）中出现，至少与其令人不安的主题相关。他考究、平行的画法让颜料在画布上整齐划一、规律地分布，赋予画作一种有形的秩序。

最终，令人不安的主题与严格自控的绘画元素之间的矛盾在《三浴女》（创作于 1877—1880 年）系列作品中得到解决，其中包括一度由画家亨利·马蒂斯（1869—1963 年）拥有的版本（图94）。在将近 10 年的时间内，塞尚创作了戏谑、令人不安的裸体画。作品中裸体女人身上带有的令人惊恐的吸引力展露无遗。画家把这些身姿庞大的浴女放置在了精心构建的自然环境之中。作品元素和想象中的场景通过颜料的有序色彩表现出了活力和律动。构造性笔触使塞尚作品中的人物和风景更有序，同时赋予它们在自然界中观察到的主题自带的即刻感。除了平行画法之外，塞尚还有效地使用亮色以及金字塔式的构图，中和了以往作品（如图 90）里暗含的令人不安的因素。塞尚在美妙的《三浴女》画作中取得了巨大

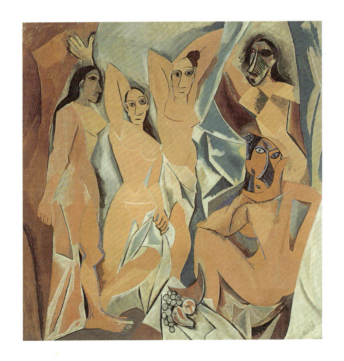

图95
巴勃罗·毕加索
《亚维农少女》
创作于1907年
帆布油画
244厘米×234厘米
现代艺术博物馆
纽约

成果，一种新的和谐秩序之感得以体现。马蒂斯称自己拥有的这版作品"各元素之间的关系井然有序"。

19世纪80年代起，塞尚所创作的许多沐浴者画作都具有相似的三角构图，运用相似的有规律的笔触。在一些作品中，如现位于巴塞尔的《五浴女》（创作于1885年），性别的碰撞、叙事的传统，甚至启发性的无声对话都一再得到暗示，但在塞尚的饱满形式布局中，他本人世界的抽象静谧却未被扰动。这种崭新的、具备个人特色的理想主义在19世纪70年代末就已显现。创作于1906年的晚期作品《大浴女》（见图200）成功地再次声明：社会政治和性别政治包含在了这一光芒四射、强壮有力的绘画形式中。

因此在社会和道德皆处于动荡之际，塞尚以非理想化、开放的女性为主题，并在10年之间将其转化为对于自然同理心的平静陈述。虽然塞尚艺术品的历史大背景被历史学家忽视，但塞尚的一位最为热忱的仰慕者——毕加索，却留意到了这些。他不仅熟知塞尚的许多浴者画像（同时拥有一幅），也知晓塞尚的开创性作品《交际花》（见图89），弗勒尔于19世纪90年代收藏在了自己位于巴黎的画廊。毕加索个人也创作了更为人所知，但却惊人相似的女性主题画作——《亚维农少女》（图95），他没有对塞尚后期的静谧浴女形象进行太多改变，这些作品的名声要远远超出塞尚的早期人物作品；相反，毕加索选择将塞尚在19世纪70年代早期创作的图像打造为与其所处的时代主题相符的图像。

如了解塞尚早期作品的强烈特点一样，分析其后期作品的和谐必须通过观察文化、社会的变化而实现。正如我们所知，在普法战争以及巴黎公社运动后，右派的逆流渗入了法国社会和文化的每一个领域，就连法国当代艺术评论界都难以幸免。1873年，麦克马洪被选为总统，下令恢复国民社会秩序。"重建秩序"在政治讽刺

图96
安德鲁・吉尔
《美杜莎之筏》
《日食报》
1872年6月9日

画（图96）上曾被提到过。麦克马洪的"伦理纲常政府"营造了压抑的右翼氛围，叛逆的个人主义几乎没有活动空间。印象派画作甚至都因而受到影响——毕竟在那个时代，前卫的艺术家都有可能被扣上"不和谐"的政治帽子。

但到了19世纪70年代末，随着法兰西第三共和国的稳定建立，以及儒勒·格雷维统治下的稳定自由派政权日益巩固，巴黎出现一种新的平静，印象派画作也经历了相似的转变。雷诺阿、高更等艺术家开始探究其对立风格的合理性。这些艺术家从混乱的19世纪70年代所关注的激进题材与政治寓意中脱离，试图重新恢复作品中带有的持久、永恒与和谐之感。塞尚对女性裸体的构图愈加齐整，也许是在反映当时社会整体在寻找一种新的、持久的社会秩序。但可以肯定的是，女性裸体题材得到不断发展，覆盖了错综复杂的道德、社会层面，这是它能够在塞尚作品中占据永久地位且引起人们共鸣的原因。

对男性沐浴者的思考可以进一步从更广阔的历史和文化角度去理解塞尚的女性沐浴者画作。在19世纪70年代及80年代早期，浴者形象的不断演变，引发了对于个人、公共及正统价值之间关系的众多质疑。在讨论塞尚男性沐浴者的画作之前，一般都会提及他用铅笔粗略勾勒的三个年轻游泳者。这幅画（见图4）出现于塞尚1859年给左拉寄的一封信的背面，是他第一个浴者图像，创作灵感来自于少年时在艾克斯乡下探险的回忆。由于塞尚的最终主题不仅仅是沐浴，也包括全裸或半裸的人体以及健美的男性人物，所以我们应该关注塞尚在创作完成以往艺术中的伟大男性人体画之后的早期研究，从而可以一窥塞尚对这一广泛传统的早期洞察力。在一些初期画作（如1856—1858年在一辆马车上绘制的人体画像）中，塞尚更多地承认他在艺术作品中对男性人体的作用所持有的传统观念，并在作品中有所表明。这或许可以解释为什么在后续的大型男性浴者画作中，只出现了较少的充满田园青春气息的速描。

我们已经看到塞尚既迎合又偏离了与女性形式相关的复杂象征主义。男性形象被更为高远的联想所包围，带来了相似的挑战。就传统意义而言，男性人体、几乎全裸的男性人体或刚健的男性形体都是力量和勇气的象征，这种观念来自于经典的传统看法——力量和勇气是同等重要的特质。单独的女性艺术人体可以理解为脆弱，而只被一层古典主义薄纱所遮盖的单独的男性人体则是象征着英雄的角色。如果说单独的女性身体有可能造成不安或象征生育能力、自然的和谐，那么男性的尽善尽美则是一种影响自然世界，而非由自然世界定义的精神力量。很重要的一点是，刚健的男性人体长久以来都被看作革命或历史变动期间的理想象征。

在 19 世纪 70 年代晚期，塞尚为男性沐浴者主题打造了两种模型，为之后他在该主题上创作出不朽名作奠定了基础。比如，在创作于 1876—1877 年的《五浴女》中，我们可以看到带有韵律的版式，这是塞尚后期男性沐浴者画作与相应女性画作之间的显著差别。但正是从这一阶段所创作的《休息的浴者》中，我们发现塞尚在与以往对男性人体艺术的解读做斗争。这一迷人且与众不同的系列不断发展，折射出其中的历史背景，并在此强调了男性人体所新增的重要性。

塞尚约于 1875 年进行的粗略水彩画研究（图 97）首次表明他将该系列视为一个整体。通过使用非同寻常的躁动墨线和浓郁的色彩，他在这一小型素描中试图传达出在自然界观察时所产生的情感。塞尚的作品已经开始重视位于中央的直立人体。在约创作于 1876 年的小型油画里（图 98），塞尚使用鲜艳的黄绿色调和短促有力的笔触描绘出憔悴的沐浴者，因而紧张感也被转移到了颜料和图像中。左边的第四个沐浴者（从后面看）在之前的速写中显得很小且问题多多。而在这幅画中，他立在一棵树前，看起来像是特别

图97
《休息的浴者》
约创作于1875年
钢笔、墨汁水彩
13.1厘米×21.8厘米
普利司通美术馆
石桥基金会
东京

图98
《休息的浴者》
约创作于1876年
帆布油画
38厘米×45.8厘米
艺术与历史博物馆
日内瓦

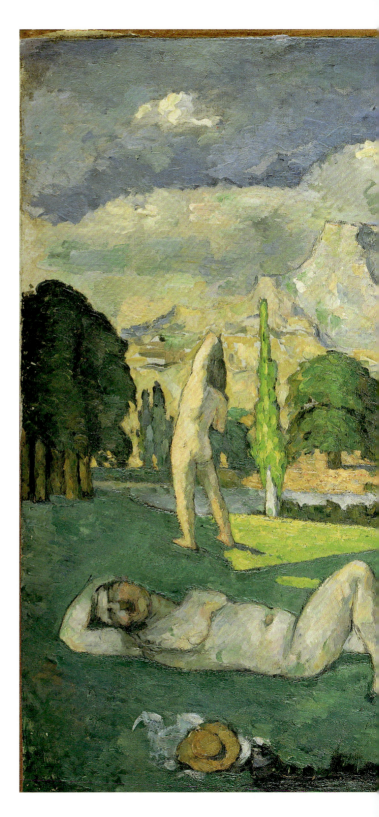

图99
《休息的浴者》
约创作于1876—1877年
帆布油画
79厘米×97厘米
巴恩斯基金会
梅里恩
宾夕法尼亚州

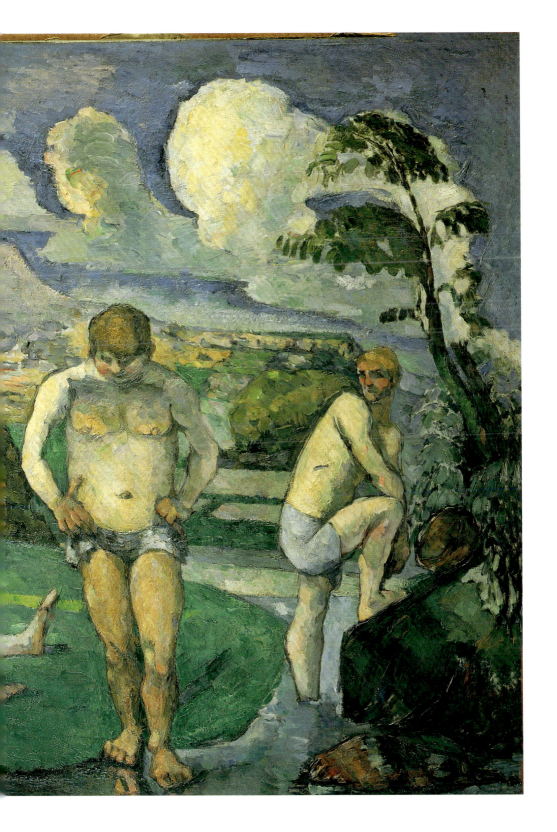

地重现了《圣安东尼的诱惑》(见图 42)中左侧的女性形象。即使最左边倾斜的树都与饱受折磨的僧侣相似,但在约创作于 1876—1877 年间的这一主题的第三版作品中(见图 99),塞尚改变了这种形式并解决了其他方面的矛盾。

虽然我们可能永远也不会有充足的证据,但许多人都一致认为,在 1877 年的第三次印象派展览上所悬挂的是这幅画的最终版本。塞尚一共展览了 16 幅作品,这一幅在那时就已经成为他独特视野的代言,其中怪异、朦胧的人物引来了展览上最为热烈的评论。典型的批评嘲讽了浅蓝色的怪异浴者以及他们头顶"陶瓷一样白的"古怪厚重的云(这些评论也帮助我们发现了这是该主题的最后一版)。另一位批评家虽然将塞尚描述为"虔诚的叛逆之人",并描述他的浴者为"上了石膏一般","世上所有的荡妇看了之后都会发誓永葆贞洁",但他也指出,"无论如何,作者都创作出了位于道德之巅的作品"。毫无疑问,画中精心创作的孤独浴者让乔治·里维耶尔激动地表示"塞尚画中的人物就如古代雕塑一般简单大气"。即便是毕沙罗,看到伏勒尔画廊于 1895 年为塞尚举行的大型个人展之后,也会专注于"极其冷静的浴者"(他在给儿子乔治的信中如此描述这幅帆布油画)。

由于作品人物引人注目,《休息的浴者》被看成独一无二的存在。事实上,虽然该作品可能与塞尚的一些遍布构造性笔触技巧的女性浴者画像是同期作品,但它与众不同的特点在于其上的厚涂颜料,使人物像浮雕一样具有立体感,得以僵硬地凝固在画中。正如艺术史学家克拉克所说,这幅画堪称完美,其中独立的、多元决定的部分抗拒了绘画表面以及主题的统一——克拉克将每位浴者周围的颜料布局描述为"似乎为了最终将人物从背景中脱离出来"。但凸显这一怪异、幻想图像的却是《圣维克多山》。它来自于对现实世界的观察,坚硬、耐久、紧实。但我们也可以

图100
尼古拉·普桑
《拔摩岛上的圣约翰》
创作于1640年
帆布油画
100.3厘米 × 136.4厘米
芝加哥美术馆

说，这幅画和塞尚的其他作品具有相同的神话感。在沐浴者主题的作品中，很少出现人物如此激烈地与周围的景观争抢人们的关注的，塞尚也很少将物理世界、实际自然与幻想混合起来。塞尚在传统风景构建和浴者构成主题之间营造了紧张的关系，这实际上是一些作品梦幻特点的来源。塞尚所强调的彼此分离的人物可能会极端地限制这一题材，但其非凡的、浓墨重彩的景观却并不位于这些人物之下。因此，《休息的浴者》不仅成为塞尚男性浴者画作的早期基础模型，也是在他内心演变中的风景画类别的一部分。

塞尚对历史风景画并不陌生，之前他已在《绑架女子》（见图36）等作品中运用了这一传统。《休息的浴者》的独特之处就在于它同样争议性地使用了这种传统的风景。它不仅是画家在这一创作阶段的个人目标的象征，同时也体现了这一时代的基本逻辑。

评论家罗杰·弗莱很久之前指出，这幅伟大的浴者画作不仅说明了塞尚艺术的伟大转型，同时也与普桑的作品相呼应。毫无疑问，塞尚经常被引用的一句话对弗莱造成影响，即他想"依据自然重新创作普桑的作品"，但与大多数作者相比，弗莱更是证实了这句话。他写道，《休息的浴者》"准确地布局了人造的部分"，对结构的设计进行了全面的强调，这些反映了"普桑参与了其中"。正如我们所看到的，塞尚与普桑的互动经常出现在风景画中，如《收割》（见图73），它与收藏在罗浮宫的普桑的《夏天》（见图75）密切相关。

但如果将塞尚的《休息的浴者》与普桑经典的人物风景画《拔摩岛上的圣约翰》（图100）进行对比，我们可以更加肯定弗莱的观察，即普桑和塞尚的创作风格有些类似。虽然塞尚在《休息的浴者》中的人物呈现的是一种分离宏伟状，但他们却处在一个稠密的、不可渗透的世界；就如同普桑的历史风景画一样，这个世界也是严格地封闭着，有秩序，有框架。塞尚和普桑的画中都

图101
《赫尔墨斯》
约公元前320年
大理石雕像
高154厘米
罗浮宫博物馆
巴黎

有一种平静的气氛，以及一种统一的线条感和雕塑轮廓，这些存在于前景的岩石中、架构的树中，也存在于人物、远山，甚至紧实的云朵中，一同成就了每个成分表面紧密而又一致的设计，因而无须借助金字塔式的形式进行控制。塞尚画中最左边的两个人物——一个倾斜的人体（很有可能是女性）和一个在后面站立的人体——让人联想到之前这类作品中的人物，如《圣安东尼的诱惑》，但就如普桑的福音传道者一样，这两个人物与该画的构图边界相呼应，并有助于严格的构图序列，而非叙事序列。右上方的男性形象让人联想到古典雕塑中的男性人体（已经看出右边的沐浴者源自收藏于罗浮宫的赫尔墨斯雕像）（图101），相似的是，他们也呈现了普桑留存的建构作品的冷静形式的特点。

在这个严格建构的世界中，塞尚的形式凸显了视觉反馈的无边无际，如一系列在中轴交会的相对对角线。这些和谐的元素将其作品中的所有异类成分整合为一个连贯的整体。这种视觉凝聚度以及画面整体的坚实性十分难得，就如在当代自然女性人体画中一样，塞尚赋予了同样的、微妙且可以把控的秩序，虽然方式截然不同。

在这里，塞尚并没有抄袭或引用普桑，而是学习了普桑的理想的、有序的世界。在这个世界里，人物和风景交相辉映、相得益彰。正如克拉克所言，塞尚早期人物备受困扰的情色在这里被替换成了帆布油画表面的浓重修饰，并且在其建构的道德世界里被废弃。同样，塞尚健美的古典男性人物虽然暗示着肉体真身，但却也参与到了所处稠密风景中的理想主义。

借助普桑的作品进行创作，意味着塞尚在参与当时有关法国艺术本质特点的争论。这种民族主义的思辨反映了普法战争之后法国出现的新危机，在 19 世纪 70 年代和 80 年代尤为明显。当时的法国正在怀疑自己的价值，并在寻求能够定义国家未来发展的独特文化特征，包括雷诺阿在内的一些人认为代表真正法国艺术的是 18 世纪的画派，雷诺阿在之后的作品中也体现了这一点。而包括毕沙罗在内的一些人指出哥特派是唯一真正的法国风格，文艺复兴之后法国艺术一直都在受到意大利的影响。但是对于许多人，包括塞尚而言，正是以普桑和位于罗马的法兰西学院为典型的意大利创作风格才代表了法国艺术的主要气韵：在严格建构的道德领域内来实现哲学理念和所观察到的自然之间的理想平衡。塞尚通过使风景优美的圣维克多山充满密集的雕刻感，不仅强化了复苏的古典主义，而且把这一创作传统重新安放在了这片典型的法国土地——普罗旺斯上。

在民族危机和道德命令的早期阶段，法国再次兴起了历史风景画的传统。毋庸置疑，塞尚是在调和法国绘画中存在的持续的、非同寻常的张力。在法国大革命期间，法国新古典主义画家皮埃尔·亨利（1750—1819年）同样借助于普桑，试图将历史风景画定义为新古典主义派英雄历史画发展的自然结果。皮埃尔·亨利在 1800 年发表了关于视角与风景画的论述，引起了广泛关注。该论述促使一个概念的形成：在历史风景画中，完美人体与自然之间存在着道德共鸣。这是给 19 世纪古典风景画派的一个馈赠，那时的古典风景画与意大利的风景画相呼应，同时在法国南北部又出现了不同的特点：南部的风景画带着崇高的理想，而北部的风景画无论如何达意，它们的主题似乎都体现着更为卑微的现实。

皮埃尔·亨利的继承者中有他的学生让-维克多·贝尔坦（1767—1842年）——他的作品为塞尚知晓，而且塞尚个人拥有贝尔坦的两件雕刻品，也有 19 世纪的几名普罗旺斯学派艺术家，其中包括外省画家格雷斯（1804—1874年）。格雷斯在 1854 年创作了一幅田园派浴者帆布油画（现保存于马赛），画中教堂拱顶状的树下一些浴者的形象让人经常与塞尚后来的《大浴女》（见图 200）联系到一起。但格雷斯更早些的一幅作品《圣维克多山》（图 102）可能与我们理解的《休息的浴者》更加相关：作品中，格雷斯将浴者置于作品中央，与大自然完美结合。雄伟的山峰（从西北方看）成为作品的边框。因此，在自己的家乡普罗旺斯复兴普桑及其继承者的传统的过程中，塞尚将作品带入了肥沃的土壤。地形学与理想主义之间的关联已经成为南方文化的主题。

当欣赏塞尚的《休息的浴者》时，我们不仅看到了人物与构景之间、实际自然与理想自然之间、稠密拥挤表面与梦幻视野之间的纷争，同时也看到了一个重要的双重画面：左侧是奇怪、问题丛生的人物——令人想起塞尚早期备受非议的叙事画，右侧是标志性的纯正古典男性人物，后面是理想化的风景。这幅画自身呈现了一种道德腐坏、身体再生的意象。和塞尚之后的许

图102
普罗斯珀-约瑟夫·格
雷斯
《圣维克多山》
创作于1854年
木版油画
46厘米×111厘米
格拉内博物馆
普罗旺斯艾克斯

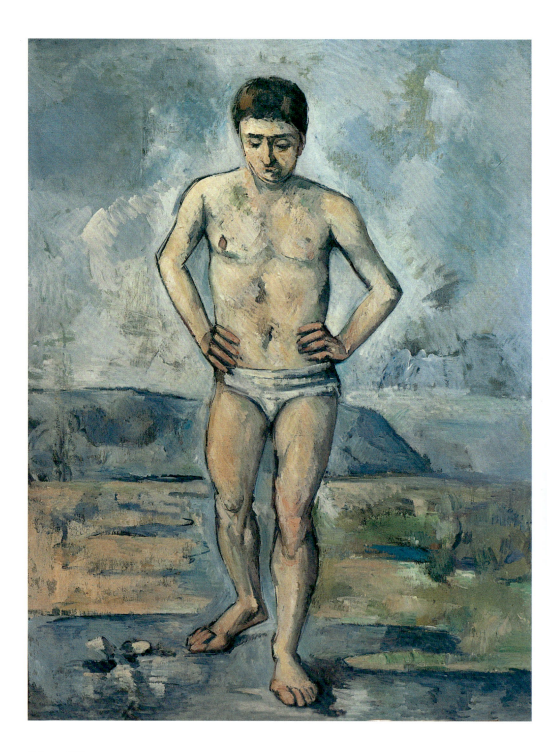

多浴者画一样，该画描述了正在出现的肉身崇拜（与广义层面的法国民族主义运动相关），并反映了对身体、文化复兴的急切愿望。

塞尚争辩的冲动从未限制于一个现实之中，在《休息的浴者》里，作者表现出的个人明显的堕落——笨拙又备受折磨。即使是在 1877 年印象派展览的背景之下，塞尚的画作也进行了大胆的反抗，愈加明确了自己的身份：身处北方人之中的南方人，继承了古典传统的外省人及以自身艺术斗争为荣的日趋成熟的画家。《休息的浴者》是塞尚艺术生涯关键节点的大师之作。

虽然艺术生涯中一直都充满疑问，但塞尚已经意识到自己《休息的浴者》一画所代表的伟大创举，因为他在巨作《浴者》（创作于 1885—1887 年，图 103）中再次把这一巨大、刚健的男性人物放在了画面中央。尽管正如一幅草图所示，他可能使用了画室的照片，并且借助了对真人模特（可能是他的儿子）的研究，但这个全神贯注、大步向前的人物要远远高于其众多来源的总和，麦耶·夏皮罗描述其为"风景中的雕塑"。借助接近标准的运动比例、标杆式的正面展示、向前迈步式的姿态及甚至有些僵硬的稚嫩，塞尚的《浴者》成功地重现了艺术作品中男性人体的传统，这一传统最远可以追溯至古典主义早期健美的青年雕像形象。通过一些视觉韵律，如弯曲的胳膊和相应岩石边际的对角线，以及决定了人物形式并将人物与水池、远山相连的冷蓝色眼睛，塞尚的人物得以紧密地融入了所处的风景之中。风景的描绘虽不丰富，却恰到好处。这一切都更加有力地反映了完美人物与完美自然之间存在着道德共鸣。

不难想象，为什么塞尚在 19 世纪初期混乱的法国很难找到伟大的浴者画的前辈。塞尚有一种融合历史与现实的本能，这也是他所有作品的特点。带着这种本能，他重新引入了不朽的男性形象，这符合当时刚刚振兴的文化。这种文化成功地在 19 世纪 70

图103
《浴者》
约创作于1885—1887年
帆布油画
127厘米×96.8厘米
现代艺术博物馆
纽约

年代的动荡之后保留下来，并在那时站在了充满希望和变化的历史契机之上。在塞尚同期创作的《三浴女》（见图 94）等作品中，女性人体形象出现了标志性的和谐。当时的文化也反映了这一特点，让我们可以看到塞尚天才般独特的视野——两个复杂的发展视野。与此同时，这种视野也在不断融入塞尚所处时代的特定逻辑之中。

重温旧艺 19世纪70年代的肖像画和静物画

图104
《阿基里斯·昂珀雷尔
的肖像》
约创作于1869—1870年
帆布油画
200厘米×122厘米
奥赛美术馆
巴黎

　　塞尚 19 世纪 70 年代的肖像画和静物画可以让我们去追溯他
在这关键十年中复杂的发展过程。他面临着这两种绘画类型出现的
一些问题，源于印象派的绘画风格对这两种绘画类型所呈现的题材
和形象产生的广泛影响。显然，在早些时候他就已经试图要解决印
象派肖像画或静物画内在概念上的矛盾：一种基于对视觉主题主观
反应的、类似速写的创新性创作手法，如何能够与这些最保守的学
院题材相调和。然而，塞尚这一时期的肖像画和静物画所探索的主
题和绘画心得有助于其整体画风的形成。

　　曾经有一幅漫画嘲笑塞尚那幅约创作于 1870 年，现已丢失了
的裸体画（见图 82）。同样遭到嘲讽的还有那幅令人心酸的《阿
基里斯·昂珀雷尔的肖像》（图 104），这幅画在当年也被沙龙评
委会拒绝了。为了向这位年长的艾克斯画家表达深深的敬意，塞尚
采用了大幅纵向的版面，这种版面通常适用于当局认可的、更加
英勇的人物形象。这幅作品突出表现了人物的畸形身材：阿基里
斯·昂珀雷尔坐在王座般的印花椅子上，之前塞尚的父亲也曾作为
绘画对象坐过这把椅子（见图 33）。昂珀雷尔的大脑袋赫然出现
在他那短小的发育不良的身躯上，穿着一件普通的便袍，细长纤弱
的双腿搭在一个小型暖脚器上。塞尚曾在几幅极好的预备画作中完
善了昂珀雷尔悲伤的表情（图 105）和他纤细修长的双手。塞尚还
在画作上方加上了粗体的、由大写字母写成的题名——画家：阿基

图105
《阿基里斯·昂珀雷尔
的肖像》
约创作于1867—1870年
木炭画
43.2厘米×31.9厘米
巴塞尔美术馆,版画及
绘画部门

里斯·昂珀雷尔。这幅帆布油画成为塞尚具有同情心的早期肖像画之一,也是对他第一个十年所有画作所表达的情感和黑色浪漫主义进行了有力的总结,甚至是这些对比鲜明的忧郁色调——深蓝色、红色、黑色和深棕色——都与他早期的人物画相似。然而,这幅意义深远的肖像也可能被认为是另一幅既有绘画模式的拙劣仿制品,甚至如同尼娜·艾桑娜索格鲁-卡梅尔所认为的那样,是对可怜的拿破仑三世嘲讽式的影射,因为蓄有山羊胡须的昂珀雷尔与其有相像之处。然而,这些评论都不能削弱这幅宏大的画作所带来的最直接的感染力。在描述这幅作品惊人的感染力时,塞尚曾这样说:"我画我的所见所感,我有很强的感知力。"

1874年,塞尚自己也成为毕沙罗一幅英雄式肖像的题材(图106),这幅画纪念了他们在蓬图瓦兹一起度过的岁月,令人感动。塞尚穿着粗糙的乡村式宽松外套,留着长发,蓄着胡须,头戴帽子。他被毕沙罗描绘成了蓬图瓦兹乡村画派的化身。身后的墙上用图钉挂着一幅帆布油画和两幅漫画,证明了他在那些年中的成就和坚毅独立的精神。在右下方,毕沙罗引用了一幅他自己的蓬图瓦兹风景画，在它上方是一幅漫画，画着桀骜不驯的波西米亚画家库尔贝，库尔贝似乎同样在向塞尚表示敬意。在左边，毕沙罗借用一幅讽刺画，讽刺法国正在支付普鲁士战争的赔款（摘自左翼杂志《日食》中一幅战后梯也尔总统的政治漫画），画中的人物似乎也在向位于中间的塞尚敬酒。尽管相较于塞尚来说，画中暗指的激烈政治冲突与毕沙罗的联系更为密切，但是这幅作品明显生动地展示了对塞尚这位更加年轻的画家的支持。就像塞尚致敬昂珀雷尔一样，这幅作品暗示了在这段过渡时期，肖像画在塞尚自己的作品中所承担的引人入胜的新功能。

塞尚是毕沙罗最忠诚的仰慕者之一。毕沙罗也给予了塞尚极大的鼓励。塞尚获得的一些自信通过这一时期所创作的一幅令人惊讶的自画像得以体现。这幅作品是《玫瑰色背景的自画像》（图107），约创作于1874—1875年间。这幅作品分别与毕沙罗完成于1873年的一幅自画像，以及完成于1874年的与塞尚相关的一幅版画有着紧密的关联。但是如同很多早期的印象派风景画和裸体画一样，塞尚的自画像也是用丰富明亮的颜料完成的：厚重旋转式的笔触下，是粉色调和的赤土色（很像约创作于1873—1874年的《现代奥林匹亚》，见图85）、重叠的白色和深紫褐色一起融合在这幅让人印象深刻的肖像中。那种横扫一切、自信的绘画技巧和光泽的色彩、人物伟岸的身躯及锐利的目光十分相配。多年以后，诗人赖内·马利亚·里尔克这样总结这幅画作深刻的力量：

> 这幅画包含着画家杰出的自信……它的力量感显而易见，甚至是在那些分解成特殊形状和平面的地方，它好比变成了最外层最重要的轮廓线……我们很感动地看到塞尚的观察力如此锐利、公正，他无私且客观地描绘了自己。

虽然我们有时可以感受到塞尚受到了毕沙罗的影响，但是19

图106
卡米耶·毕沙罗
《保罗·塞尚肖像》
创作于1874年
帆布油画
73厘米×59.7厘米
私人收藏
借给英国国家美术馆
伦敦

图107
《玫瑰色背景的自
画像》
约创作于1874—
1875年
帆布油画
66厘米×55厘米
私人收藏

图108
《维克多·肖凯的
画像》
约创作于1876年
帆布油画
46厘米×36厘米
私人收藏

世纪 70 年代中期的塞尚肖像饱含情感的处理和新颖的特点，使得它们整体上与其他印象派画家的作品大不相同。事实上，在这十年中，肖像画仅占塞尚作品中相对很少的一部分（不到 10%）。然而在 1877 年的第三届印象派画展中，塞尚还是从他创作的最激进的肖像画中挑选了一幅参展。

这幅作品画的是和蔼可亲的维克多·肖凯，他是一位政府小官员，也是德拉克洛瓦热烈的仰慕者。维克多·肖凯通过雷诺阿认识了塞尚，并成为塞尚第一个真正的赞助人。画展期间，肖凯每天接待那些傲慢的访客，为参加画展的所有画家，尤其是塞尚激烈地辩护。他收藏的塞尚作品一共有 35 幅。这个数目在 1877 年来说十分令人惊叹。除了《幻想场景》，肖凯拥有的塞尚作品有《奥维尔的小屋》（见图 64）、一幅有三个浴者的小型作品、几幅静物画、《休息的浴者》的一个早期版本（见图 98）、一幅埃斯塔克风景画和这幅令人难忘的他自己的肖像画。这幅肖像约创作于 1876 年（图 108），是塞尚画的第一幅肖凯肖像。具有讽刺意味的是，似乎正是这幅画在评论家中引起了强烈反响，也让肖凯感觉受到了召唤，要去为它进行最激烈的辩护。

塞尚这幅执拗的有着大地色调的肖像画被列在《男人头像》研究的目录里，不断受到世人的嘲笑。"让我们也来说一说这幅男人头像，他看起来就像是巧克力色的贝劳特（一个臭名昭著的谋杀犯）。"一位评论家在《大事件》中这样写道。另一位不看好该作品的评论家更是极尽渲染之能事，对于面容消瘦、长着一张长脸的画中人他是这样描述的："他是一个穿着蓝色工作服的工人。脸像是在轧钢机里轧过一样扁长，皮肤黄得好像是一个与赭石长期共处的染色工。"这些苛刻鲁莽的评论显然都是故意为之：在塞尚所有的肖凯肖像画中，这幅是最不像文雅的肖凯本人的。塞尚强有力地运用了厚重零碎的笔触、明亮的颜料和平面化的视角强调了人物几乎倾斜的姿势。塞尚的这幅肖像画彰显了他丰富精湛的绘画技巧，

图109
让·奥古斯特·多米尼
克·安格尔
《墨瓦特雪夫人》
创作于1856年
帆布油画
120厘米×92.1厘米
英国国家美术馆
伦敦

图110
保罗·博德里
《布罗昂夫人》
创作于1860年
帆布油画
107厘米×83厘米
奥赛美术馆
巴黎

赋予了人物形象引人注目的新意义。

要理解塞尚为何要雄心勃勃地改造正统肖像画，有必要先去了解 19 世纪末人们对肖像画的审美衰落。照相机的出现使人们花费不多就能获得肖像照片，这刺激了更为广阔的消费市场。在沙龙中，肖像画成为通往商业成功（即使这并非是最重要的成功）的最有效途径之一。1867 年，评论家泰奥多尔·杜赫表示它是"中产阶级艺术的成功"，次年，左拉也附和了他的评论，指出"肖像画的浪潮年年上涨，简直要淹没整个沙龙"。肖像画的日益流行使得之前完美化的肖像作品和传统的表现形式变得空洞无趣。左拉抱怨道，沙龙的墙正在被各种"愚蠢怪异的脸"所覆盖。因此，虽然安格尔的肖像画仍然是各种学术画作衡量的标准，但是冷淡平静、仪表端庄的贵族肖像画，如安格尔 1856 年创作的《墨瓦特雪夫人》（图 109），已经很难在他追随者的衍生作品，甚至平庸的肖像画（如保罗·博德里创作于 1828—1886 年的《布罗昂夫人》）（图 110）中谋得一席之地了。

肖像画市场的大幅扩张不仅限于学院画家，甚至莫奈和雷诺阿也在职业生涯的早期通过肖像画去获得他们第一笔丰厚的报酬。事实上，从 19 世纪 70 年代末到 80 年代初这段较短的时间内，雷诺阿作为一个社会肖像画画家鲜有对手。德加则很少去谋取这种报酬，他具有深刻探索性的自然主义的肖像画在一定程度上使他与其他画家脱离开来。他的作品结合了学院传统和现代主义手法。因此，虽然印象派画家创作了他们那个时代最精美的肖像画，但是他们所普遍关注的并非是透彻地研究绘画题材，而是更多地把这些题材看作身处舒适、通风、明亮的环境里的模特，或者看作是歌颂中产阶级艺术品中的陪衬。塞尚又一次选择了叛逆的道路，绕过装饰性布局，重新与过去结合，勇敢地面对他那个时代肖像画地位的改变。

塞尚或许也意识到了他为肖凯创作的精力充沛、富于表现力的

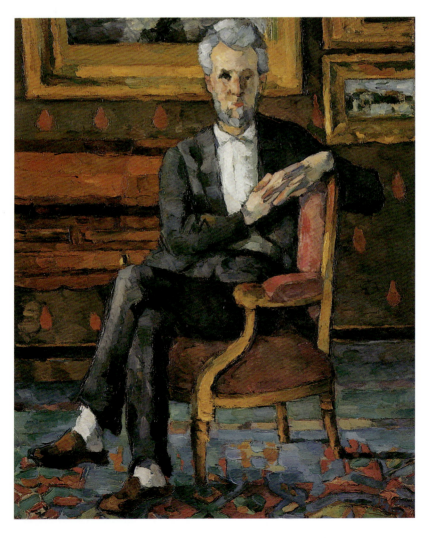

图111
皮埃尔-奥古斯特·雷
诺阿
《自画像》
创作于1875年
帆布油画
39.1厘米×31.7厘米
斯特林和弗朗辛·克拉
克艺术中心
威廉斯敦
马萨诸塞州

图112
《坐着的维克多·
肖凯》
创作于1877年
帆布油画
46厘米×38厘米
哥伦布美术馆
俄亥俄州

肖像类型正是肖凯所热衷的。据艺术商人安布鲁瓦兹·沃拉尔所言，雷诺阿1875年的一幅充满张力的自画像（图111）被这位画家丢弃在了自己画室的垃圾桶里，但是却被肖凯捡了回来。在技艺精湛的画面上，雷诺阿闷闷不乐、正在内省的天才形象在他自己明显焦躁不安的画笔下体现出来。这幅画被肖凯拿去参加了第二届印象派画展，并被简单地冠以"男人的头像"这一标题。评论家们注意到了这幅画突出的创造力。

在第三届印象派画展中，塞尚为肖凯所创作的肖像画更多的是作为一个画家的宣言和天才的幻想，而不是直接的肖像。塞尚的作品并非是逼真地再现人物形象特点，而是作为一种媒介向他这位赞助人前沿的品位和对新艺术的热情参与表达敬意。不过，正如麦耶尔·夏皮罗曾写道，"在这位仰慕者的肖像画中，塞尚也表达了真实的自我"。他作品表现的紧凑感、有力挤压的形态和赤土色的暖色调，不仅暗示了这种具有复杂意义的肖像会在塞尚后期的作品中呈现出来，而且也表明了塞尚正逐渐与他早期的印象主义风格分道扬镳，印象主义风格在他这一时期的一些风景画中还是带有明显的印记的。

尽管对塞尚不同体裁的作品进行比较有些困难，有时也很冒险，但是他所使用的方块形笔触使得那幅刚劲的埃斯塔克风景画从19世纪70年代晚期作品中突显出来（见图79），这也标志着他放弃了早期印象派技法。同样的方块形笔触也出现在他1877年的作品《坐着的维克多·肖凯》（图112）中。虽然很多学者认真地研究过这幅作品，因为它似乎展示了肖像画创作的一个新思路，但是它对印象派的疏离不仅仅是一种形式问题。塞尚在这里也出人意料地展示了一个传统收藏家形象。

这幅1877年的肖像画中，没有了早期肖凯半身画像的紧张情绪和瘦长外貌，塞尚把肖凯描绘成了一个世俗的中产阶级收藏家，舒适地坐着，周围有镀金边框的画作和他珍爱的古董家具。在这一

图113
《一份甜点》
约创作于1877—1879年
帆布油画
59厘米×73厘米
费城艺术博物馆

时期有一幅同样风格的静物画——《一份甜点》（图 113），大概也是在肖凯家中画的。塞尚又一次利用了肖凯收藏的精美物件和高雅的老式家具，去构建一种奢侈的形象，与他曾经和毕沙罗一起画的较为寒酸的家居静物画大不相同（见图 116、图 117）。

尽管塞尚的肖像画也许有一部分借鉴了德加于 1868 年画的詹姆斯·迪索的肖像，但是他的绘画技巧却是全新的。肖凯摆着放松的姿势，这个姿势在雷诺阿为他画的一幅肖像中也采用过。这样一条紧绷的中轴线形成了，塞尚围绕着这条线建立了一个有着横向和纵向元素的支配网格。平滑的马赛克似的鲜艳颜色方块创造出了一幅浓密的有着条状颜料的画面，附着在画布表面，彰显了塞尚井然有序的画作。所有这些元素也表现出了彩色的精美地毯、带有装饰图案的墙面和有镶嵌细工的高雅书桌，甚至还有中间人物噘起的嘴唇和有立体感的下巴。因此，虽然这幅画作有着讨人喜欢的和谐颜色和传统版式，但是正如劳伦斯·葛雯所写，塞尚的这幅《坐着的维克多·肖凯》代表了一种新的"类比与对应的利用方法"。这幅画呈现出了绘画上和空间上的两种特点：一方面，画布本身是一个平面；另一方面，肖凯华丽的房间是三维立体的。就如同肖凯交叉的双手一样，塞尚通过坚实从容的笔触把二者结合在一起。

与创作这幅肖凯肖像差不多同一时段，塞尚创作了这幅《坐在红色扶手椅上的塞尚夫人》（图 114）。作品显示了他对这种新的创作形式的驾驭能力，同时也彰显了挑战日益陈腐的肖像画的意图。在这幅画中，我们可以看到同样大块的颜料和相互联结的颜色带——丰富的未加调制的监色、绿色和深红色。装饰性的带有图案的壁纸把人们的注意力吸引到了布满颜料的画布表面。对于这样一幅明亮的多彩画卷，里尔克曾做过著名的评论，"每一个点都对其他的点了如指掌"。然而，塞尚在这幅画中对画中人物有着不同寻常的亲切感和关心，这使得他与印象派画家的作品区分开来，甚

至和他本人创作的其他的奥尔唐丝·富盖肖像画区分开来（见图142、图145、图146）。（虽然这幅帆布油画赋予了奥尔唐丝·富盖妻子的地位，但事实上，在之后的近十年中，塞尚也没有和她结婚。他们经常分居。）

这种决定了塞尚对肖凯看法的严格的、网格状布局，曾一度在同一时期的许多风景画中（见图76）受到塞尚的青睐。然而这一布局在这幅作品中得到了柔化处理：画中人物弯曲的胳膊、交叉手指的柔软曲线、带弧度的红色椅子、有流苏的圆头扶手、居中人物裙子上的环状蝴蝶结和与之呼应的椅背，这一切都使得这幅画显得非常柔和。塞尚夫人的脸庞宁静安详，在周围各种颜料的衬托下显得非常优美，她的姿势也比肖凯的更有曲线、更加优雅：她轻轻地倚在一侧，让这把扶手椅几乎保护性地环绕着她。这把椅子也微妙地起着平衡画面的作用。在这幅画中，塞尚罕见地让我们看到了他未来妻子的冷静平和。在他整齐的画作和饱和的颜料中她显得含蓄、内敛，使作品弥漫一种威严正式的气氛。这在很多印象派肖像

图114
《坐在红色扶手椅上的塞尚夫人》
帆布油画
约创作于1877年
72.5厘米×56厘米
波士顿美术博物馆

图115
《自画像》
约创作于1880—1881年
帆布油画
33.6厘米×26厘米
英国国家美术馆
伦敦

画中是缺乏的。

　　同一时期，塞尚风景画的绘画风格经常超越了这里所展示出的方块形的颜色带，朝向他那著名的绘画方法发展——用短小平行的笔触系统地覆盖画布。然而在他19世纪70年代末期的肖像画中并没有使用这一画法。那时塞尚的构造性笔触已经成为他实质性的标志，但他在肖像画中应用得却少得多。直到后来约创作于1880—1881年的一幅技艺精湛的自画像中（图115），塞尚才把丰富的触觉效果和人物外貌的表现力结合到一起，显然这里的人物就是他自己。夏皮罗曾经描述过这里奇怪的"有机体与几何体的结合"：统一倾斜的笔触把菱形图案的墙纸与形状相配的眼睛和鼻子联系起来，创造出了一种井然有序的但有些奇怪、抽象的氛围。这幅画比塞尚早期的自画像显得更加冷静从容，表现出了宁静的和谐，与他从19世纪70年代末期开始创作的浴者画和风景画一样，有针对性地并且公开地把自己极具价值的技法与自己本身联系到了一起。

　　最后，在塞尚19世纪70年代很多精美的静物画中，我们能够再一次感受到这位艺术家重要的变化过程，从一开始他热情地采用因毕沙罗而形成的新风格，到后来1878—1880年间创作出源于印象派但又新颖和谐的作品。正如我们从他19世纪60年代末期的作品中看到的，塞尚精于表现传统静物画的象征性和传统性，静物画是学术题材等级中最微不足道的一种，他已经准备好要公然反抗这些传统。例如，他的《黑色大理石时钟》（见图49）不但摒弃了由物体累积所表现出的象征性诠释，而且拒绝使用这类视觉组合一般采用的稳定几何结构，使得它的"意义"和绘画特性都模糊起来。比起其他画家，塞尚更加被静物画所吸引，不仅仅是因为画静物画可以独处且易于控制的特点（静物画使塞尚有机会在自己的画室安排绘画主题，另外在画布上这也是可以控制的一种题材），更是因为静物画为塞尚提供了一个可以进行大胆艺术实验的全新平

图116
《青苹果》
约创作于1872—1873年
帆布油画
26厘米×32厘米
奥赛美术馆
巴黎

台。在这十年的过渡期中，塞尚静物画的核心地位是显而易见的，他创造了很多作品。最终他选择了 5 幅静物帆布油画去参加 1877 年重要的印象派画展。

对于所有的绘画领域的创新而言，塞尚的静物画饱含情感，能够引起共鸣。这使得我们认为他的静物画是有正式的主题方面的考虑的。这种方式夏皮罗在 1968 年的开拓性研究中第一次概述，"塞尚的《苹果》是一篇关于静物画意义的散文"。在古典神话、文艺复兴时期的诗歌、左拉的小说以及塞尚自己的早期画作（见图 85）中，苹果都是一种表达诱惑和欲望的古老象征。夏皮罗引用了以上诸多的苹果元素，探究了塞尚很多关于苹果的画作，把它们看作正式的发明和升华的欲望，并且永远改变了我们从整体上对塞尚静物画的理解。因此，正如这十年中的裸体画一样，我们在塞尚 19 世纪 70 年代的静物画中发现他对艺术的挣扎和演变是通过一系列关

键的绘画方法体现出来的。

　　这幅《青苹果》大约创作于 1872—1873 年。作品看上去有些
无序，像是画家草率完成的。这极有可能是画家早年在蓬图瓦兹画
的第一幅静物画，我们可以感受到塞尚为克服他早期浪漫主义的
多变画风所做出的巨大努力。虽然他年轻的躁动依然存留在这由
旋转的笔触构成的动荡框架、散乱的阴影和冒险的不稳定的形式
中，但这幅画作预示着全新的秩序即将形成：较大体积的苹果处
于中央，由一抹白色的方形点缀着，让我们注意到塞尚那泛着阳
光的新颜料和粗糙零碎的笔法，这些都成了蓬图瓦兹乡村画派的
特色。

　　后来的这幅《有盖碗的静物》（图 117）题材更为复杂。这幅

作品大概创作于 1875—1877 年间毕沙罗的画室，塞尚在桌子上方空间的设计中借用了这位导师的油画，包括毕沙罗在《保罗·塞尚肖像》（见图 106）背景中采用的那幅蓬图瓦兹风景画。在一个编织的草篮中装满了熟苹果，这个草篮与几年前毕沙罗画过的一个有些相像，与其相称的是一个色彩鲜明的彩陶盖碗和高高的深色酒瓶，这些都是一顿简单的乡村饭食所拥有的元素。但正是塞尚用连续粗糙的笔触清楚地表明了他与毕沙罗和印象主义画派之间的紧密联系。在强烈的色彩和超出桌子边缘甚至到画布最底端的图案中，我们可以看出塞尚的静物画为与蒂斯等很多艺术家所展示出的现代主义范例。

《有盖碗的静物》可以被解读为塞尚在蓬图瓦兹各种印象派作品的总结，甚至是对值得尊敬的毕沙罗表达的一种敬意。19 世纪 70 年代塞尚在普罗旺斯创作的静物画色彩丰富饱满。然而具有讽刺意味的是，1878 年，正如我们所知，可能是塞尚面临着个人危机和经济困难的一年。塞尚创作了色彩浓郁的《苹果盘》（图 118），这幅作品中物品的摆放井然有序，是一幅杰作。这幅画曾一度被肖凯拥有，也许是这位坚定的赞助人以此来表达对塞尚的支持。可以确定的是，这幅画是在艾克斯完成的：塞尚在背景中加入了他年轻时为热德布芳花园画的装饰屏风。一些学者把这幅画的创作时间追溯到更早些时候，塞尚在一次回家探访时所作，原因是塞尚在右下角的红色签名可以在 1877 年印象派画展中的很多作品中找到。但是该幅作品绘画笔法复杂：画面前端厚重的方形层叠的笔触，装饰背景中稀薄流畅的处理，还有经典的构思以及色彩的平衡都说明这幅画的创作晚于 1877 年。

这幅画是迄今为止塞尚完成的令人印象最深刻的静物画，它很像塞尚在 19 世纪 70 年代末期普桑式的风景画（见图 73），只不过空间顺序被巧妙地颠倒了。堆积起来的大苹果和白色桌布形成的顶峰（很多作家都把它坚如岩石的形状比作圣维克多山的轮廓）完

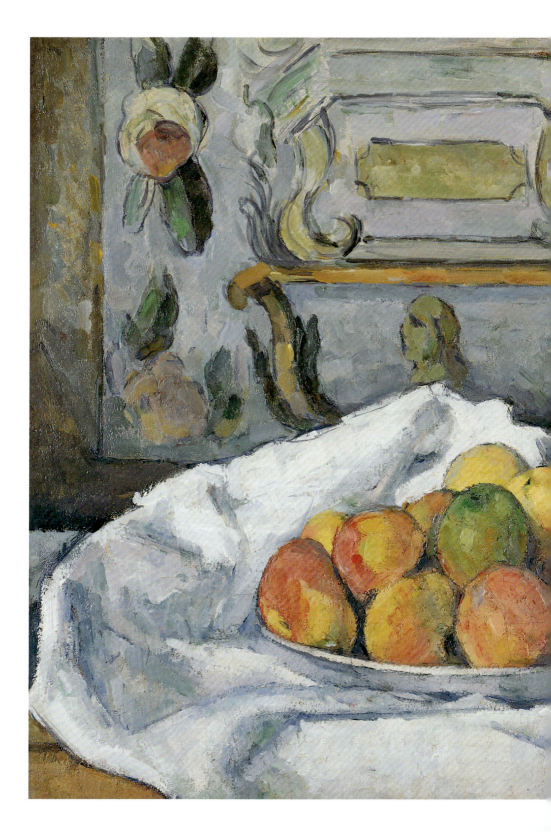

图118
《苹果盘》
约创作于1878年
帆布油画
45.5厘米 × 55厘米
大都会艺术博物馆
纽约

图119
《苹果》
约创作于1878年
帆布油画
19厘米×26.7厘米
剑桥国王学院教务委
员会
借给剑桥大学菲茨威
廉博物馆

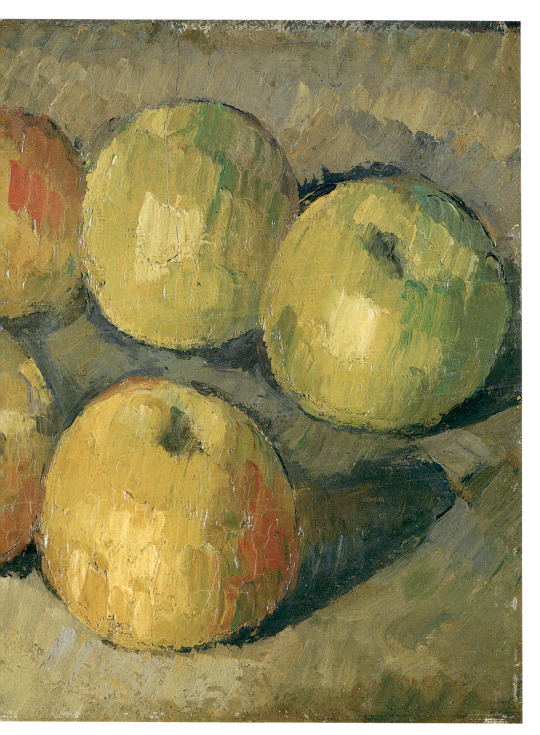

美地位于画布的前景中，后面环绕着垂直的色带和有花卉图案的洛可可式屏风。塞尚对于颜色的安排——饱和的色调用在近处的静物元素中，稍远些的背景则用更透明的色调——同样在呼应这幅画坚硬的、倒置的绘画架。甚至是糖罐的圆形轮廓、孤单的青苹果、盘子、左边白色亚麻布的弧形边缘都体现着塞尚对静物的安排，使这幅画在一个小范围内呈现出经典和谐的画面。在取得了这样的成就之后，很难想象塞尚仍然怀疑自己的能力。

这样一幅辉煌的作品预示了在接下来的十年中塞尚会创作出更加宏大、更加和谐的静物画。与其相配的还有塞尚在同一时期内尝试创作的一系列小幅、随意的水果画。这些经常被看成是研究或自发的练习，但是它们也有自己的视觉表达，与之后的作品有着重要的联系。在这些作品中，塞尚似乎在小范围内探索使用其构造性笔触的效果。因此，在约创作于 1878 年的《苹果》（图 119）中，构造和空间概念问题就突然消失了。7 个孤立的苹果简单地聚集在一个平面上，由粗糙平行的笔触进行特写，冷暖色调与笔画整体的纹理平衡地搭配在一起。这幅画很快出名了：1895 年在沃拉尔的画廊展出之后，德加买下了它，并挂在了他希望有一天会对外开放的私人博物馆里。在评论家们对这些小幅静物画中"令人陶醉的形式"和"激烈混合"的颜色不吝溢美之词之后，塞尚作为非凡的"苹果画家"而出名了。塞尚的这幅《苹果》不仅与他早年那幅躁动的《青苹果》（见图 116）在美学上拉开了差距，也对这种题材隐藏的意义进行了持续的表达。同时，这幅画还对塞尚这个多产的十年所取得的重要成就进行了总结。

图120
爱德华·马奈
《旗帜飘扬的莫尼
耶街》
创作于1878年
帆布油画
65.5厘米×81厘米
保罗·盖蒂博物馆
洛杉矶

在离开巴黎的 18 个月后,塞尚于 1879 年 3 月又回到了那里。他发现这座城市的艺术和政治氛围已经发生了翻天覆地的变化。1878 年,巴黎举办了精心策划的世界博览会,向世界展示法国已经从普法战争的屈辱中完全恢复。组织者小心地避免引起任何一点争议。因此,尽管展览会通常都会为重要的法国画家办回顾展,但是为几个月前去世的画家库尔贝办回顾展的请求还是遭到了拒绝,只有他的一幅简单中立的海景画得到了展出。左拉强烈地谴责了这一带有明显的政治色彩的行为。一场更广泛更激烈的争论也在这几个月里随之而来,甚至超过了另一场公开的党派运动:争取建立纪念性的国庆节。

正如艺术史学家简·梅奥·鲁斯所阐述的那样,1878 年 6 月 30 日举行的第一次和平日的狂热庆祝就是另一场政治伪装,这次是通过马奈的《旗帜飘扬的莫尼耶街》(图 120)体现出来的。画面中,在一条空荡狭窄的街道上,飘扬着爱国主义的旗帜。马奈通过刻画刚刚结束不久的战争所遗留下来的痛苦局面来描绘这个新节日:曾经第二帝国高雅的建筑已无迹可寻,取而代之的是满目的碎石瓦砾、粗糙的木制路障和破败的人行道。最令人辛酸的是,一个可怜的老兵,身穿普通劳动者的蓝色制服,拄着拐杖。事实上,这残酷的一幕正是这个节日本身想要掩盖的。虽然政府主办世界博览会,庆祝和平日的目的是希望重新建立民族自豪感,但是想要忘记那动荡的十年，光靠预先安排好的庆祝是远远不够的。最终，主张君主政体的麦克马洪元帅于 1879 年年初辞职了，一个真正的共和政府建立了起来，儒勒·格雷维当选为总统。这段时期出现的民族主义浪潮是法国主要的文化和智慧的力量，并在复杂的政治格局中逐步发展。我们将会看到，正如很多其他印象派画家一样，塞尚在 19 世纪 70 年代末和 80 年代初创作的风景画也受到了他在那年春天的巴黎所经历的政治、文化新格局的影响。

格雷维和两院议会的大多数自由党人开始制定共和路线。法国人民已经寻求这一路线长达十年之久。仅用了几个月的时间，革命歌曲《马赛曲》被确定为国歌，巴士底日（这个日子在之前被认为过于激愤而不能纪念）成为国庆日。幸存的巴黎公社社员得到了赦免。

艺术所扮演的角色和政府作为赞助人的角色也被日益增加的共和主义氛围所改变。1878 年，沙龙的规则发生了一些改变，评委会变得更加开明，这是政府实施的一系列改革中的第一项。也许是预见到了进一步的改变，1879 年，阿尔弗莱德·西斯莱（1839—1899 年）、雷诺阿和塞尚没有选择参加第四届印象派画展，而是向沙龙提交了作品。正如西斯莱在给泰奥多尔·杜赫的一封信中写道："确实，我们的画展已经让我们为人所知……（但是）我们还不能无视官方画展的威望，我们还远没到达那个程度。"虽然那一年只有雷诺阿的作品被沙龙接受（吉耶梅代表塞尚的恳求被忽视了），但当时所有的印象派画家都用不同的方式对政治氛围的改变做出了回应。1880 年，莫奈给沙龙评委会送去了两幅画，这是他 10 年内第一次提交作品，其中一幅被挂在了一次最大规模的沙龙展览上。最终在 1881 年，政府放弃了对沙龙的控制，成立了法国画家协会，可以评判并展出未来沙龙的所有作品，而且对之前在沙龙展出过作品的所有画家开放。正如法国美术学院的主任所宣称的，该是建立一个"艺术共和国"的时候了。

新任的艺术大臣茹费理积极地招揽印象派画家。1879年，在沙龙颁奖典礼的致辞中，他特别向那些崇尚真正自由风气的风景画画家们呼吁：回归官方并向沙龙提供作品。他的呼吁与共和国的民族主义目标相一致。风景画曾被长期地视作一种解放，是艺术自由与思想自由的舞台，不管是陈旧桎梏的艺术学院还是本质上代表着现代化影响的工业化都可能去面对抑或逃避。然而，正如我们从毕沙罗的蓬图瓦兹作品和马奈的城市风景画中看到的那样，这些风景画并不是自由的领域。知名评论家朱尔斯-安托万·卡斯塔尼亚里早在1866年就对民族主义的含义进行了描述——风景画允许画家们去表达他们国家的本质特征，去占有法国，占有它的土地、空气和乡村。

在19世纪60年代，作为早期强硬政策的一部分，拿破仑三世曾通过制定国策，大量购买由法国风景画家创作的沙龙作品并赠送给地方博物馆，来推动这一有形的民族身份的认同感。当意识到政治形态可以渗透到那些表面中立的领域时，麦克马洪的右翼政党减少了沙龙风景画的购买量。因此19世纪80年代之后的风景画和人物画招致了复杂的解读，它们所采用的形式重新超越了国家的特点和画家的地位。塞尚19世纪80年代早期的风景画展示了一种日益增加的几何体感，时而表现大胆新颖的壮观景象，时而表现更具凝聚力的有序结构。更为正式的说法是，它们反映和歌颂了国家从那段时期恢复过来的民族自豪感。

19世纪80年代早期，塞尚继续与早期的印象派保持着距离，不只是因为他和莫奈一样感觉到了印象派作品风格的局限性（现在看来已是过时的争议），还因为他日渐意识到夏皮罗对印象主义"精神欠缺"的评价：印象主义所关注的是当下的或转瞬即逝

的事物，它缺少与过去伟大的法国艺术精神的结合。就塞尚 1880
年左右的浴者画来说，塞尚在这一时期努力把他源于印象派的技
法和在自然中发现的主题与法国英勇经典的传统相结合，而非肤
浅地表现民族主义。虽然他永远不会像莫奈那样将法国乡村的多
样性作为主题，但在 19 世纪 80 年代塞尚关注并且越来越认同普
罗旺斯的主题和神话般的风景，这成为他的作品最典型的特征之
一。本质上，这是一位外省画家对席卷全国的民族主义的一种自我
表达。

　　1878—1879 年间塞尚在普罗旺斯集中工作了几个月（对于作
品在沙龙上习惯性的落选，他选择视而不见），并以这期间的发现
和转变为基础，在那年春天回到北方后，创作了几幅迄今为止构图
最有力的风景画。在巴黎短暂停留之后，他与奥尔唐丝和儿子保罗
搬到了默伦镇。默伦镇是阿尔蒙特河附近的一个边远的小镇，在
那里他们一直住到了 1880 年的春天。极有可能是在默伦镇住的前
几个月当中，塞尚创作了《曼西大桥》（图 121）。画面的平衡感
和春天里青翠的绿色是这幅风景画突出的特点。在密实的作品表
面，塞尚的构造性笔触画法通过短促平行的笔触以高度一致的形
式呈现了出来，为作品严格的稳定性和对称结构提供了完美的平
衡。帕维尔·马丘卡对这幅画和该地点的照片进行了比较，注意到
画家在空间、颜色和表面纹理方面都进行了缜密的安排：树木构成
了左边的前景空间，靠近作品表面，但其浓厚的色彩反衬着后面
的物体远离作品的表面；右面拱壁陡峭的角度与上面的树枝相呼
应，与左边磨坊屋顶倾斜的角度相反，在画面中央形成了一个隐
形却稳定的三角结构。这种微妙的处理使得绘画对象变成了一种
和谐匀称的图案，有着丰富生动的视觉效果。这种画法也使塞尚
具有了双重重要身份：法国古典风景画传统的主宰以及印象派的
主将。

　　约创作于 1880 年的《通往池塘的道路》（图 122）——或许是

图121
《曼西大桥》
约创作于1879年
帆布油画
60厘米×73厘米
奥赛美术馆
巴黎

塞尚在默伦镇时创作的——是一幅纵幅帆布油画。在这幅作品中，塞尚选择了熟悉的主题——一条蜿蜒的小路、框架式的树木和整体网格状的构图，创造了一幅更具凝聚力和自我意识的古典风景画。与之前的作品相比（有些把主题设定在了奥维尔附近的瓦兹河岸），这幅画的中央地平线更加深远，题材内容更少，成了提升普桑和克罗德·洛林（约 1604—1682 年）的古典风景画模式的习作。正如我们已经看到的，这些模式存留在 19 世纪早期的新古典主义作品中，也存在于正统标准当中，后来的画家继续依据这些标准来衡量自己的作品。重要的是，在 19 世纪 80 年代早期起着决定性作用的几年里，画中工厂的烟囱、现代化桥梁，尤其是浓厚的表面着色和颜料的条纹状处理方式，奠定了塞尚的构造性笔触画法的基础。

至于塞尚其他方面的进展情况，由于其思想和作品风格的转变经常难以捉摸，了解一下同时代画家在生活和工作当中的类似进展是很有益处的。例如，莫奈作品中发生的明显变化就与新共和国的大背景密切相关。到 19 世纪 70 年代末，莫奈开始摒弃早期作品中频繁出现的赏心悦目的城市和巴黎郊区的中产阶级背景，而是聚焦于更极端、通常更孤立的风景画主题。到 19 世纪 80 年代，他为自己设定了一个计划，去描绘丰富多样的法国乡村，让自己的印象派风格从整体上反映本土的乡村风景。

莫奈为扩大印象派的影响，提升其地位所做的努力——现在被称为一场运动——在 19 世纪 80 年代受到了一群处于上升期的，以乔治·修拉（1859—1891 年）为代表的年轻新印象派画家的挑战，并进而推动了其发展。在修拉的那幅悠闲的与众不同的僧侣肖像油画中，他采用了互补色，运用了并列短促的笔触。这是修拉通过色彩表现光线的新的"科学方法"。修拉大胆地挑战了印象派最基本的原理以及莫奈在这个领域的主导地位。

　　莫奈想要推动印象派成为有力的法国视觉语言，这与塞尚希望自己的作品被认可（如果不是得到沙龙的认可）是相辅相成的，至少在朋友们的眼中是这样的。塞尚的很多朋友当时正经历着在一定程度上塑造法国新的文化景观的成功：安东尼·瓦拉布列格那时刚出版了一本诗集；保尔·阿莱克西的剧本得到了良好的评论；莫奈1880 年 6 月在巴黎成功的个人画展被广为流传；雷诺阿在 1879年的沙龙上展示的大幅肖像画备受好评，从而获得了委托——绘制重要的肖像画任务。

　　左拉正享受着巨大的成功。塞尚从默伦镇连连写信给他的老朋友以祝贺其在文学上的一系列成就：一部重要的批评性散文集、在巴黎引人注目的小说《小酒店》、被期待已久的《娜娜》相继出版。塞尚没有评论左拉更偏理论性的作品《实验小说》，这部作品也是当年出版的，他只提及了左拉最近关于印象主义的一系列文章。

　　在莫奈和雷诺阿的敦促下，塞尚请求左拉书面发表一些"只言片语"来"显示印象派画家的重要性和他们所唤起的真正兴趣"，然而塞尚一定会因左拉在 1880 年 6 月对那场出现在伏尔泰时期的运动所做出的激烈批评而感到惊讶。虽然在运动的早期左拉认可莫奈、雷诺阿以及他们圈子的其他画家对于自然主义以及独立精神的大胆承诺，但是到了 1880 年，他的作品开始关注第三共和国工人阶级的困境，并形成了一套基于细节、事实描述和记者风格的，自己认为"科学的"写作方法。他明显对印象派画家感到失望，因为他们早期所有的承诺都没有兑现。在左拉看来，他们近期的作品不只缺少早期具有的争议性、前沿性，也缺少基于科学的清晰定位，并且他们没有一个公认的领袖。"天才还没有出现，"他写道，"这就是为什么印象派画家的努力没有达到目的；他们仍旧做不到他们保证的事，他们结结巴巴，找不到合适的词语表达自己。"塞尚的《梅塘城堡》（图 123）是一幅精心构图的油画，也因为其所做的大量的前期研究而令人瞩目。正如理查·维尔第和其他人所指出的，创作这幅画似乎是为了挫败左拉的观点。

得益于新获得的重要地位和经济收益，左拉于 1878 年在塞纳河畔的梅塘购置了一处房产，离巴黎不远。塞尚在 1879 年秋天去那里拜访了他，并于次年夏天再次到那里，在左拉房子对面的一个小岛上画梅塘的风景。在这些画中，包括《梅塘城堡》，塞尚神奇般地精确运用了介于中间的河流空间，使观看者与画面拉开了距离。河中的倒影使画面流露出一种微妙的秩序，倒影上方是坚实的网格状的水平地带和间隔矗立的树木。拉大批塞尚这里的构造性笔触描述为"这种笔触最纯粹的范例之一"，作品表面统一采用平行笔触，加强了几何结构的稳定性。其中的一些效果是塞尚在他精湛的水彩画研究（图 124）中获得的。在之前的构造性铅笔素描作品中，塞尚用倾斜的、充满活力的笔触渲染半透明的颜色。不过，与最终版本的油画有所不同的是，这幅图缺少了中心的框架图案，而这些在他的一些准备习作中都有所完善。同样，两边平衡的架构也使得这幅画的最终版本成为塞尚在中期阶段最有驾驭力、最宁静的风景画之一。

在画布上，塞尚富有凝聚力的绘画逻辑甚至延伸到了他的构造性笔触中，并预示了这种有条理的笔触也将塑造乔治·修拉的第一批纪念碑式作品的风格，例如创作于 1884 年的《阿涅尔的浴者》（图 125）。与莫奈不同，塞尚似乎与修拉的作品有着相对较少的接触，由于很大程度上脱离了印象派画展的环境，塞尚并没有因为修拉的作品和他之后的声望而感觉受到挑战。塞尚一生致力于在画布上实现他对自然独特的感知，然而这也没能让他赞同修拉的观念，即新兴的关于颜色、线条和几何结构的科学方法能够成为现代艺术概念中的工具。但是，这

图123
《梅塘城堡》
创作于1880年
帆布油画
59厘米×72厘米
格拉斯哥博物馆
伯勒尔收藏

图124
《梅塘城堡》
创作于1879—1880年
铅笔、水彩、水粉画
31.3厘米×47.2厘米
苏黎世美术馆

图125
乔治·修拉
《阿涅尔的浴者》
创作于1884年
201厘米×300厘米
英国国家美术馆
伦敦

两位艺术家都试图用新颖和谐的技法来代替印象派迅捷、断裂的笔触。他们还有着同样的兴趣——去创造一门纪念碑式的新艺术，这种新艺术复兴了现代性题材，并以理想的秩序形式观察自然。所有这些都使他们的作品看上去相似，且能引起共鸣。

因此，塞尚的《梅塘城堡》预见性地采用了修拉在阿涅尔油画中的笔锋排列。水平的笔触意味着下面的河水，倾斜的笔触代表着河岸和上方的天空，垂直的笔触构成了依据观看者的视线高度而描绘的建筑物。至今所知道的塞尚那年夏天在梅塘的所有作品都与这幅绝佳的作品有关，难怪他会事先告知左拉这个作品所要花费的时间。实际上，塞尚的《梅塘城堡》的每一寸画面都是长期、扎实工作的结果，都经过了仔细的"科学"分析，而这正是左拉认为印象派作品所欠缺的（也是修拉变得出名的原因）。如果说评论家们没有注意到这幅画所暗含的深刻含义，那么塞尚的朋友们却注意到了。高更很快买下了这幅画，并在经济状况允许的情况下长期持有。甚至临近去世时，他都记得梅塘"那片闪耀着深蓝色、墨绿色和亮赭色的，宁静祥和的乡村风景"。树木整齐地排列着，树影交织，构建了（塞尚的）诗意画面。

与左拉一起在梅塘度过的这段岁月是塞尚的高产期。之后，他和家人回到了巴黎。到 1881 年 5 月，他们又定居在了蓬图瓦兹，离毕沙罗较近，并在那里一直待到了秋天。在蓬图瓦兹，毕沙罗的乡村印象派画家圈子逐渐壮大。现在轮到高更拜师毕沙罗作画了。1883 年，高更甚至搬到了毕沙罗位于奥斯尼村的家里，继续模仿这位年长画家的绘画风格和对于乡村题材的选择。高更后来在布列塔尼对其中很多主题进行了再现。塞尚有时也在导师的旁边作画，但是他这段时期的风景画——描绘蓬图瓦兹、瓦兹河畔奥维尔小镇和它们的周边地区——突出表现了他完

图126
《瓦兹河谷》
约创作于1880年
帆布油画
72厘米×91厘米
私人收藏

全不同的绘画风格和艺术策略。因此，在众多此类作品中，塞尚试图从宁静的乡村中获得比他之前待在这里时所发现的更生动的视角和更壮观、更正式的主题。例如，这一时期有一幅意义深远的、题为《瓦兹河谷》（图 126）的全景风景画。它同时采用了传统的框架式的树木和有图案的前景叶子，为我们构造了遥远的视野。这幅作品和谐的构造、采用短促垂直笔触的丰富表面，使得它成为画家保罗·西涅克（1863—1935 年）（乔治·修拉的学生）非常珍视的收藏品。这幅作品出现在西涅克著名的理论专著《新印象派的欧仁·德拉克洛瓦》（1899 年）中。这证明塞尚的构造性技法与修拉及其画家圈子风格中"有条理的部分最接近"。

尽管塞尚的构造性笔触作品看起来很简单，但却受到了同行们的重视。也许只有他们有能力认识到这些作品把很多印象派画家采用的即兴落笔的画风转变成了一种持久的、缜密的绘画逻辑。甚至是常年创作印象派作品的画家莫奈也拥有一幅塞尚约于 1881 年在蓬图瓦兹附近地区创作的作品《拐弯的道路》（图 127）。这部作品与众不同，作品元素架构在一条弧形的装饰性曲线上，各部分有机地结合在一起：主题带有戏谑的意味，在村落题材的作品中塞尚常常喜欢画一条蜿蜒的小路。小路扁平状铺开，一直延伸到画面上方，然后奇怪地消失了。但是这种主题也衬托出并统一了画中的几何结构，包括看上去废弃的村庄、空白的墙面、整齐竖直的树木，甚至是画家有序的平行笔触的系统，有些只是薄涂一层。莫奈在 1894 年获得这幅作品后，开始专注于自己作品中的装饰性考虑——在一系列描绘树木的作品中同样也应用了精致的曲线，作为抽象形式的图案。虽然对于曲线的痴迷并非源自塞尚这幅极具创造性的《拐弯的道路》，但是对于曲线的关注却使这幅作品极具吸引力，使它得以和塞尚其他作品一起挂在莫奈位于吉维尼的家中。

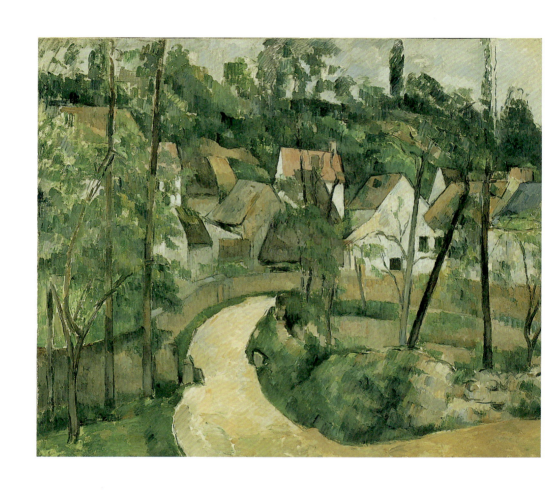

图127
《拐弯的道路》
约创作于1881年
帆布油画
60厘米×73厘米
波士顿美术博物馆

1881 年 10 月，奥尔唐丝带着他们的儿子保罗回到了巴黎，塞尚则向南出发前往普罗旺斯。在接下来的几年中，他几乎一直在那里创作。塞尚 19 世纪 80 年代早期的作品让他在朋友们和同时代的评论家眼中成为普罗旺斯风景画的主要画家。在熟悉的明媚阳光下，在艾克斯与埃斯塔克崎岖的环境中，他的构造性技法变得更加清晰全面。然而，即使远离了巴黎和印象派画家，塞尚仍要与人们对风景画的普遍偏见斗争，仍然要为自己的普罗旺斯外光画题材而抗争。

由于其悠久闻名的历史和在地中海沿岸的重要位置，普罗旺斯独特的地形长久以来都与世界古典文化有关。正如我们在塞尚的《休息的浴者》（见图 99）中所看到的，在他的作品中，普罗旺斯的地形甚至可能与神秘境地相关联。这种关系也在 19 世纪的学院风景画中经常被以不同的形式加以说明。例如，保罗·弗朗德兰后来的新古典主义风景画《普罗旺斯纪念》（图 128），为我们展示了永恒的世外桃源般的景色、经典的田园风光、隐约显出的普罗旺斯的海岸线。作品中的每个元素都显示出它诗意化的技巧和学术形式：明亮的、遥远的地平线和缓缓后退到天空的远景，允许观赏人进入的、复杂的大幅度曲线状前景，精心绘制的泛着银光的叶子，光泽的表面，甚至以"纪念"作为作品的标题。19 世纪 70 年代中期，这幅画成为少量被国家收购的风景画中的一幅。作品的历史关联性以及保罗·弗朗德兰用心创作的学院派构图使得这幅作品成为英雄主义题材和高尚艺术的一个范例，是保守派希望复兴的艺术。

塞尚约创作于 1882—1883 年间的《埃斯塔克》（图 129）与弗朗德兰的早期风景画有相似之处，这让人感到有些奇怪。塞尚处理普罗旺斯地中海这一经典景色的方法几乎与学院派风格完全相反。这个村庄独特的地形以及明亮的阳光是他创作极富感染力的风景画的灵感来源。他的主题根植于视觉的真实性，通过合理的构图

图128
保罗・弗朗德兰
《普罗旺斯纪念》
创作于1874年
帆布油画
90厘米×118厘米
第戎美术馆

图129
《埃斯塔克》
约创作于1882—1883年
帆布油画
80厘米×99.3厘米
纽约现代艺术博物馆

表达一种新的庄严有序的纪念碑式的几何体感。这在他 10 年来最伟大的作品中是很常见的。在一个高于埃斯塔克的有利位置，塞尚设计了一系列平整的、后退的平面来描绘中央下倾视角的陡峭角度以及右边上升的地面。倾斜的平行笔触强化了对面的黄铜色。画面中央呈现的不稳定的、倒金字塔形——由白色峭壁和左边的松树与屋顶形成——进一步挑战了学院风景作品特有的简单、矫揉造作的美感和流动的空间。然而，塞尚的作品是有序的、统一的，透着不可动摇的秩序和均衡。通过这些，塞尚在 19 世纪 80 年代中期完善了埃斯塔克的作品。在 19 世纪 90 年代，莫奈收藏了这幅作品。

塞尚在 19 世纪 80 年代早期的普罗旺斯风景画也被认为与另一更加当代的传统有关。学者们经常将法国风景画的演变，尤其是印象派画家的风景画，与法国铁路的出现联系在一起。铁路的出现促进了 19 世纪后期法国旅游业的发展。与莫奈早期作品中的诺曼底的阳光海滨，或者我们从高更作品中知道的布列塔尼的乡村相似，那时候普罗旺斯的独特风景画也以它真实的、非理想化的形式而广为人知。实际上，早在 19 世纪 60 年代，普罗旺斯就像诺曼底和蓝色海岸一样，成为北方富人的度假胜地。冬天则尤其如此。温暖的气候和遥远的美丽风景吸引无数的艺术家和旅游者将其看作远离现代城市生活的自然庇护所。1865 年的沙龙展出了大量的普罗旺斯风景画。一位评论家也抱怨画家们总是选择最知名的主题。从中可以看出普罗旺斯的风景已经变成了俗套的绘画主题。大多数情况下，这是一种市场策略：这些作品是为市民且多数是巴黎的观众所设计的，因此必然依赖于辨识度高的普罗旺斯主题。正如艺术历史学家杰恩·豪斯评论的那样，它是通过城市文化和观众形成鲜明对比，使得乡村的自然形象找到价值和市场。相比之下，塞尚远比游客和旅行画家更熟悉南部的风景，他创作风景画的前途也与他人不同。虽然他仍然试图在沙龙中获得成功，但他拥有相对坚实的

图130
保罗·吉古
《布阿洛的山，马赛
附近》
创作于1862年
帆布油画
108厘米×199厘米
马赛美术馆

经济保障（归功于他父亲持续不断地提供补贴）和拥抱历史伟大作品的勇敢雄心，意味着他既不想也不需要让他的作品去迎合新兴的资产阶级市场需求。而这也让他的风景作品与后来的印象派作品产生了距离。19 世纪 80 年代，塞尚创作的风景画最为宁静和谐。他的作品显得越来越高贵和庄严，反映了普罗旺斯当时开展的地方主义运动。

正如我们所见，在 19 世纪 60 年代，在诗人弗雷德里克·米斯特拉尔的领导下，在地方主义运动——菲利伯立格运动的推动下，普罗旺斯已经变成了法国地方政治与文化复苏最强的地区之一。当时，已经形成了广受认可的普罗旺斯画派。马赛艺术家埃米尔·劳本（1809—1863 年）和他的当地追随者们因为用粗线条技巧（或明显的表面纹理）、光泽的颜料和全景角度来描绘普罗旺斯壮观的日照地形而广为人知。当他们团体中的一员保罗·吉古（1834—1871 年）带着他的大幅《布阿洛的山，马赛附近》（图 130）于 1863 年初次亮相巴黎沙龙时，泰奥多尔·杜赫认可了这个本地画家的手法："他描绘这片土地就像他曾真正进入过这个地方，并且掌握了它的灵魂。"

有着同样神韵并引起强烈关注的保罗·吉古的作品与塞尚这一时期的普罗旺斯风景画有所不同，塞尚有些作品包含了全新的图案并接近他的主题。例如，在约创作于 1882—1883 年的《埃斯塔克的岩石》中，有一个特写的风景：村庄上方巨大的绝壁镶嵌在黄昏的阴影中。塞尚厚重的构造性笔触既能使倾斜的山坡稳住，又能清楚地表现出凿槽和裂缝纹理。同样的，既在主题方面又在处理方法方面令人叹服的还有他约创作于 1879—1882 年的《普罗旺斯的房屋》（图 131）。饱和的色彩和紧密的垂直笔触使这幅作品在塞尚的构造性笔触作品中十分出彩。有人认为这种笔触是他早期在普罗旺斯时形成的。然而奇怪的是，在中间的房屋没有采用这种严格的笔触处理。处于阴影中的尖角角落，屋顶轮廓线中多个消失的点，缩小比例的门窗，所有这一切反而强调了风景画中固有的、复杂的几何体感。

有趣的是，这幅画的主题可以从一幅 19 世纪的通俗版画中识别出来。在塞尚的那个年代，这片古老的山坡作为皮埃尔·普杰（1620—1694 年）的出生地被广泛地歌颂。皮埃尔·普杰是著名的普罗旺斯雕刻家，塞尚非常仰慕他的巴洛克风格的作品，而且经常去临摹。当他参观了普杰在罗浮宫的画展之后，据若阿基姆·加斯凯说，塞尚被这位雕刻家激动人心、饱含情感的作品所打动。据说塞尚曾这样说过，"普杰拥有普罗旺斯的风，吹动了他的大理石"。然而，在塞尚的画中，尽管他强调房屋的具体形式，却几乎没有辛酸的怀旧之情。相反，这却促成了他最激进的作品之一，经常被认为是后来抽象画，尤其是立体主义风景画的先驱。

在长期待在南方的这段时间中，塞尚接下来的风景画形成了一系列有特色的主题，他会从不同的角度详细地研究它们。在这其中，熟悉的普罗旺斯主题变得具有修复性，甚至有些时候具有权威性。例如塞尚约创作于 1885 年的《从埃斯塔克看马赛海湾》（图 132）就比他之前的《埃斯塔克》（见图 129）展现了更广阔和谐的景观。尽管作品仍然是建立在吸引塞尚来到普罗旺斯的巨大颜色对比之上——建筑物明亮的红色、橘色和绿色，紫蓝色的海洋和山峰，前景部分有着强有力的体积感和图案化的秩序，远处是起伏的地平线和海洋的广阔区域——但所有部分都被塞尚细致入微的笔触联系在了一起。一系列视觉上的对应使得这幅画的和谐感变得更加真实：例如，垂直的烟囱让我们从一边看到另一边时可以调整视线的高度，前景中成一定角度喷出的青白色的烟与远处倾斜的码头遥相呼应。在这幅约创作于 1885 年的《埃斯塔克》中，塞尚不仅完善了他风景画的笔触，并且歌颂了他眼中的普罗旺斯。

一个坚定的形象似乎可以表现塞尚的大多数成就。虽然《圣维克多山》与他早期的一些作品（见图 53）有相似之处，但塞尚在普罗旺斯几乎重新发现了它，不仅是作为一个自然的主题，还是能引起回忆的古老风景主题。塞尚会在所画的为数不多的草图中研究揣摩它，在大幅画布上下笔前会从各个角度观察它，这说明它的地位愈加重要，塞尚为之着迷，并把它看作普罗旺斯的标志。

在他那简朴的小幅水彩画中——如约创作于 1883—1885 年现存于维也纳的《弧形山谷里的松树》，可以看出塞尚的主题更充分地表现出了他的目标——"根据自然重新演绎普桑"。高架桥是由间隔排列的拱形结构构成，高架桥的水平线将作品整齐地分成了两半，并且由左边优雅的松树保持平衡。这种关系在他相关的作品，约创作于 1882—1885 年的《从贝勒维看圣维克多山》（图 133）中被颠倒了，弯曲河谷那厚重的全景以及它简单的农场建筑和图案化的土地显示了通往熟悉的山脉地标的小路。在这幅作品中，正是那棵位于正中间的树将作品分成了垂直的两等份，但也强有力地将它们结合在了一起：在那浓密的画面上，树的下端分支融入了遥远背景的纹理，使它接近并进入有凝聚力的整体之中。在这些平静而有序的作品中，塞尚对古老的主题和与众不同的自然形式进行了相同的展示，让普罗旺斯的主题非常引人注目。甚至铁路这一当代印象派画家现代性的标志，在这幅作品中也被掩盖了。据艺术历史学家约瑟夫·里谢尔观察，"考虑到塞尚要赋予这个远景以持久性和确定性，它的许多特征要承载着历史的重量。于是火车高架桥变成一个古老的沟渠，笔直的铁路变成了一条罗马大道。做出这样的改变可能并不令人奇怪"。

塞尚稍后期的作品《有大松树的圣维克多山》（图 134）可能唤起一个不同的过往。这棵孤独的、优雅的松树与最左边的边缘相

图131
《普罗旺斯的房屋》
约创作于1879—1882年
帆布油画
64.7厘米×81.2厘米
美国国家艺术馆
华盛顿特区

图132
《从埃斯塔克看马赛海湾》
约创作于1885年
帆布油画
80.2厘米×100.6厘米
芝加哥艺术博物馆

图133
《从贝勒维看圣维克
多山》
约创作于1882—1885年
帆布油画
65.5厘米×81.7厘米
大都会艺术博物馆
纽约

图134
《有大松树的圣维克
多山》
约创作于1885—1887年
帆布油画
59.7厘米×72.5厘米
考陶尔德艺术学院画廊
伦敦

一致，且与遥远的山脉轮廓相呼应，让人想起他年轻时写给左拉的信："你是否还记得生长在湖边的那棵松树？枝叶繁茂，树冠低垂。陡坡在它的脚下延伸……愿神灵保佑它。"这位已不再年轻的画家把对本地乡村的热情转化成了平静有序的风景。风景下方是躁动的山谷。

　　因此，即使在这创作了很多和谐作品的十年中，塞尚风景画中的古典主义问题仍然很复杂，因为他从不简单地让自己的主题屈从于某种古典主义传统。在他的书信、对话，尤其是作品中，都能熟悉地探索到在风景画中被他称作"感知"的东西，他始终忠实于面前的大自然。但是他在普罗旺斯所见到的风景充斥在他眼中，既是身体上也是精神上的，带有一种突出的古典情怀，在塞尚的艺术中占有了一个独特的空间。19 世纪 80 年代早期和中期，在有关普罗旺斯的重要作品中，他似乎完全发现了这种富有成效的平衡，而在这一时期，这个地区本身也正伴随着普罗旺斯地方主义的复苏。那时许多塞尚的第一批传记作者，例如画家埃米尔·伯纳德或莫里斯·丹尼（1870—1943 年），仅仅努力将他打造成另一个普桑。他们所做的努力更像是要尽力摆脱印象主义残留的影响，而不是对塞尚所自豪的普罗旺斯不朽美景的真实评价。

图135
《保罗·塞尚，画家儿子的画像》
约创作于1883—1885年
帆布油画
34厘米×37.5厘米
橘园美术馆
巴黎

塞尚约创作于1885—1887年间的普罗旺斯风景画，如《有大松树的圣维克多山》（见图134），主题壮观，透着宁静、和谐的氛围，掩盖了他在这段艰难岁月里私人生活的痛苦矛盾。虽然过去他也常常能在画中找到远离逆境的田园式避难所，但是这段时期的创作却给了他最大程度的庇护，使他远离世人对自己长期的怀疑以及即使年近中年仍摆脱不掉的不稳定的情感关系。从其19世纪80年代末期的风景画、静物画、家人或他自己的肖像画中不难发现，塞尚努力地巩固着近期作品中的新发现，好像成熟作品中的宁静与希望可以取代自己无法摆脱的纷扰。

1885年的前几个月，塞尚得了急性神经痛（一种和神经系统相关的疾病），他向左拉抱怨自己只能享受“片刻的清醒”。接下来是他在艾克斯经历的一次短暂的、灾难性的恋爱经历。人们对此所知甚少，只能从塞尚写在一幅作品背面充满痛苦的情书中略知一二。从他在那年夏天写给左拉的一封封充满焦虑的信中，我们可以感受到塞尚的脆弱，追溯他在北方躁动不安的游荡经历：去了拉罗舍居伊翁（离巴黎不远），短暂拜访了雷诺阿；去了梅塘附近的维尔尼斯和韦尔农，逗留期间想要获得左拉的邀请前去拜访，然而未果。他最终在8月底前回到了艾克斯，重拾画笔描绘周围的风景，包括附近的加尔达纳村庄这一全新主题。塞尚越来越无奈地顺从了他可能永远都不会有一段成熟的恋爱关系的事实，这使得他最终遵从于家里希望他和奥尔唐丝结婚的愿望。1886 年 4 月 28 日，就在他父亲去世前 6 个月（他父亲于 10 月 23 日去世），也是在他和奥尔唐丝初次相遇后的将近第 17 个年头，二人在艾克斯完婚了。

也是在 1886 年 4 月，塞尚收到了左拉最新的一本小说《杰作》。左拉把巴黎喧嚣的、充满竞争的艺术世界作为这部小说的主题，在小说中左拉继续与他认为的印象派令人失望的艺术观点做斗争。小说家、评论家皮埃尔·桑多一度就新作品抱怨道："这难道不令人恼火吗？新的光线记号、对真理的热爱被推至科学分析的层面……毫无方向，是因为正确的人还没出生吗？"

也许是因为左拉比同时代的其他人更加了解印象派画家，并且曾经拥护过他们的事业，所以左拉的控诉尤其使得这些画家感觉受到了背叛。莫奈在收到《杰作》之后曾给左拉写信说道：

> 我一直很喜欢读你的书。这本书倍加吸引我，因为它提出了我们很长时间以来为之抗争的艺术问题……但是恐怕在我们成功的时刻，我们的敌人会利用你的书来给我们重重一击。

雷诺阿也在抱怨。甚至是安东尼·基美——左拉的一位热情的仰慕者，也责备左拉，认为他的这本书"非常令人沮丧"。他写道，"上帝啊，但愿这帮画家——正如左拉夫人称呼他们的那样，不会试图在你这些乏味的主人公里寻找自己的影子，因为他们实在是太邪恶了"。至于塞尚，正如吉耶梅所担心的，《杰作》的出版让他更加痛苦不堪。

小说中充满悲剧色彩的主人公克洛德·拉尼尔，是一个疯狂却才华横溢的画家。这个人物结合了多个原型：既有巴尔扎克在《未知的杰作》中描写的饱受折磨的艺术家弗兰霍夫的影子，某些又综合了莫奈、马奈和塞尚的影子（后来读者开始意识到）。拉尼尔小时候在一个乡下小镇生活，与皮埃尔·桑多是好朋友。这些与塞尚和左拉在艾克斯度过的年少时光非常相似。小说中这位虚构的画家害怕与女人有身体接触。他与自己的情妇，一个叫克丽斯汀的模特，关系十分紧张。主人公早期的作品充满激情。这些都取材于塞尚早年的生活和经历。但是左拉对拉尼尔的描写让人无法原谅。最初，拉尼尔决定在他的作品中把纯粹的视觉和（模糊的）科学（事物的存在状态和在真实光线下的样子）结合起来，然而，逐渐地他却迷失了自我，抽象的颜色理论代替了之前对自然的关注。他痴迷于描绘一个神秘的（致命的）女人，并梦想在简单的画布上实现所有的目标。这位画家陷入了疯狂和绝望之中，最后在他未完成的杰作前自杀了。

虽然左拉的故事结局十分夸张，但书中这位被蒙骗的主人公明显与塞尚有关。塞尚本人很快就看清了这一点。这部小说的出版使这两个人维系了一生的友谊走向了痛苦的尽头。读完这本书之后，塞尚给左拉写了一个简短的便条表示感谢，此后两人再未联系过。甚至直到 1896 年，塞尚获得了重大成功，终于享受到了成功的喜悦，左拉也正沉浸于他在充满争议性的德雷福斯案件中所充当的英勇角色，然而这位评论家却对外宣称塞尚是一个失败的天才，并且贬低一众印象派画家。

一些学者注意到，塞尚那些年的作品中充斥着密集而坚固的建筑物主题，与他在 19 世纪 80 年代中期创作的大部分作品有所不同，并以此说明他当时的个人生活饱受困扰。我们知道塞尚从 1885 年的秋天到来年的夏天一直在距离艾克斯不远的加尔达纳生活和创作，可以肯定，他对这个地方的认识来自这一时期的经历。

加尔达纳是一个风景如画的山顶村庄，与塞尚 10 年前在那幅理想化的风景画《收割》（见图 73）中所描绘的风光十分相像。它大体上呈金字塔形，底部排列着许多黄色的"方块"房子，房顶是亮红色。"金字塔"的塔尖是一座笔直的方形钟楼。塞尚从不同的角度对这些画面元素进行了探究。以一幅精心创作的、最完善的版本为例（图 136），塞尚利用了大量联结着的盒状形态去稳固他的新建筑物主题。从城墙外的观景台一眼望去，广阔的全景尽收眼底。画中的景物以一种有序的阶梯状的样式层层上升至画面中央最高的钟楼。画家细腻、统一的笔触以及主题简洁的几何结构使得画面景物上升的幅度均匀有序。

　　也许有些人认为，在那段无休止的混乱时期，这一新颖独特的作品对小巧、密集型建筑物主题（后来的立体主义风景画）不同寻常的关注为塞尚提供了疏导自身疑虑的机会，甚至提供了再次面对左拉《杰作》一书公开批评谴责的机会，如同之前《梅塘城堡》（见图 123）所经历的遭遇一样。虽然这类观点从未能真正超越猜测的层面，但是塞尚自己在这段时期也经常提到普罗旺斯的风景画为他提供了庇护。在写给左拉的最后几封信中，其中一封塞尚先是抱怨了神经痛，之后他继续写道，"我的头现在舒服一些了，我经常去山间散步，在那里我看到了很多美丽的风景"。同样，1886

年 5 月在写给肖凯的一封信中，塞尚间接提到了最近一连串的失望（我有几处葡萄园，但是出其不意的霜降熄灭了希望之光），但在这之后，塞尚也向他这位赞助人保证他的风景画可以支撑自己：

我没有什么可抱怨的。天空和无边无际的大自然总是能吸引我，让我可以愉快地欣赏……我必须告诉你我现在仍然忙于创作。这片土地有很多瑰宝供人享用，没有任何一种解读可以与它所展示出的富饶相媲美。

奥尔唐丝和儿子保罗也来到了加尔达纳，保罗开始在这个村庄上学。虽然塞尚与奥尔唐丝的关系日渐疏远，但是妻子和儿子却在这段艰难岁月中给他带来了一定程度的安慰，同时也充当了他的绘画模特。塞尚为保罗快速创作的一些素描罕见地让我们看到了这位画家性格中更加慈爱的一面，也表现出他作为一个父亲的自豪和对儿子深沉的爱。到 19 世纪 80 年代中期，塞尚的儿子十几岁了，可以承担劳累的模特工作，坐在那里供父亲创作。如此一来，以儿子为模特创作的作品就更加完整了。也许就是在他们一起待在加尔达纳的这几个月中，塞尚创作了他精湛的、具有高度感知力的《保罗·塞尚，画家儿子的画像》（见图 135）。这幅帆布油画是塞尚早期关于他独子的作品中最大、最完善的一幅，与加尔达纳风景画中的特点有些相似，稀薄、几乎透明的颜料图层，柔和的背景颜色，加以统一匀称的曲线形态表达。

图136
《加尔达纳》
约创作于1885年
帆布油画
63厘米×99厘米
巴恩斯基金会
宾夕法尼亚州，梅里恩

在创作过程中塞尚逐渐发现了绘画主题内在的、自我生成的节奏，这种发现既可能来自于画家本人的生活，也可能来自于他对罗浮宫大师作品的研究。只要看看它们在塞尚 19 世纪 80 年代作品中所发挥的作用，就不难断定他的作品巧妙地集众家所长。有一段时期，塞尚发现巴洛克风格的油画和雕塑充满了活力的曲线轮廓，其魅力势不可当。在巴黎期间，他花了很多时间在罗浮宫17世纪画廊里写生。例如，他多次往返于罗浮宫临摹普杰在充满激情的《赫拉克勒斯》中所呈现的螺旋状形态，以及鲁本斯在《亨利四世升天》中描绘的极为痛苦的柏洛娜。

鲁本斯为玛丽·德·美第奇皇后创作的大型历史连环画对塞尚产生了强烈的冲击，他首先把目光转向了鲁本斯的作品（见图25）。正如人们所见，19世纪60年代中期，塞尚枯燥乏味地临摹了画面左边升天的君主的英雄形象（见图26）。然而到了19世纪70年代末、80年代初，塞尚作品带来的感官刺激减少了，他把目光投向了鲁本斯富于表现力的战神柏洛娜这一强劲有力的形象。塞尚临摹了10幅这个裸体原型后，我们可以发现塞尚对节奏的优雅日渐着迷：柏洛娜扭着身躯、强壮有力的姿态频繁出现在塞尚约创作于1879—1882年间的作品中。此后的作品也经常重新描绘柏洛娜的流线型轮廓，展示其生动的活力（图138）。

巴洛克大师们的经验所得逐渐渗透到了塞尚自己这些年的素描和油画作品中，尽管他通常会略去在罗浮宫临摹时仔细揣摩的情感张力。因此，在一幅约创作于1881—1884年间的简单优雅的静物画中（图139）——这幅画也许是对他间或与家人一起度过的家庭生活的纪念——塞尚对他面前的物体进行了速写，画的并非是所有的物体，而是物体椭圆形的轮廓。在之后的一幅约创作于1887—1890年的《静物:面包》（图140）中，塞尚描绘了一幅更精致的桌面物体图，也是椭圆形状，在右侧商标标签（因原始立体主义的曲线样式而显得突出）的旁边可以发现：碗的平滑边缘、玻璃水瓶轻微膨胀的形状、水壶倾斜的顶部边缘都突出呼应了广泛的曲线。在这两幅画中，大量重描的联结性的宽椭圆形状使得原本普通单调的物体变得富有生命力，也把不连续的轮廓联结在了一起。

图137
《柏洛娜》（临摹鲁本
斯作品）
约创作于1879—1882年
石墨画
48厘米×30厘米
私人收藏

图138
《柏洛娜》（临摹鲁本
斯作品）
约创作于1896—1899年
石墨画
20.9厘米×12.2厘米
巴塞尔美术馆，版画及
绘画部门

塞尚创作的 19 世纪 80 年代末期最复杂的作品，例如他那幅精湛的约创作于 1888—1890 年的《厨房的桌子》（图 141），很好地说明了画家富有洞察力地探索如何描绘曲线，如何构图以及如何表现画面元素的节奏性。塞尚儿子早期肖像画的画风也是这一探索的结果。在这幅雄心勃勃的静物画中，桌子显得过度拥挤、凌乱（几乎不能支撑装满水果的大篮子），物体表面断断续续不连贯，多个视角相互矛盾。然而，看似混乱的画面却凭借画面中心水果、水罐和水壶重复出现的、有节奏的曲线，以及构成画面框架的垂直线条而形成一个有序的整体。甚至进深很深，分裂而无法解读的空间也在两个系统交汇处得到了弥合：草篮弯曲的提手微妙地触碰到远处后墙与地面交界的位置。然而，在塞尚儿子的肖像画（见图 135）中，桌面的布局后退，拉大画面进深，从而凸显前景的人物。这种处理方式一点儿都不奇怪，体现了塞尚对儿子的爱。

虽然奥尔唐丝·富盖是塞尚使用得最频繁，肯定也是最耐心的肖像画模特，但是塞尚对她的描绘却很少表达出相似的个人情感。正如我们已经看到的，塞尚之前的《坐在红色扶手椅上的塞尚夫人》（见图 114）表现了她的安静和沉默，使得这幅作品出

图139
《有玻璃水瓶的静物》
约创作于1881—1884年
石墨画
19.9厘米×12厘米
巴塞尔美术馆，版画及
绘画部门

图140
《静物：面包》
约创作于1887—1890年
石墨画
31.8厘米×49.2厘米
私人收藏

图141
《厨房的桌子》
约创作于1888—1890年
帆布油画
65厘米×80厘米
奥赛美术馆
巴黎

类拔萃。我们知道塞尚至少给他的妻子画了 24 幅肖像油画，评论家们总是说，她的眼睛空洞无神，面无表情像是戴着面具。这些细节并没有显现她的存在感，反而模糊了她的存在感。有些人甚至认为奥尔唐丝在塞尚作品中的作用与塞尚静物画中的元素别无二致。然而，塞尚画的不透明的、难以理解的、充满矛盾的妻子肖像事实上是深思熟虑构造后的结果。这种构造方法以一种新的激进的方式挑战了肖像画的本质，成为现代画家令人叹服的典范。

塞尚精湛的《坐在红色扶手椅上的塞尚夫人》（图 142），从 19 世纪 70 年代末期开始创作，10 年后才最终完成（这或许从某种程度上解释了他们之间冷淡的关系）。这幅画就是一个很好的例证。作品主题威严正式的元素代替了肖像画中曾经存在过的更为主观的成分：奥尔唐丝下颌轮廓所形成的角度与右臂弯曲的角度和椅子扶手相呼应；手中扇子所呈现的斜线与裙子的折痕相一致；衣服的蓝灰色调和稀薄的笔触与后面的墙面图案相匹配。最后，椅子紫红色的色调使人物苍白的脸色看上去红润了一些，同时提亮了画面的整体色调。《坐在红色扶手椅上的塞尚夫人》这一作品所传递的力量使得它成为保罗·高更临摹的范本。高更约创作于 1890 年的《一个女人的肖像》就借鉴了塞尚的这幅画以及另一幅静物画。此外，作品删繁就简的风格对 20 世纪早期的美术产生了深远的影响。这幅画曾一度被美国著名作家格特鲁德·斯泰因拥有，在她巴黎的公寓挂了很多年（图 143）。这幅画在她的圈子里广为人知，包括毕加索。正如很多人推测的那样，这幅画帮助毕加索在 1906 年创作了激进固执的，仿佛戴了面具般的斯泰因肖像（图 144）。

另一幅约创作于 1886—1887 年的《塞尚夫人画像》（图 145）曾经被马蒂斯所拥有。塞尚妻子僵硬的轮廓和木然费解的脸庞看上去无非就是画家在一块画布上展示了各种颜料。和许多塞尚创作于

图142
《坐在红色扶手椅上的塞尚夫人》
开始于1878年
约于1886—1888年重画
帆布油画
92.5厘米×73厘米
布尔基金会收藏
苏黎世

图143
格特鲁德·斯泰因
（右）
在她巴黎的公寓中
《坐在红色扶手椅上的塞尚夫人》下面
创作于1922年
巴尔的摩艺术博物馆

图144
巴勃罗·毕加索
《格特鲁德·斯泰因画像》
帆布油画
99.6厘米×81.3厘米
大都会艺术博物馆
纽约

图145
《塞尚夫人画像》
约创作于1886—1887年
帆布油画
46厘米×38厘米
费城艺术博物馆

图146
《塞尚夫人画像》
约创作于1888年
帆布油画
99厘米×77厘米
底特律美术馆

19世纪80年代的肖像画一样，画家的构造性笔触很少应用在这种稀薄湿润的作品表面。相反，纤细、纯粹的粉色、蓝色、绿色和赭色笔触给予了肖像人物一种娇弱的感觉，甚至是一种女性气质。这一气质是人物本身所不具有的，然而却是色彩大师马蒂斯所着迷的部分。同样，在稍后约创作于1888年的一幅更大的肖像（图146）中，奥尔唐丝位于画面中央，姿势僵硬索然无味。她呆板的姿态、无精打采的神情、紧握在一起的双手和惴惴不安的面庞让人们饶有兴致地把这幅画与凡·高同一时期创作的画商唐基的僧侣肖像相比较。这类作品有助于日后阿梅代奥·莫迪利亚尼（1884—1920年）有意识地创作古风肖像画。然而，塞尚的画也有这样的特点：别出心裁的颜料，装饰图案的背景，稀薄笔触下的充满生气的印象主义画面。这些都表现出瞬间的印象和感觉（或物质），而这是此类画像所严厉禁止的。

在塞尚19世纪90年代关于艾克斯居民和他的赞助人的肖像中，我们将会看到肖像画是塞尚重要的绘画类型，因为此类作品使他能够接近人物题材——甚至是熟悉的女性题材——而无须去驾驭人类性欲方面的危险领域。不管在家事方面与奥尔唐丝多么疏远（总是不合常理的），这两条关键路线在她的画像中以某种形式汇合了。事实上，塞尚在创作其他肖像画时从没有像在创作妻子的肖像画时那么明显地努力与绘画对象保持距离——甚至在作画的时候也是如此。这个明显的事实使得一些学者从画家本人的感知角度去描述他对于这些作品中精细笔触的感知：色彩丰富、能带来感官愉悦的画布表面与毫不妥协的绘画形式格格不入。

然而，并非所有塞尚夫人的画像都显示出这种执拗的疏远的倾向；有些时候在塞尚眼中奥尔唐丝并不仅仅是一个可以图解的绘画题材，供他去感知、去勾勒。塞尚高度敏感的、有时明显理想化的奥尔唐丝画像——虽然这种情况并不常见，也很少被人研究——必须放在一个更广阔的情境下去考虑。例如，在一幅约创

图147
《塞尚夫人和绣球花》
约创作于1885年
石墨和水彩画
30.5厘米×46厘米
私人收藏

图148
《披着头发的塞尚夫人
画像》
约创作于1890年
帆布油画
62厘米×51厘米
费城艺术博物馆

作于 1885 年的精美水彩画《塞尚夫人和绣球花》（图 147）中，塞尚把她精致地描绘了一番。塞尚夫人在床上刚刚醒来，身旁放着一束盛开的绣球花。奥尔唐丝的名字就是来源于法语的绣球花。她面部完美的椭圆形轮廓和向外凝望着的半睁着的眼睛，与身体左侧的花的叶子相互呼应，薄薄地渲染了一层水彩。视觉与语言形成了双关。这幅画从整体上显示出画家对绘画对象的感情和关心，这种情感只在塞尚儿子的肖像画中出现过。

虽然一些评论家只在奥尔唐丝的素描中见过这种富于表现力的优雅，并把它归结于绘画媒介昙花一现的特性效应，但是塞尚在油画中对他妻子的描绘也可以同样优雅，这在之后约创作于 1890 年的《披着头发的塞尚夫人画像》（图 148）中就体现得很明显。在这幅画中，奥尔唐丝温柔的容貌和倾斜的脑袋同样暗示了她的脆弱和忧郁。甚至是她松散的头发和条纹紧身上衣所展现出的柔软女性曲线都使得这幅画与塞尚其他的妻子画像（图 146）区别开来，在之前的画像中，奥尔唐丝总是无精打采的，或是被僵硬的姿势和（或）塞尚厚重的笔触所限制。相比之下，在这幅作品中，塞尚充满活力的流畅画面体现了她优雅敏感的形象。

最后，理想化的特质和稀疏但有生气的笔触成为塞尚质朴美丽的大型肖像画《温室里的塞尚夫人》（图 149）所具备的特点。这幅肖像画通常被追溯到约创作于 1891—1892 年，在这段时期，奥尔唐丝和儿子居住在艾克斯的一间公寓里。几年之后，保罗记得他的妈妈曾在热德布芳开满鲜花的温室里为这幅画充当模特。热德布芳是塞尚家的房产，在那里塞尚仍然和妻子、儿子分开居住，与年迈的母亲住在一起。这是塞尚关于他妻子的最后几幅作品中的一幅，似乎从形式上和主题上都对他之前在妻子画像中表达的众多内容进行了调和。

这幅作品预示了塞尚 19 世纪 90 年代此种类型作品的画面背景会变得越来越复杂，同时还体现了他对肖像画中熟悉主题所做

图149
《温室里的塞尚夫人》
约创作于1891—1892年
帆布油画
92厘米×73厘米
大都会艺术博物馆
纽约

图150
爱德华·马奈
《温室里的马奈夫人》
创作于1879年
帆布油画
81.5厘米×100厘米
挪威国家美术馆
奥斯陆

的微妙修改。在这幅肖像画中，一位女士成为这个充满鲜花的、得到良好保护的环境的自然组成部分。一些印象派画家曾经以温室中的女人为题材进行过创作。这里的温室是一种由玻璃与铁栏杆建成的现代设施，在第二帝国的中产阶级中十分流行，甚至在左拉 1878 年的小说《欲的追逐》中也是一个关键场景。但是，马奈于 1879 年在巴黎温室里创作的几幅知名的女人画像显而易见地更新了这一主题。他的《温室里的马奈夫人》（图 150）让人们经常把它与塞尚之后的作品进行比较。两幅作品中的人物都身穿简单深色的服装，头梳严肃的发型，姿势拘谨端正。这些衬托了围绕在人物周围的装饰性的植物。花朵柔和的颜色与女人的脸庞相呼应，使面容变得柔软，暗示出人物的女性气质，统一了画中的双重主题。

然而就其他方面而言，马奈的作品自然、真实地再现了微胖的、心情愉悦的苏珊·马奈，这更好地帮助我们了解塞尚为自己妻子画的画像：倾斜的鹅蛋形的脸、轮廓鲜明的五官、修剪的眉毛、紧贴头皮的圆弧形头发，使得塞尚夫人好像戴着不透明的面具一样，尽管奇异地美丽，但却再一次使观赏者和画家本人与其保持距离。也许那时，塞尚不仅是通过有意为之的笔触，刻意避免与妻子身体的接触，还通过大胆的理想化的构图，创作了代替不完美现实（就像"被霜冻的葡萄园"）的作品。正如他的信中所暗示的，他这时已经顺从了命运。

在另一幅预示了他随后的伟大肖像画的作品中，塞尚把自己描绘成了站在画架前手拿调色板的形象（图 151）。这幅画是塞尚众多公正客观的自画像中最超然的一幅，也被证明是至今最令人难以理解的一幅。里瓦尔德主要根据其风格特点确定这幅画的创作时间大约为 1890 年：它与《温室里的塞尚夫人》这类肖像画拥有同样稀薄的色彩和图解式的倾向。这幅画中的塞尚是一个正投入工作的坚定的画家形象。然而，就在几年之后的一幅自画像（见图 173）中，

塞尚看上去是一个头发花白、沉默寡言的老人，凝视着画外的观众，让人很难把二者联系在一起。但是，其他很多人却表示这幅画的年代更早一点，与塞尚在 19 世纪 80 年代中期的一些自画像非常相似。而且这幅画明显与凡·高创作于 1888 年的《画架前自画像》（图 152）很类似，这使得很多学者怀疑凡·高是否先在巴黎的唐基商店中看到了塞尚的这幅油画，然后才开始画自己的自画像。唐基这位谦逊的画商，曾是巴黎公社社员，十多年来一直拥护塞尚，收集了塞尚大量的作品。由于当时没有其他画商销售塞尚的作品，只有唐基在克劳泽街的店面供应少量的塞尚作品，这里成为巴黎唯一能看到这位隐居的艾克斯画家作品的地方，使其在年轻的先锋画家中享有一定声誉。凡·高经常去拜访唐基，但据了解，他从未与塞尚谋面，然而他却极为认可塞尚（这种认可并不是相互的），似乎采用了塞尚画家形象的大型自画像中的版式和主题。

在一些早期的自画像中，塞尚采用特定的装束或角色来刻画自己（例如在 1866 年把自己描绘成一个野蛮的反叛者，见图 28）。与此类似，塞尚这幅《画架前自画像》一定会被看作一幅深刻的个人构图。正如夏皮罗指出的，这幅作品是在平整的画布上创作的，画家的状态富有表现力：身体和脑袋呈方形，由调色板和画架框定起来。调色板的垂直边缘与袖子交汇在一起，与画架框平行。甚至是左下方的浅红色桌子都有着立体主义作品中严格的几何结构。塞尚的形象完美地呈现出了一种孤独感和他在艺术中寻找到的庇护：他凝望的眼神很模糊，脸部有着些许空白，身前的作品观众看不到，胳膊上并没有按透视法缩短的调色板成为与外面世界的阻隔，这些都使他和他的艺术在面对评论家和观赏者时受到保护。

尽管有着独特的吸引力，但是画家站在画架前的形象是较常见的；这种形象一直包含着专业受到认可的含义，甚至影射画家的不朽声望。就在几年前，年轻的高更放弃了股票经纪人的职业之后，就通过一幅相似的《画架前自画像》宣布自己的新职业是画家。和凡·高一样，塞尚或许是在罗浮宫看到了伦勃朗著名的《画架旁的自画像》和普桑经典的《自画像》之后，把它们作为典范，继而创作了自己这幅权威的自画像。

此外，正如艺术史学家卡罗尔·泽梅尔所言，在这个有着持续的民族主义情怀的时代，画家的肖像画重新流行起来。佛罗伦萨的乌菲齐美术馆收藏了许多自画像，在当时传为美谈。为仿效乌菲齐美术馆的做法，第三共和国的艺术管理机构于 1888 年在罗浮宫举办了类似的展览，以此深刻展现国家艺术传统和文化霸权。法国美术学院的主任菲利普·德·切纳文斯称赞它是"一个家庭美术馆——每一个房间都为它所有的作品而骄傲……一个国家的艺术家们是一个优秀的家庭"。在接下来一年的法国革命百年纪念中，爱国主义出版物包含了亨利·如安的《艺术家肖像美术馆》（巴黎，1889 年），该书提供了法国 3000 位艺术家肖像画的目录。因此，塞尚相当正统的艺术家形象被适时归入到了这个享有声望的艺术家团体。

　　然而，塞尚这幅令人印象深刻的大型《画架前的自画像》，是创作于他第一次收获真正的成功之前，他当时极有可能陷于自己的痛苦之中。画中他穿着体面的外套和衬衫，拿着画笔和调色板——他职业的象征——面无表情地站立着，在画架后面全神贯注地作画。塞尚强烈地彰显了他画家的身份和对绘画事业的无私奉献，他雄心勃勃而又冷静的专业状态，即使是左拉和他虚构的人物拉尼尔也无法遮盖。

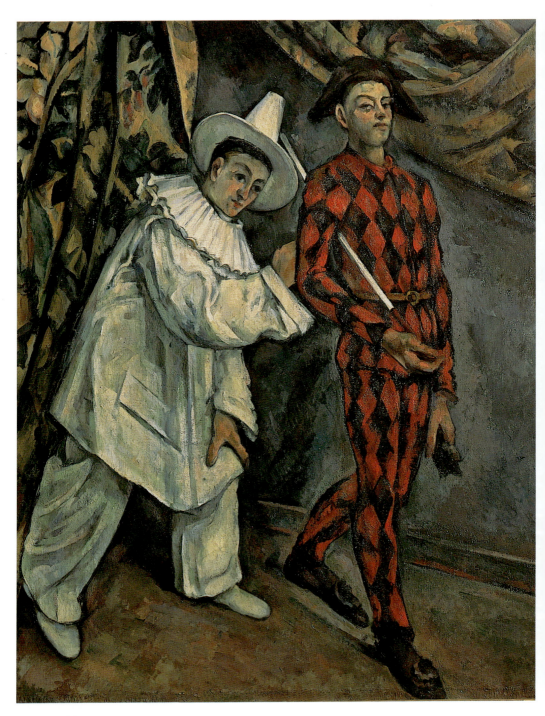

图 153
《狂欢节的最后一天》
约创作于1888—1890年
帆布油画
102厘米×81厘米
普希金国立造型艺术博
物馆
莫斯科

1888 年年末，塞尚再一次定居巴黎，在历史上著名的圣路易岛上租了一间公寓，并在他经常作画的左岸租了一间小画室（可能是因为继承了父亲在 1886 年去世后的大量遗产）。塞尚于 1888—1890 年间创作了大幅作品《狂欢节的最后一天》（图 153），他的儿子保罗后来仍记得在这个画室里和朋友路易·吉约姆一起为父亲充当模特。在作品最终完成之前，塞尚为这两个孩子创作了几幅素描。难能可贵的是，这几幅素描作品都是完整的成品（图 154）。画家敏感地捕捉到了 16 岁儿子日渐成熟的特征。作品右侧人物的几处细腻水彩速写和流畅的油画颜料也与这个主题有关，证明了其对画家不寻常的重要性。甚至在已经完成的《狂欢节的最后一天》中也保留了大量修复工作所带来的斑驳印记。这幅壮观的双人肖像画也是以意大利喜剧作品《狂欢节的最后一天》中的两个小丑角色皮埃罗和哈利昆为蓝本进行的生动创作，是塞尚迎战古典绘画大师人物绘画传统的一大力作。

在这些滑稽的社会边缘人物成为早期现代主义画家，如毕加索、安德烈·德朗（1880—1954 年）、乔治·鲁奥（1871—1958 年）以及意大利的未来派画家吉诺·塞维里尼（1883—1966 年）等的油画主题之前，意大利即兴喜剧作品已经被证明具有视觉上的共鸣，为画家和流行舞台提供了即兴题材以及风格鲜

图154
《狂欢节的最后一天》
习作
创作于1888—1889年
带白色强光的铅笔画
24.5厘米×30.6厘米
奥赛美术馆
巴黎

明的作品。这些作品与故事情节的关系较为松散。这种喜剧形式
起源于意大利当地的街边剧场，在 16 世纪的法国变成了流行文化
的主要部分。剧中任性的主人公形象自画家瓦托以来在法国绘画
作品中就已经司空见惯了。进入 19 世纪，小丑皮埃罗的形象——
早已被瓦托作品中优雅、悲伤的丑角吉尔演绎成永恒的角色——
得以在法国福南布斯剧场获得重生，变成了小丑巴普提斯特（马
赛尔·卡尔内 1945 年著名电影《天堂的孩子》中的人物，电影
向那个时代表达了敬意）这样的忧郁沉思的幻想者。在同时代的
浪漫主义作品中，这种受到社会诋毁的可爱而脆弱的形象，变成
了现代画家象征性的类型，这可以在杜米埃的作品中深刻地体
会到。

　　在精心设计的背景下，与丑角皮埃罗形成对比的角色是丑角哈
利昆。穿着独特的菱形图案的服装，戴着翘起的帽子，粗野的男性
形象和嘲弄的神态通过拟人化的方式表现了出来，以滑稽的方式来
取悦观众。年轻的毕加索，在 19 世纪 80 年代末期第一次在沃拉
尔的画廊看到塞尚这幅作品，画中穿菱形图案服装的丑角哈利昆为
他提供了一个渠道，借以表达另一个强势的自我。早期许多自画像
中都采用了这种丑角形象作为伪装。

　　塞尚显然非常擅长表现喜剧角色那些杂乱无章的滑稽动作：他

图155
《狂欢节场景》
约创作于1885—1888年
石墨画
15厘米×23.6厘米
巴塞尔美术馆，版画及
绘画部门

之前创作了至少三幅描绘丑角哈利昆的速写,包括《狂欢节场景》(图 155)。在约创作于 1885—1888 年这些潦草而粗糙的作品中,他生动地捕捉到了人物贪婪的欲望、夸张的动作以及杂耍演员给通俗传统带来的冲击——喜剧中两个丑角的合作一定会触动人们的心弦,引发人们的共鸣。所有这三幅作品都表现了同样变幻无常的情节:当其中一个哈利昆搂抱一个坐着的女性时,另一个戴着三角帽子的哈利昆像是捉奸一样破门而入。塞尚可能对当时改编自让·比埃尔·克拉里斯·德·弗洛里昂 1782 年的戏剧《贝加摩的双胞胎》的几部戏剧或是一部芭蕾舞剧很熟悉。在剧中,兄弟两人都是丑角,为了同一个女人争斗。德加好像也了解这个特别的故事情节;学者们将那个时期他创作的哈利昆的一些蜡笔画作品与 1886 年于巴黎上演的弗洛里昂戏剧中的某些具体场景联系起来。德加和塞尚,那个时候都已年老并过着隐居的生活。喜剧这一喧闹的娱乐方式刺激了他们的想象力:德加通过一个青铜色的有表现力的人物,捕捉到这个特别的喜剧故事中极高的艺术性;而塞尚在他后来的作品《狂欢节的最后一天》中汲取了这部喜剧主人公的真髓。

虽然塞尚的严肃画作很少能引发故事性解读,但这幅作品无疑是一幅表现剧院的作品:壮观的帷幕,一个舞台式的空间,精心设计的服装,小道具(丑角哈利昆常拿的白色指挥棒和黑色的便携面具),矫揉造作的姿态乃至哈利昆标志性的冷笑,塞尚的《狂欢节的最后一天》中有很多元素表现了对传统主题的颠覆。劳伦斯·葛雯注意到这一喜剧中常见的挑逗元素是通过作品中的两个对立人物表达的——画家儿子僵直的姿势像是在向后倾斜,而他的朋友则笨拙地弯腰向前,像在鼓动他——而且描绘得"看起来是无意的"。画面呈现出的效果是仪式化的,显得有些奇怪。作品中两个人物没有前期习作中表现得那么自然、有个性——画中两个人物拱形的眉毛,常规的、像是雕刻一样的身体以及面具般的脸庞［稍后在艾克斯创作的《温室里的塞尚夫人》（见图 149），其中塞尚夫人也有着面具般的脸庞］。在某些意义上，画家似乎从直接的视觉主题中抽身而退，转而创造纪念碑式的戏剧主题作品，进而探索体现传统叙事形式与巧妙、伪装和即兴的作品语言之间的张力。如果一个画家决心让自己的作品形式与规范化的绘画主题保持距离，在保留了它的表现形式和共鸣力的同时，挑战肖像画的绘画传统，那么这无疑是一个现成的主题。塞尚在作品《狂欢节的最后一天》中涉及了意大利喜剧中不稳定的、模糊的、有力的自主创造性领域，为早期现代主义画家带来了引人注目的创作题材。这是塞尚留给 20 世纪绘画界的宝贵遗产。

塞尚获得的遗产允许他开始奢侈地雇佣模特。因此，1888—1890 年在巴黎这段多产的时期，塞尚雇了一名意大利人做模特，创作了 4 幅系列油画和两幅水彩画。这个模特名叫米开朗琪罗·德拉·罗萨，留着运动式短发，身穿合体的背心。与他同时代的作品《狂欢节的最后一天》所采用的色彩类似——丑角哈利昆服装上的红色和墨绿色是不可或缺的——服装上的亮红色是《穿红背心的男孩》系列作品的核心要素。在一些版本中，它是通过背景中蓝色、绿色和淡紫色的稀薄笔触，再一次映射出《狂欢节的最后一天》中的色彩效果，通过墙上的护壁板和酒红色水平带，里瓦尔德已经把其与塞尚这些年在巴黎租住的公寓联系了起来，从而有助于确定这个系列创作的年代。

相比客串模特的朋友或亲戚而言，一个专业的模特更善于长时间地保持某个姿势。也许这从某种程度上解释了为什么《穿红背心的男孩》是迄今为止塞尚最完善的肖像画。与《狂欢节的最后一天》相比，它的笔触更加有力、更加流畅。作品节奏宽广，色彩丰富协调，空白画布上频繁点缀的细节与所描绘的平静形象相对照，创造出了动态的表现效果。此外，塞尚回归到了职业生涯

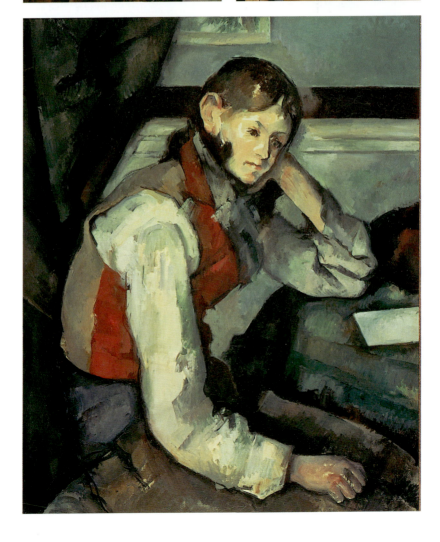

早期形成的画法，在这几幅画作中，他从过去的艺术作品中挖掘，探索隐喻的姿势和情绪。因此，在其中的一幅油画中（图156），模特那独特优美的形象与16世纪由阿尼奥洛·布伦齐诺（1503—1572年）或蓬托莫（1494—1556年）所创作的意大利贵族肖像画相似，也与瓦托作品中的优雅人物（图157）相似，神情有些无精打采。同样，塞尚的《穿红背心的男孩》（图158）表现出的是伤感忧郁的传统姿态。这是画家在早期病态的作品中惯于强力表现的，而在暮年，它们又重新在他忧郁哀伤的画作中表现了出来。然而，这幅画的另一个版本被莫奈收藏，并被他描述成是自己的藏品中最美丽的作品。模特呈现出一个清新的、经典的侧面形象，引发了人们把它与早期文艺复兴时期的原型进行比较。因此，虽然一些学者发现这一系列作品存在个人伤感和浪漫感伤的情怀，然而画家似乎更关注他对过去传统艺术的热情探究，而并非表现自己的性情。尽管在《狂欢节的最后一天》中应用过，塞尚在《穿红背心的男孩》中仍探索性地使用了具有表现力的姿态语言和绘画形式，排除了任何叙事动机和具体的个人想表达的含义，从古典大师的作品演变过程中获取力量源泉。

　　这一时期在巴黎创作的作品让塞尚获得了一些自信，也使他迎来了命运的转机。塞尚品尝到了成功的滋味。1888年，评论家乔里-卡尔·于斯曼在《卡瓦什日报》中提到了塞尚，说塞尚的作品曾一度被他忽略，是一位"被严重忽视的画家"。他赞美塞尚"对于印象派运动所做出的贡献甚至比故去的马奈还要大"。在第二年的新书《确信》中他又重申了自己的这一观点。书中有一个重要章节专门介绍塞尚。同样在1889年，塞尚备受推崇的《自缢者之家》（见图67）在巴黎的世界博览会上展出。这要归功于忠诚的肖凯，他曾声称若想借自己收藏的一些古风家具，必须允许塞尚的一幅画作参展。最终，在1889年年末，能言善辩的作家兼馆长奥克塔·毛斯邀请塞尚与被称作"二十人社"的20位年轻的比利时作家一起参展。这个群体因为对新印象派画作的支持而广为人知。接下来的一年，塞尚选送了两幅风景画和一幅最近创作的浴女画参加毛斯设在布鲁塞尔的画展。西斯莱、雷诺阿、凡·高以及其他欧洲的先锋派画家也都参加了这次画展。因此，在1889年末，在被孤立多年之后，塞尚收获了小范围内日益增长的关注，这看起来令人振奋。带着新的信念和最新的形象语言，他不久就回到了艾克斯，开始创作一系列精湛的人物画。这些作品表现了他对古典绘画大师作品最持久、最有表现力的思考。

在19世纪80年代末期，塞尚继续研究学习古典绘画大师的作品。带着1888—1889年研习伟大油画的心得，他回到了艾克斯的家中，一起带回的还有在罗浮宫临摹雕塑和油画的近期画作。从这一时期开始，塞尚的素描本中就记录了对于绘画形式的引人入胜的研究，这是他早期系列历史题材画作中鲜少涉及的。因此，旧时代的裸体、充满活力的18世纪雕塑、普桑的牧羊人、文艺复兴时期的肖像画、鲁本斯的美第奇生平，都在塞尚后来的素描中有所体现。在较近期的大师中，塞尚仍然最崇拜德拉克洛瓦；很可能是1891年肖凯的去世——塞尚和肖凯都十分推崇这位浪漫主义画家的作品——激励了他拿起画笔表达对德拉克洛瓦的敬意（见图 1）。同时，强烈的情感也重新回归到了塞尚晚期的画作中。从 1888—1906 年去世这一段时期的作品来看，灿烂的色彩和更加自由、流畅的笔触说明这一切从很大程度上源于他与这位年长的浪漫主义大师维系的亲密关系。几年之后，当他建议自己的学生埃米尔·伯纳德对过往艺术的研究应该在作品中呈现出来（"罗浮宫是一部很好的参考书，但也只是一个媒介，想要开始真正大量的研究则要从各种自然画作开始"）时，塞尚的表述与德拉克洛瓦几十年前的说法如出一辙："画家经常

从模仿开始……"德拉克洛瓦在 1859 年写道："（但是）伟大画家创作的作品只是一种特别的方式，以此来表现和谐、一致的大自然。"

当塞尚试图在自己的作品中，在观察到的自然与过去传统之间建立基本的平衡时，夏尔丹起到了示范作用。这位 18 世纪的法国大师通过一系列风俗画和静物画传达了一种谦逊、真实的自然主义之风。虽然夏尔丹在 19 世纪早期没有受到多少关注——那时静物画本身也处于低谷期——到了 19 世纪中期，随着现实

图161
《墨丘利》（模仿皮卡里）
约创作于1890年
铅笔画
38厘米×27.8厘米
纽约现代艺术博物馆

图162
让-巴蒂斯·西美翁·夏尔丹
《画架旁的自画像》
创作于1779年
蜡笔画
40.5厘米×32.5厘米
罗浮宫博物馆
巴黎

图163
《自画像》
约创作于1896—1897年
石版画
49.8厘米×37厘米

主义的出现，他的画作受到了相当多的关注。塞尚早期静物画的题材主要是一些普通厨房用具、圆形水果堆以及狭窄壁架上的杯子。有充分的证据表明，塞尚和马奈、亨利·方丹·拉图尔（1836—1904年）以及其他现实主义画家一样，曾在罗浮宫近距离地观赏过夏尔丹的精美静物画。在塞尚创作于19世纪90年代中期伟大的交响乐曲似的静物画中，我们看到，夏尔丹静物作品中的一个独特方面起到了重要作用。据我们所知，在1890年的一段时期，也是在塞尚职业生涯唯一的一段时期内，他直接临摹了夏尔丹的作品。在《有水罐的静物》（图159）中，塞尚对夏尔丹约创作于1890年的作品《鳐鱼》（图160）进行了局部练习，通过复杂的铅笔影线，塞尚强调了细微的色调变化以及夏尔丹画布右下角的几何体积。塞尚很少使用灰色阴影的粗勒线条来传递有关形式和颜色的信息，似乎速写本身就可以从容地迎接光荣时刻的到来。在后期的水彩画中，例如创作于1900—1906年的《苹果、玻璃水瓶和糖碗》，这些经验都转化成了色彩，把制图师的传统感觉和正统的密度融入意象中，通过光线和色彩表达了

出来。

　　这两位画家也都对让-巴布蒂斯特·皮卡里（1714—1785 年）的雕塑着迷，他是夏尔丹同时代的人。皮卡里著名的《墨丘利》小雕像被夏尔丹在《艺术的特征与奖赏》中通过绘画形式深有寓意地表现了出来，以此表达对雕塑家的敬意。这幅作品在他的风俗画《绘画课》（在雕刻作品中广泛出现）中也有所体现，充当了美术学生的模特。19 世纪 70 年代塞尚在习作中临摹了这个雕像，并在约 1890 年于罗浮宫学习时完成的另外三幅画作（图 161）中再次借用了它。通过一系列宽阔的、重复的曲线、轮廓线、底纹阴影以及异常亲切的前景观景台，塞尚对这座具有动态体积感以及含蓄表现力的小雕像表达了一种全新的感受，向夏尔丹在绘画和艺术上的贡献致敬。

　　虽然塞尚对蜡笔画鲜有兴趣，但他还是对罗浮宫里夏尔丹的那幅自画像惊叹不已。塞尚向伯纳德详细描述了画家在这幅精美作品中对光的效果的天才般的感悟。一些学者甚至将塞尚约创作于 1881—1882 年间的油画自画像（在那幅作品中，塞尚和他的前辈一样戴着一顶不寻常的白帽）与这幅蜡笔画联系起来。同样，夏尔

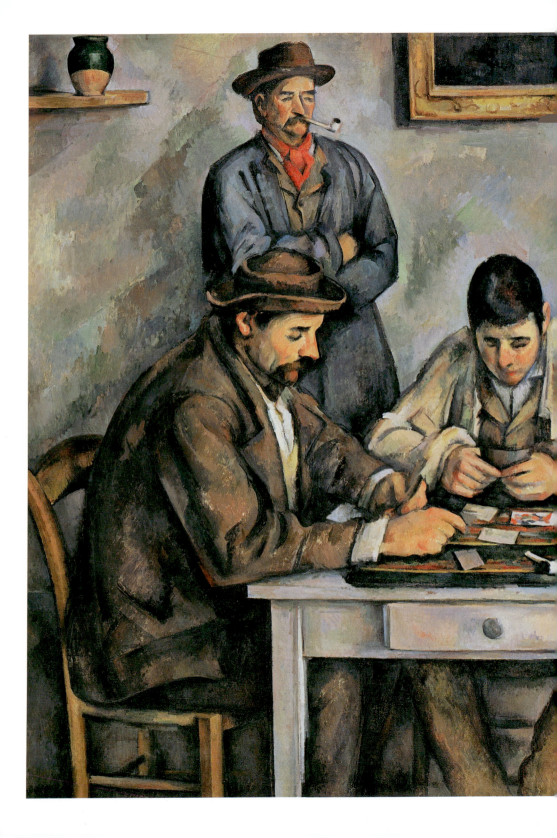

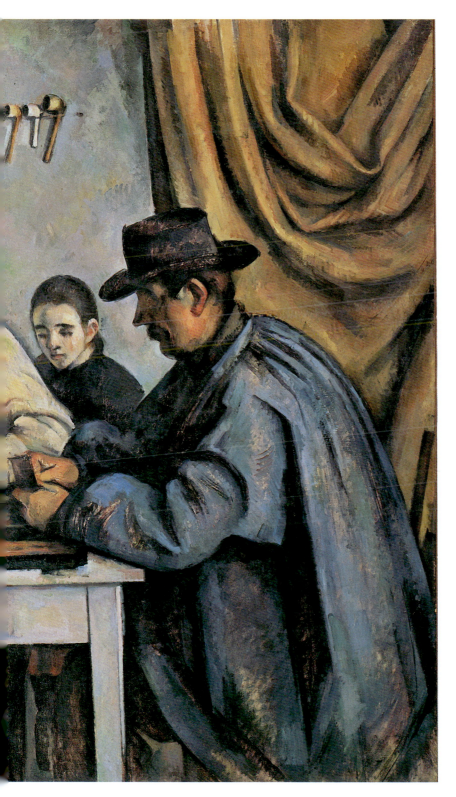

图164
《玩牌者》
约创作于1890—1892年
帆布油画
135厘米×181.5厘米
巴恩斯基金会
宾夕法尼亚州，梅里恩

丹后来的蜡笔画《画架旁的自画像》（图 162）中，这位上了年纪的画家用疲倦的眼神凝视着我们，与塞尚在 1896—1897 年间那幅打动人的《自画像》（图 163）极为相似。这幅画像是他为了鲜见的石版画而创作在摹写纸上的。如同夏尔丹那样，他也在自己的画架前摆好姿势，却流露出了早期肖像画中那股积极的自信和明显的画家权威。夏尔丹很可能刺激了塞尚，使他在 19 世纪 80 年代早期重燃对风俗画创作的兴趣，使他能够在十年间对艾克斯众多的市民形象进行描绘。在离开巴黎之前，塞尚一定专心观摩了这位 18 世纪大师的作品《纸牌屋》，这是夏尔丹在 1869 年进入罗浮宫的 20 幅作品之一，也是路易斯·李·卡泽对博物馆的巨大馈赠。有令人信服的证据证明这幅作品是塞尚完成《玩牌者》准备性习作的关键，这个系列塞尚在 1890 年年底刚返回艾克斯时就开始创作了。

塞尚的 5 幅普罗旺斯农民玩牌画借鉴了过往大量艺术作品中的人物形象，这解释了该作品何以能够表现如此具体的体积感和厚实感，以及悄无声息的宏伟壮观。这也是塞尚毕生作品中被广泛认可为杰作的第一个系列，也可能是他所有风俗画中最好的作品。最早的版本，通常被认为是约创作于 1890—1892 年间的群像油画作品，现收藏于巴恩斯基金会（图 164），代表着塞尚职业生涯中规模最大也是最具雄心抱负的一次尝试。连贯平滑的笔触下均衡的画布肌理使它成为一幅不同寻常的作品。在另一块画布上，塞尚采用缩小一半的比例重新创作了该作品，仅做了小幅改动。塞尚极少这样做，这幅作品现收藏于纽约。

这两幅作品按照塞尚的标准显示出了秩序性和不同寻常的稳定性：画面中农民对称地围坐在画面中央的桌子旁，画中的农民的构图令人印象深刻。在舞台一样的画面正中央有一张桌子，农民们沉默地、均匀地围绕在桌子周围。中间人物的"V"形腿（很奇怪，与他上半身不搭配）、桌子的倾斜视角、抽屉的中心位置以及——在巴恩斯基金会版本中——正上方那裁切不正的矩形构架统统强化了严格的秩序，这与塞尚的社会类型题材不一致。塞尚《玩牌者》中人物形象拘谨、行为正式，与和谐的画风保持一致，引发人们广泛搜索，想要对于作品的来源一探究竟。这些作品也被比作古风雕塑的原型，它是意大利早期艺术家和之后的艺术家对《新约》中的《伊默斯的晚餐》的描绘，以塞尚长期崇尚的罗浮宫的维罗纳人版本最为可信。在体裁领域，相同主题的巴洛克风格作品，尤其是马蒂厄·勒南（约 1607—1677 年）创作的现存于艾克斯博物馆的《玩牌者》，甚至 19 世纪相似题材的雕刻作品，都有可能是塞尚研习的对象，并用更加稳重的形式演绎了出来。然而没有任何单一的一幅早期作品，不管是宗教的还是世俗的作品，能够为这一系列的作品，甚至这一系列的某一幅作品提供所有的来源。大体积的、静止的人物形象和有序的布局，是画家把画面元素简化后剩下的最精粹的部分。他曾经创作过两个人物的版本，画面仅保留了这些最精粹的元素。对于画面元素的把控不仅得益于他对博物馆珍藏作品的透彻分析，还应归功于他对生活的细致观察。作品庄严的体积感和厚实感使人们想起了塞尚这些年为努力平衡传统艺术与基于自然的创作所付出的努力。

在 1891 年 2 月的一封信中，保尔·阿莱克西告诉左拉："他的一位旧友在热德布芳花园作画，那儿的一位工人做他的模特"。此时的塞尚创作了大量以单人玩纸牌为主题的练习素描和水彩画，据此可以推测出阿莱克西信中提及的作品可能与塞尚创作的大幅群像画有关，之后的作品也来源于这些写生素描。这一小幅的、两人玩纸牌的作品也是这样产生的。类似地，他的一幅约创作于 1892—1896 年的水彩画《叼着烟斗的男人》中优雅、结实的人物形象，也同样出现在了约创作于 1893—1896 年的小幅作品——也可能是该系列的最后一幅作品——《玩牌者》（图 165）

中的桌子左侧。尽管一如我们所见，塞尚其他的以艾克斯劳动者为题材的油画和素描是以群体形象出现，而不是作为肖像画主题意义上的个体形象，但是塞尚对农民默默的同情，甚至是对他们所代表的简单生活的一种挥之不去的怀旧情绪，已经在素描习作中表现得很明显了。对此，也许夏尔丹起到了一定的作用。

这些习作（图 166）明显是在画一个特定的模特。塞尚利用棕色和黑色的笔触来覆盖它精致的线性结构，全面地塑造令人信服的人物形象，同时也捕捉到他的侧面和安静专心的情绪。但是，他塑造的这一形象也会让人回想起收藏在罗浮宫的夏尔丹的《纸牌屋》（图 167）中的人物形象。塞尚画中坐着的农民有着清晰的轮廓、仪式般的情绪以及特别的举牌姿势，与此类似，这些也同样构成了夏尔丹贵族式风俗画中的诗意氛围。甚至是塞尚对于画面的留白与背景的暗黑对比处理手法看起来也是对夏尔丹明亮油画的一种效仿。此外，在巴恩斯基金会收藏的一幅观赏风景的哑女作品中所包含的元素也使人回想起夏尔丹在他最知名的几幅作品（例如他的《肥皂泡》）中惯常使用的手段：好奇的小孩子静静地盯着无所不知的长者，像是在专注于一场哑剧。（一些学者也指出塞尚的大型《玩牌者》系列作品隐含着虚无的主题：在早期的说教静物画中，"玩牌"是一种隐喻，暗示机会的作用。这一潜在的观念可能也要部分归功于夏尔丹——他的几幅作品曾描绘一个年轻人正在建造一个纸牌屋，意欲象征对于世俗计划和野心的追求。）然而，夏尔丹把随意的人物、场景和严谨、静态的专注元素结合在了一起，并在作品中体现了出来。这种创作手法是新颖的，对塞尚 19 世纪 90 年代在艾克斯的绘画起到了重要的影响。

一些农民形象的大型画作似乎是紧跟在第一批《玩牌者》油画之后创作出来的，它们探索了通过乡村风俗画的题材与传统形式

图165
《玩牌者》
约创作于1893—1896年
帆布油画
47厘米 × 56厘米
奥赛美术馆
巴黎

图166
《玩牌者习作》
创作于1890—1892年
铅笔和水彩画
36.2厘米×48.5厘米
私人收藏
借给芝加哥艺术博物馆

图167
让-巴蒂斯·西美
翁·夏尔丹
《纸牌屋》
创作于1737年
帆布油画
77厘米×68厘米
罗浮宫博物馆
巴黎

的合并来产生共鸣的可能性。以塞尚的《吸烟者》为例，这是创作于1890—1892年的一幅异常厚重的作品，其中《玩牌者》中的一个模特再次出现，在明亮的背景下摆出一副传统的忧郁姿态。画家加入了自己早期作品的一些片段，以此为这幅作品增加新的维度。

在后期的作品（见图177）中，塞尚更加巧妙地演绎了"画中画"这一视觉难题。

但是这里我们只看到了一幅浴者画的下部边缘，更显著的是，还有他约创作于1871年的《静物：黑色瓶子和水果》的左侧部分，而这幅作品似乎参与到了当前的形象中。尽管很显然，钉在背景墙上的是一幅无框油画的一部分，但是，这幅早期作品中突出的深色酒瓶似乎就立在坐着的人物后面，好像与桌子一起使画面向后隐退。如此一来，画面不但具有视觉双关，而且还使画面带有一种咖啡馆特有的情绪氛围，促使观者从两个视角、两种场景来观赏人物形象。此外，它也预示了黑色酒瓶将会出现在即将创作的更小幅的《玩牌者》中，依旧是两个人物、昏暗的光线。

塞尚后来描绘的普通劳动者和农民形象，尽管远离了玩牌题材，且经常置身于塞尚家中或画室的独特环境中，但是却很少借鉴由诸多19世纪早期画家塑造的农民形象的浪漫主义传统。这些劳动者形象不但排斥趣闻逸事，而且还排斥说教式的社会评论，而这些则伴随着让-弗朗索瓦·米勒（1814—1875年）、杜米埃和那个时期的很多其他画家作品中的农民主题。这些画家的作品要么专注于乡下人的愁苦，要么强调其理想化的情感。他们也没有雷诺阿和毕沙罗对同时代（约1890年）农民和农村劳动者的广泛艺术描绘。这两位画家回归到了新式史诗主题，着重描绘人口稠密的乡村风景，表达了乡村生活和农业劳动自然的或乌托邦式的和谐景象。事实上，只有在凡·高从1888—1889年关于阿

图168
《交叉手臂站着的农民》
约创作于1893—1895年
帆布油画
80厘米×57厘米
巴恩斯基金会
宾夕法尼亚州，梅里恩

尔勒附近城镇人民的画作中，我们才发现一种类似的对乡村类型题材的描绘，有力地传达了重建后的第三共和国中法国农民的新观念。

事实上在这段时期，虽然有少数人不甚满意，但是法国的农村人口已经被加入新共和国的政体中。甚至在乡下的偏僻之地，共和国也很明显地——尤其在麦克-马洪统治之下的"道德秩序"过去之后——为国家现在所期望的持续、繁荣、稳定提供了最大的希望。铁路、教育、征兵制度，还有最重要的，根深蒂固的民族自豪感，尽管经常带有地方主义色彩，这些都帮助农民不但变成了共和主义者，而且变成了地道的法国人。因此，他们在一定程度上被赋予了权利，成为新政治、经济、文化平衡的护卫者。这就是法国总理茹费理在 1885 年指出的新现实，当时他宣布法国农民是新社会的稳定基础，是"共和国坚定的基石"。虽然孤独的塞尚从未冒险进入地方政治的雷区，但是 19 世纪 90 年代，他所创作的风俗肖像画中英勇的农民形象，就像凡·高在阿尔勒画的人物一样，似乎被类似的观点所塑造。然而，塞尚这个体裁的作品增加了新的维度，因为他能够从绘画主题中获取一种现代的、不朽的、极富表现力的人物语言，按他自己的话说，可以与博物馆画作相媲美。

塞尚的《交叉手臂站着的农民》（图 168）和《女人与咖啡壶》（图 169），同时约创作于 1893—1895 年，是两幅最有影响力的，描绘坚定的劳动人民的肖像画。劳动人民是塞尚晚期肖像画所热衷的题材。这幅纵幅油画刚刚能容纳下画中男性劳动者高大的身躯。他看起来是典型的粗犷的乡村男性形象，有着僧侣气质的僵硬正面形象——左边的门框和褶皱上衣"X"形的里侧边缘突显了人物身躯的体积——与之形成对比的是强有力交叉的手臂和支撑起身体重量的粗糙的八字形双脚。在 19 世纪 90 年代，这种大众化的特征、冷淡的表情以及严肃的气氛时常吸引着塞尚，使他可以从这些在热德布芳花园认识多年的农民身上提取引起共鸣的普遍元素。

《女人与咖啡壶》的主题同样是正面的、轮廓鲜明的形象，甚至有些威严。这幅描绘家庭女佣的画像也许是在巴黎或普罗旺斯完成的，但是它显然具有塞尚这一时期其他劳动人民肖像画的形式语言和空间逻辑。在某种程度上讲，作品本身就是很好的说明，但是画家也经常会自己去描述这些英雄式的绘画语言。在 1904 年 4 月写给埃米尔·伯纳德的信中，塞尚给他的学生提出了这样的建议：在绘画中应当"通过圆柱体、球体和圆锥体去表现自然"。《女人与咖啡壶》清晰地演示了他的这一说法：女人魁梧的身躯呈现出一定体积的角锥体，背对着后面的镶板。垂直的中轴线把她褶皱的裙子一分为二，创造出了一幅有着动态张力和几何结构的画作。还有更多的"画家的"元素——她脸上的粉红色笔触和蓝色裙子使她的威严气质变得柔和，也映衬出左边优雅的花纹墙纸，但是右面圆柱形的咖啡壶、杯子和竖立的汤匙再次显现了画作整体的控制性构架和垂直张力。一个典型的居家场景变成了一个强有力的加密几何结构——两种形态，几乎是两种静物，处于动态平衡之中。

《女人与咖啡壶》这幅作品令人印象深刻。人物题材具有不加掩饰的真实感。一些生动的细节，比如她因长期工作而粗糙的双手、整齐的用人服装、严肃的发型和她饱经风霜却威严的脸庞，都赋予了这个女人高尚与尊严的感觉。因此，塞尚构造的视觉语言创造出了一种双重标杆——稳固的设计和具有磁性的生气。关于劳动阶级农村女性的画作中，还有一幅同样强劲有力的作品，这就是塞尚几年后在艾克斯创作的《穿红色条纹衣服的女人》（图 170）。作品中人物魁梧的外形和果敢的气质被她明亮图案的裙子、严肃的表情和紧握一本书的双手姿势衬托得更加明显。一侧是水桶，另一侧是放在炉边的工具，人物夹在中间使得画面空间异常饱满。尽管

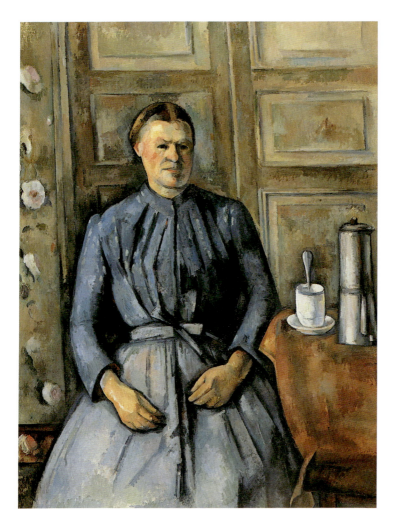

图169
《女人与咖啡壶》
约创作于1893—1895年
帆布油画
130厘米×97厘米
奥赛美术馆
巴黎

图170
《穿红色条纹衣服的
女人》
约创作于1898年
帆布油画
93.2厘米×73厘米
巴恩斯基金会
宾夕法尼亚州，梅里恩

图171
《古斯塔夫·格夫雷的
肖像》
约创作于1895—1896
年
帆布油画
116厘米×89厘米
奥赛美术馆
巴黎

并不完美，但她直率、固执的性格在画家的作品中得到了充分的认可。在大幅壮观的面无表情的肖像画中，塞尚发现了一种新基础，并以此去探索在技术试验与传统主题以及再现劳动人民的正直仁爱之间达成和谐、富于表现力的平衡。劳动人民似乎是他汲取力量的源泉。

塞尚描绘劳动者和艾克斯农民的作品令人动容，它们与19世纪90年代创作的少数写实肖像画形成鲜明的对比。部分写实肖像画是塞尚于90年代末期在巴黎时完成的。在这类少量的作品中，

图172
埃德加·德加
《埃德蒙·杜兰蒂的肖像》
创作于1879年
蜡笔、蛋彩和水彩画
100.9厘米×100.3厘米
格拉斯哥博物馆
伯勒尔收藏

《古斯塔夫·格夫雷的肖像》（图171）是比较独特的一幅。古斯塔夫·格夫雷是一位富有同情心的艺术评论家。这是塞尚晚期最复杂的画作之一，是一幅非常超然的肖像画。多亏了格夫雷本人的记录，可以有把握地确定这幅画的创作年代是1895—1896年。它具有非常重要的审美价值，也是塞尚受到越来越多称赞的重要作品之一。

尽管19世纪90年代末期塞尚重新被评论家评价，声望得到了提升，但是他的名望依旧局限在先锋派画家和收藏家这一小范

围内。然而，在 19 世纪 90 年代初期，他重新得到关注，尽管依旧是小范围内，但这次的影响力是持久的。埃米尔·伯纳德很快成为塞尚最忠诚的门徒，出版了一本塞尚的传记式速写。另一位画家莫里斯·丹尼，后来也成为塞尚的门徒，发表文章强调了塞尚在当年沙龙中的影响。同样，在布鲁塞尔，评论家乔治·勒孔特按照比利时"二十人社"的观点选出塞尚作为当代绘画的先驱。一年之后，格夫雷在几篇赞美性的短篇文章中歌颂了塞尚的作品。格夫雷对唐基店里塞尚的作品很熟悉，并且对这位隐居的普罗旺斯画家的故事十分着迷。1894 年 3 月，恰巧在唐基收藏之前，塞尚的很多作品被拍卖。格夫雷作为一个广受认可的评论家，在享有声望的刊物《新闻报》上撰写了第一篇完全关于塞尚作品的文章。塞尚最终与格夫雷见了面，并提议为他画像。显然那时格夫雷的努力受到了塞尚的感激，塞尚也由于这些称赞而变得自信了。

可以看出，塞尚创作的在藏书室工作的格夫雷画像，刻意模仿了德加的早期作品《埃德蒙·杜兰蒂的肖像》（图 172）。塞尚可能在 1879 年第四届印象派画展中见过这幅作品。这两幅画作都用到了"书房中的学者"这一主题（马奈于 1868 年创作的《左拉肖像》已经更新了这一主题）：画中的作家背靠布满书籍的墙面，书架的水平线僵直，桌子上的书籍和纸张呈现出重复的斜线，两幅作品中的作家都坐在画面中央的位置，展现了现代知识分子的职业形象。就像格夫雷提高了塞尚的声望一样，杜兰蒂曾经公开宣布德加是一位有着杰出智慧的艺术家，是"新派绘画"（他如此称呼印象主义运动）中的中坚力量，是充满想法的画家。在几年之后画的杜兰蒂肖像中，德加显然回报了这位支持者。最引人注目的就是杜兰蒂陷入沉思时的优雅姿态和富有洞察力的凝望眼神。

塞尚的这幅格夫雷肖像更加严肃超然：格夫雷的姿势呈现出一

个简单稳定的三角形。戴了面具一般的脸庞使其显得颇具风度。旁边的静物包括一枝玫瑰花和一个小型石膏裸体像。整幅画变成了一种象征，而不是为了显示这位评论家智慧的感人肖像。塞尚新颖柔和的颜色——远比德加早期的色彩更加柔和——人物衣服上稀薄的黑色和深灰色、壁炉架的棕色和紫灰色、被书脊处零散的深红色、橙色和白色笔触衬托得更加生动，展示出一种得体的新氛围。我们从格夫雷那里了解到塞尚创作这幅肖像时十分纠结。他推迟了脸和手的创作，直到几个月后，最终在绝望中未能完成这幅画作。然而尽管如此，这位著名的模特为塞尚这幅作品"无与伦比的丰富色调与和谐"而感到欣喜。

就当时大环境的视觉文化而言，塞尚对德加优秀前作的改编被证明是一幅非常适时的作品：在 19 世纪 90 年代，记者和艺术评论家这类知识分子的肖像画有着重要的意义。1891 年的一份重要评论探讨了那一年沙龙的诸多记者肖像，并指出它们已经变得非常重要和突出。1893 年，颇有影响力的出版集团举办了他们自己的大型公共展览"作家和记者肖像百年展"，展出了很多由著名画家创作的作家和评论家肖像。其目的很明确，就是为了认可当代记者的重要地位。这次展出是为数不多的几次展出中的一场，让艺术评论家的肖像也能与哲学家、作家和艺术家的肖像争得一席之地。对于这个兼收并蓄的群体的宣传意图也引起了很多参观者的注意。因此，格夫雷一定非常高兴，不仅是由于这幅作品的美学特质，还因为塞尚适时地获得了受认可的天才光环。当然，格夫雷也承认德加的《埃德蒙·杜兰蒂的肖像》在塞尚设计自己的形象时有引导作用。

某种程度上讲，由于格夫雷的支持，当唐基的收藏被拍卖时（这位画商已经在 1894 年去世），塞尚的很多画作被艺术商人安布鲁瓦兹·沃拉尔购买。安布鲁瓦兹·沃拉尔早已是几位年长的印象派画家的赞助人。1895 年 11 月，沃拉尔在毕沙罗、莫

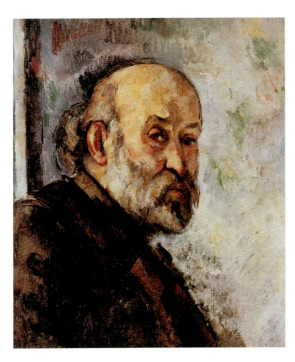

奈和其他印象派画家的鼓励下，举办了塞尚 150 幅画作的回顾展（循环展出），引起了强烈的关注。最终——至少是在先锋派画家圈子中——确立了塞尚的声望。正是在这里，毕沙罗被塞尚的重要作品《休息的浴者》（见图 99）所打动；雷诺阿公开表达了他对塞尚所取得成就的钦佩；莫奈热情地购买了更多塞尚的作品；毕沙罗在给他大儿子的信中提到的，发现自己"被这种文雅的野蛮中的魅力所诱惑"；甚至是上流社会的德加，也购买了几幅塞尚的作品，包括那幅约创作于 1878 年的小型精致的《苹果》（见图 119）。

然而，塞尚的作品依然引发了巨大的敌意。他继续忍受着恶意的批评所带来的影响，甚至是在自己的画作被巴黎的精英圈交口称赞的时候。1894 年，在印象派画家、赞助人居斯塔夫·卡耶博特收藏的塞尚作品中，有 5 幅作品作为礼物要送给卢森堡博物馆，但其中 3 幅都被拒绝了。屈辱使塞尚变得更加忧郁。同样的，沃拉尔引发的新关注也没能让塞尚高兴起来。塞尚错过了展览——尽管他经常去巴黎——甚至还抱怨他因此失去了宝贵的隐私。他年纪越来越大，健康状况也不太好，这些都使他情绪低落。

这种境况可以从塞尚约创作于 1895 年的《自画像》（图 173）中看出来。作品所呈现的是远非人们料想的——塞尚这个时候应该拥有的自信、成功的形象，而是一幅悲情的自画像。作品中的人物是老迈的、绝望的。白色的背景下画家薄薄地涂上一层粉色、绿色和蓝灰色。这是画家首次使用鲜见的蓝色调水彩，也是塞尚用次媒介创作的唯一一幅自画像，是影响他晚期油画风格的众多水彩画中的一幅。两幅作品有着同样的轮廓和柔和的蓝色调，人物都留着胡须，但是即使是这种精美的效果也没能减轻塞尚挥之不去的挫败感。

同样一幅令人忧虑的蜡笔画《自画像》（图 174）是由德加约

图173
《自画像》
创作于1895年
帆布油画
55厘米×46厘米
私人收藏

图174
埃德加·德加
《自画像》
约创作于1895—1900年
粉蜡笔画
47.5厘米×32.5厘米
劳镇收藏
苏黎世

于 1895—1900 年之间完成的。这两幅自画像的一致性显示出两位倔强的画家在艺术生涯晚期进行的遥远对话。过去，两位画家的兴趣点经常是类似的，也让对方陷入困境。当时作为一个年轻人，在后来的印象派全盛时期，德加明显主导了肖像画领域，但是他这个领域里的作品后来戏剧性地衰落了。1879 年的《埃德蒙·杜兰蒂的肖像》是他创作的杰出肖像画之一，也是最后一幅和塞尚作品相似的画作。

　　塞尚对肖像画的精通在 1895 年沃拉尔的展览中展现得淋漓尽致。展览的作品中至少有《穿红背心的男孩》系列油画中的一幅，几幅塞尚夫人的画像，两幅塞尚自画像（包括这一时期的另一幅），也有风俗肖像画。德加后来从沃拉尔那里购买了塞尚早期的一幅自画像和一幅有活力的肖凯画像。德加很珍爱这些作品，他对塞尚的钦佩很可能也促进了他自己回归肖像画的创作。德加晚期创作的令人感动的《自画像》，既证明了塞尚近期展示的此类题材是可延续的，也表明了德加把塞尚看作榜样和志趣相投的人。这位隐居的普罗旺斯画家的作品比画家本人更能说明一切。

　　1895 年画商沃拉尔为塞尚举办了第一次个人画展，塞尚在静物画领域的杰出成就由此可略见一斑。很多收藏家包括评论家格夫雷，从画商手中购买了塞尚的静物画，整个先锋派也适时地把塞尚平衡、复杂的画作看作静物画体裁的现代范式。1895 年，塞尚在这一领域的创作技巧受到了广泛的认可。事实上，沃拉尔举办的塞尚画展收获了众多赞誉，其中一个评论表示，塞尚已经在法国画坛获得了"静物画新大师的地位"。展览中展出的《苹果篮子》（图 175）很可能帮助他获得了这些赞誉。迄今为止，在塞尚构图最复杂、最精心的静物画中，这幅作品为他 19 世纪 90 年代中期创作的精湛静物画打下了基础。这幅作品现在看来就像是一本关于绘画形式的教科书。

　　然而，即使是造型天才的作品也不可能不借鉴前人的画作。塞尚似乎再一次把目光投向了夏尔丹。圆形的光亮的金色篮子向前倾斜着，高高的深色瓶子抵消了它的宽度。这两件物品让人想起夏尔丹经常运用这类物体进行互补搭配。另外，这两位画家的静物画都有隐含的绘画逻辑，这种逻辑直接来源于他们在画室作画时的艺术性安排，而后又转变成了画中的图案：例如在塞尚的画中，散乱的苹果与右侧饼干盘子的严格秩序形成对比，中间的瓶子把作品一分为二。这里，正如夏尔丹的很多静物画一样（例如约创作于 1731

年的《礁石上的静物》），塞尚的膨胀圆柱体形态掩饰了潜在的几何结构，显示出画家精通抽象对称关系。然而，塞尚画作中精心设计的对称又被新的微妙动态关系抵消。这一效果与夏尔丹作品中体现的，令人印象深刻的静止和稳定的状态有所不同。因此，画面中央倾斜的瓶子努力稳固住了塞尚的构图，而下滑的桌布和苹果显示出平面是倾斜的。

　　塞尚在 19 世纪 90 年代中期进一步深化了这种概念。他结合夏尔丹的技巧和自己的对称手法，创作了两幅绝佳的画作：一幅是约创作于 1893—1895 年的《有胡椒瓶的静物》（图 176），另一幅是约创作于 1895 年的《有丘比特石膏像的静物》（图 177）。在这两幅作品中，塞尚把静物画——这种体裁甚至在夏尔丹以前一直就是受约束的、经验主义题材的象征——本身的概念转变成了现在完全接受矛盾性、不稳定性及相关绘画价值观的体裁：换句话说，转变成了一种让我们联想到"现代"的东西。

　　在《有胡椒瓶的静物》中，塞尚把带有他个人特色的倾斜桌面替换成了别出心裁的、蓬松的蓝黑色线条蔓藤花纹。这使得深蓝色桌布富有生气，并使所绘对象呈现在狭窄的纵向平面上。画面整体的亮蓝色使作品看上去更加扁平，平衡了苹果的明度和体积。后墙呈灰白色的简单直线形墙面点缀着一个宽幅竖形柱基和一条深色横线。画面的前景物体呈现丰富的曲线，视觉上更加突出和正式。因此，尽管违背了绘画逻辑，但圆形胡椒瓶大胆的不对称变成了协调大大小小曲线的关键——在其前方有几个苹果，其下面桌布则采用了更大的曲线，甚至还有透过其蓝色玻璃看到的圆形水果。对形状和色彩的自由把控是塞尚给后人留下的宝贵遗产。

　　也许是意识到了这幅作品的大胆创新，塞尚在之后的《有丘比特石膏像的静物》中包含了这幅作品的一角。《有丘比特

图176
《有胡椒瓶的静物》
约创作于1893—1895年
帆布油画
65.7厘米×82厘米
美国国家艺术馆
华盛顿特区

图177
《有丘比特石膏像的
静物》
约创作于1895年
帆布油画
裱贴在板面上
70厘米×57厘米
考陶尔德艺术学院画廊
伦敦

石膏像的静物》是一幅更雄心勃勃的作品。画中不同的物品聚集在一起，似乎让人想起了塞尚早期作品中的内在矛盾，甚至是质疑"再现"这一创作手法的本质。这幅画作远远超出了他惯常的主题，画家采用的复杂的形式手段与其复杂的题材相匹配。

　　塞尚画中的丘比特石膏小雕像是模仿的普杰一个作品的石膏模型，这个形象经常在塞尚这几年的作品中出现。装饰雕塑的波纹曲线似乎吸引了这位年迈画家的注意。然而，在画家近距离俯视的视角下，这个爱神小雕像显得形象高大，极具重要性。这在其他地方是很难见到的。在这幅少见的纵幅静物画中，丘比特小雕像位于画作的中央，明显主导了画面。雕像两侧是 一幅难以言明的油画的两个竖直边框。此外，把丘比特框定在中间的还有两幅我们可以识别出的作品，两幅与真正的桌面主题共享画室空间的"画中画"：右侧是另一幅石膏雕像画的一部分，塞尚拥有这个石膏雕像，并经常画它。这个"去皮人"（译者注：指去掉人物的皮肤，研究肌肉线条）的石膏雕像被认为是米开朗琪罗（1475—1564年）的作品，左侧则是借用的画家本人的《有胡椒瓶的静物》。虽然这两幅作品只出现了一部分，但是他们增加了作品的复杂性；那个极度痛苦的下跪的裸体雕像抵消了丘比特洛可可式的感官享受，而静物画则使作品具有现实意义。

　　前景中放置的静物体现了画家的刻意安排：后面画作中包裹着苹果的深蓝色桌布似乎要滑下桌面，左边一颗洋葱的绿茎与后面的静物画融合在了一起，桌上圆形的洋葱与苹果经过仔细摆放，与丘比特雕像的圆形轮廓和螺旋形态相呼应。最后，右上角的一个单独的苹果——挨着那个"去皮人"画像——似乎要从倾斜的地面上滚下来。一种错综复杂的并行关系支配了画面，潜在的双重主题——感官享受与身体折磨，艺术设计与现实——尚待解决。塞尚在公然反抗现实主义规范和静物画是易懂主题的

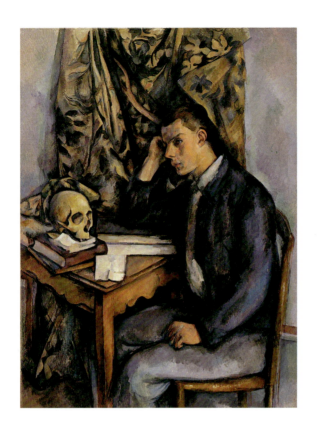

图178
《男孩与骷髅头》
约创作于1895年
帆布油画
127厘米×94.5厘米
巴恩斯基金会
宾夕法尼亚州，梅里恩

图179
《拿着念珠的老女人》
约创作于1895—1896年
帆布油画
85厘米×65厘米
英国国家美术馆
伦敦

图180
文森特·威廉·凡·高
《摇篮曲》
创作于1889年
帆布油画
92厘米×72厘米
波士顿美术博物馆

认识。

　　然而，并非这一领域的每幅作品都代表着反叛。1897年塞尚母亲去世，也许在某种程度上正是因为母亲的离世，塞尚在晚期的静物画中回归到了死亡象征这一传统主题。这在一系列约创作于1898—1906年的美丽但却令人不安的骷髅头油画和水彩画中有所体现（见图202）。甚至在此之前，关于生病和死亡的想法就在他的信件中显现了出来。早在1885年，他在给左拉的信中就曾说道："我将在你之前离开这个世界。"（事实上，左拉于1902年去世，比塞尚早4年。）1891年，塞尚向保尔·阿莱克西坦白，对即将到来的死亡的恐惧已经使他成为一名忠诚的天主教徒，"我感觉在人间的日子已经所剩无几——那又怎么样呢？我相信我会得到永生，我不想在炼狱中遭受煎熬"。因此，约创作于1895年的

大型油画《男孩与骷髅头》（图 178）中暗淡的色彩、陷入沉思的
人物和象征性的静物长久以来引发了人们对其所做的自传性解读。
和其他晚期作品一样，这幅画似乎表达出塞尚试图在作品中包含
衰退与死亡的主题，就像他曾经努力包含令人兴奋的感官性主题
一样。

　　一个思考死亡的年轻人的形象富有诗意的联想，频繁在塞尚
的作品中出现。年迈的塞尚不是没有注意到其中哀伤的隐含意义。
若阿基姆·加斯凯的回忆让我们更加理解了（稍微美化了）塞尚
的晚年，他指出这幅作品对塞尚具有重要意义，塞尚"喜爱这幅
画……它是少数他在完成后依然有时提起的画作之一"。塞尚精心
设计了这幅作品，从画作的形象中获取了对主题的深刻表现。后
面的墙上挂着有花朵图案的奢华壁挂，呈现出装饰性的卷曲线条，

前景人物和静物创造出了一个包含角度形式的系统：书籍刀刃似的边框、桌子突出的桌角，甚至是男孩的坐姿也呈三角形。所有这些似乎都是对立面之间熟悉的对话。凝望着的男孩大半个身子朝前，骷髅头的摆放与其相互呼应。然而，这幅画并没有显示出病态。对于塞尚而言，重要的一点在于他和谐的处理方式。不但对立的形状可以协调并存，事宜的象征和观察到的现实也可以和谐共处。画作整体的蓝色和亮赭色的色调，协调一致又时而精细的笔触，诸如盖在骷髅头上，并与其亮黄色相呼应的布料形成的鼓包引发的艺术联想，以及桌面上竖立起来的方形纸片压平在画布上的感觉，这一切都使画家非凡的技巧战胜了他对命运的忧郁沉思。

　　塞尚约创作于1895—1896年的一幅作品《拿着念珠的老女人》（图179），在形式上更简单，在情绪上更忧郁。画面采用引起共鸣的深蓝色，这种深蓝色带有一种独特的神秘性，在塞尚很多晚期作品中可以找到。据加斯凯所说，塞尚一开始把这幅画作丢弃在了热德布芳画室的角落。加斯凯发现后，塞尚把这幅画送给了他；塞尚在丢弃之前显然做了很多改进工作。这幅作品色彩浓厚、画布坚硬，与《男孩与骷髅头》十分不同，似乎支持了这一说法。这位诗人公开表示，模特是一个免去圣职的修女，在一次慈善活动中被孤独的塞尚收留了。但这种说法未必可信。画中的女人驼着背，披着粗制的乡村披巾，眼神低垂，粗糙的双手紧握着一串念珠，饱经风霜的脸庞转向了一边，头戴着朴素的白色帽子。塞尚画的这个人物实际上呼应了19世纪90年代法国很多画作中常见的强烈内在性和情绪上的忧郁，这是新兴的象征主义审美的一部分，是以内省和沉思为标志的浪漫主义作品的盛行。另外，《拿着念珠的老女人》符合一种当地已经确立的绘画类型，即描绘年长的乡下女人专注于祈祷、冥想，甚至是家务劳动的神态。了解到塞尚是否熟悉凡·高在阿尔勒的同类画作《摇

图181
《神父德拉图》
（临摹库斯图的细节）
约创作于1895年
纸上铅笔画
20厘米 × 12.2厘米
巴塞尔美术馆，版画及
绘画部门

篮曲》（图180），将会是很有意思的一件事。正如泽梅尔指出的，凡·高也选定了一个修女形象。画中忧郁的、一动不动的农村妇女鲁兰夫人同样陷入到个人的沉思中。她手里拿着画中看不见的摇篮的绳子，就好像塞尚画中祈祷的女人紧握着她木制的念珠。

然而，创作这一动人的、虔诚的老妇人形象的灵感来源无疑是塞尚本人对死亡日益增多的冥想。这幅画作享有的现代声望，部分来源于它被收录进了20世纪初期几个重要的展览中，受到了关键性的认可。1910年罗杰·弗莱（正如我们所见，他非常愿意挑战"困难的"现代艺术）在伦敦组织了具有重要意义的先锋派画展，一位美国评论家评论这幅油画是"杰出的人物刻画"。1913年在纽约举行的军械库艺术博览会中——这是对不明就里的美国介绍一系列先锋派欧洲艺术的具有里程碑意义的展览——这幅作品的要价超过了展出的其他任何作品。与很多访客一样，收藏家亨利·克雷·佛里克被它打动，同样被打动的还有西奥多·罗斯福。据称他在这幅作品前驻足良久。

尽管塞尚有意回避在首都经常受到的关注，他还是继续花大量的时间待在北方（在吉维尼，他曾经把莫奈鼓励的话语误认为嘲笑而唐突地离开），在法兰西岛的乡村画风景画，也经常独自留在巴黎的画室，在那里他大部分时间是与世隔绝地作画。塞尚19世纪90年代中期的静物画和风俗人物画充满了沉重的冥想情绪，这似乎也是整个法国画坛在19世纪接近尾声时所流露出的特点。不过，也有很多其他作品高雅、充满活力，与冥想作品区分开来。塞尚转而在罗浮宫临摹很多肖像画，研究特罗卡德罗博物馆展出的供学生临摹的具有历史意义的石膏雕像。而正是这一时期塞尚沉浸在肖像画创作中，这并非巧合。

图182
《若阿基姆·加斯凯的肖像》
创作于1896年
帆布油画
65厘米×54厘米
布拉格国立美术馆

图183
《安布鲁瓦兹·沃拉尔的肖像》
创作于1899年
帆布油画
100厘米×82厘米
小宫博物馆
巴黎

　　塞尚约创作于1895年的一幅习作（图181），临摹了纪尧姆·库斯图（1677—1746年）18世纪早期创作的半身像《神父德拉图》，这有力地说明了过去的艺术继续塑造着塞尚的作品。这幅画取自一个特殊的角度，把人物分成了有光区域和轻微阴影区域，强调了光洁的额头。塞尚的这幅习作——系列习作之一——显示了雕像统一的结构。重复、对齐的线条表达了人物令人敬畏的性格特点，给人以强烈的视觉冲击力。在约创作于1896年春天的《若阿基姆·加斯凯的肖像》（图182）中，塞

图184
《安纳西湖》
创作于1896年
帆布油画
65厘米×81厘米
考陶尔德艺术学院画廊
伦敦

尚同样巧妙地处理了光线，既突出了人物威严的、注视着的目光，又强调了统领画作的微妙斜线。加斯凯身体富有表现力地向一侧倾斜，给予了这位地方诗人前所未有的庄重感，并与周围环境协调一致：圆形的头发与后面的装饰屏风相互呼应（塞尚早期作品的一个细节，见图8）。整幅作品都运用了宽阔的笔触和稀释的颜料，使作品呈现出精美的一致性，与水彩画的特性相吻合。

待在画室创作的简短的时期过去后，塞尚似乎把加斯凯的画放置在了一边，没有完成，一直到初夏。与之形成对比的是，《安布鲁瓦兹·沃拉尔的肖像》（图183）是塞尚几年后于1899年在巴黎创作完成的。模特为了这幅作品痛苦地摆过上百次姿势。最后呈现的肖像更加沉默，戴着一副面具表情，好似他画的格夫雷的肖像。比起显示沃拉尔活泼性格的作品而言，这幅作品更能证明这位画商的专业地位，同时也反映了塞尚在罗浮宫做过大量的研习。在摆了几个月的姿势之后，沃拉尔询问塞尚为何画布上还有两块空白的区域。塞尚解释道："如果我目前在罗浮宫的临摹进展顺利的话，也许明天我就能找到合适的色调去填满空白……如果我任意地在那里放一些东西的话，我就会被迫从那个位置开始再次仔细检查整幅画。"已经备受折磨的沃拉尔想到未来的前景不寒而栗。

塞尚晚期的风景画取材范围更加广阔，这从他的旅行记录中可以清楚地了解到。这些记录可以让我们确定很多油画的创作年代，并识别它们的主题。当作品的风格发展得并不连贯一致时，这些记录所起到的作用就显得尤为重要。然而，除了题材之外，塞尚的晚期风景画与他私人生活之间的关系并不密切。那个时候塞尚的个人生活变得更加孤独和平静。很大程度上，塞尚看待在绘画中遇到的状况，并在信中描述发现、喜悦和沮丧时，已经态度超然了。然而，尽管他开始避免与人接触——这让很多老朋友伤心不已，但直到 1899 年他才完全隐退回到艾克斯。即使在那段时光，他也在普罗旺斯之外的地方进行了几次短途旅行，为创作风景画寻找新的题材。

1896 年 7 月，塞尚没有去他以前常去的地方，而是去了靠近瑞士边境的法国上萨瓦地区进行了一次少有的短途旅行。在塔卢瓦尔的安纳西湖边，塞尚与家人一起度过了两个月的时光，其间他似乎只创作了少量作品：一些人物画习作、几幅写生风格的水彩画和一幅简单明亮的描绘壮丽的蓝色湖泊的画作（图 184）。塔卢瓦尔是一个著名的旅游胜地，风景优美的湖泊四周是阿尔卑斯山，山上满目的绿色，有陡峭的山峰，水边还有一个小城堡，但是这个画家却声称他在这里很难找到能吸引他的景色。"依旧是自然景观，"塞尚在给加斯凯的一封信中说道，"有点像我们见过的年轻女士的旅行写生簿。"在给艾克斯另一位朋友的信中，他表达了对普罗旺斯的思乡之情："我画画仅仅是为了排遣无聊，（但是）没有多少乐趣……它不如我们的家乡好……如果谁在那里出生的话，一切变得不复存在——其他的东西不再有意义。"

莫奈害怕威尼斯的视觉诱惑，直到职业生涯晚期都一直远离那里。也许和莫奈一样，塞尚害怕这种显而易见的美丽风景会轻而易举地吸引自己，把自己已有的田园主题变成一种引人注目的形式秩序。左侧是一棵框架形树木，其倾斜的树枝与远处的山峰遥相呼应，远处的湖岸线把画面精确地一分为二，城堡和灌木丛整齐地位于画面中央。宽阔的笔触，尽管不连贯，正如研究塞尚的学者利奥奈洛·文图里描述的那样，却有助于构造"这幅完整协调的美景，湖水、树木、房子、山脉都有着相同的节奏"。《安纳西湖》是塞尚最平静、细腻的晚期作品之一，与其他晚期的大多数作品有所不同。绚烂的色彩和流动的笔触使得这幅作品成为塞尚最后十年最好的风景画。

与这幅平静的《安纳西湖》不同，塞尚晚年创作的其他风景画颜色暗沉，传递着一种不安的情绪。主题厚重且难以理解，还顽固地拒绝了他惯用的秩序体系。其中最重要的一幅是塞尚在枫丹白露森林创作的作品。在1892—1898年间，塞尚有过几段较长的时间待在那里进行创作。根据一些记录显示，塞尚甚至在邻近的玛尔洛特村获得了一处房屋。塞尚晚期的风俗肖像画颇能引起观众的共鸣。与这些作品类似，枫丹白露风景画和随后在艾克斯创作的一些画作也许成了这位年迈画家的表达工具。不过，它们也提供了一系列丰富的主题，激发了灿烂多姿的绘画新成就。

19世纪20年代，年轻的柯罗注意到了枫丹白露岩石众多、树木繁茂的特征，并把它作为一幅风景画的题材。此地对后来众多巴比松画派画家所构成的吸引力是显而易见的。枫丹白露离巴黎很近，有着一大片崎岖奔放的原野。19世纪中期，它吸引了很多画家和游客，很快这片区域的外光画传统就形成了。莫奈和巴齐耶早在1863年就来到了这里，雷诺阿和西斯莱于次年来到这里。这片地方在文学领域中所产生的浪漫主义联想一直存在。塞纳库尔的《奥伯曼》（创作于 1804 年），一本受到让-雅克·卢梭启发的重要的早期浪漫主义小说，是第一批运用枫丹白露作为自然舞台去探索忧郁孤独主题的作品之一。小说中的主角，在社会中感到局促不安，逃避到了这片原始的森林中，去寻找他渴望的孤独。居斯塔夫·福楼拜在他 1848 年的作品《情感教育》中也运用了这种思路，书中两个爱人在 1848 年逃离了让他们恐惧的巴黎，同样在这片黑暗多石的深林里找到了避难所。

塞尚在作品中赋予这些浪漫主义联想新的活力。约创作于 1894—1898 年的《枫丹白露的岩石》（图 185），以及约创作于 1897 年的一幅相关主题的油画《松树和岩石》，这两幅作品突出描绘了几何形状的岩石以及浓密松林掩映下嶙峋的怪石。虽然在 19 世纪 90 年代中期的一些肖像画，如格夫雷的肖像中，也显示了类似的秋天色彩，但是这些风景画有着枫丹白露独有的元素：一道北方投射过来的寒光、随处可见的扁平的视野、有着紫色阴影的淡灰色花岗岩。此外，在两幅作品中出现了倾斜的类似水彩画一样的薄涂区域，这表明了水彩技法在塞尚晚期的作品中发挥了日益重要的作用（1899 年沃拉尔的肖像画中也同样使用了稀释的色彩）。然而在这幅作品中，晕开的色彩因精致的笔触调和了风景画的轮廓：减弱了岩石庞大的体积感，通过忽隐忽现的阴影柔化了石块坚硬的边缘。形式与技巧巧妙的结合，以及荒凉、难以接近的自然所营造的阴郁氛围和神秘景致赋予了这些风景画独特的内涵。塞尚又一次找到了一个诉说大自然孤独的渠道。"这就是我们要在写作中努力做的事情。"欧内斯特·海明威后来在枫丹白露和他的儿子谈论塞尚的岩石画时说道。

在生命中的最后十年，塞尚对偏僻地区的风景表现出了明显的偏爱。这种偏爱促使他去了艾克斯周边具有浪漫情调和绘画价值的地方。废弃的比贝幕斯采石场就是这样一个地方。尽管烈日曝晒，冷风劲吹，然而这里为画家提供的主题与枫丹白露所提供的主题并无二致。怪石嶙峋——人为开采石头后的遗留——深深的岩石裂缝、隐藏的岩洞，这片区域交替出现。即使时至今日，这座采石场的景观依然引人入胜。

比贝幕斯采石场坐落于艾克斯和圣维克多山中间，位于勒托洛内村庄之上，它是普罗旺斯山区诸多古代采石场之一。这些采石场中有些可以追溯到罗马时代。虽然远在塞尚时代之前它就一直处于废弃状态，然而艾克斯及其周围乡村建于 18 世纪的高雅房屋所使用的一直就是产于此地的醒目的黄色岩石。塞尚一定在青年时代就已经知道这座采石场荒凉混乱的景象，知道那里杂草疯长，灌木丛生。然而直到塞尚老年，这里才成为他绘画的主题。它的吸引力不仅包含形式上的，也包括情绪上的。在 1895—1899 年间，塞尚在比贝幕斯采石场租了一间小屋，存放绘画工具。他大多数关于比贝幕斯的画作也正是被确定为这一时期所作。

在第一批大幅比贝幕斯风景画中，有一幅约创作于 1895 年（图 186），在这幅画中塞尚利用了比贝幕斯被开凿过的、有着怪异几何形状的地形，创造了一幅有着特殊几何特征的风景画。塞尚运用短小细致的笔触、稀薄的颜料和清晰的线条，强化了被尖利打磨后的岩石的陡峭垂直面，赋予了画布精细的图案，并把主题拉近作品表面。颜色——普罗旺斯的色彩，比受到枫丹白露启发所使用的色彩要更加浓烈——甚至被进一步强化以至呈现出了浮雕效果。整个主题变得更加富有生气：黄赭色岩石掺杂些许太阳灼烧后的红色，短叶松呈现亮绿色，阴影和天空采用生动的蓝色。这些画作构造了如此饱和的互补颜色（甚至比约创作于 1895—1900 年的《红色的岩石》更加显著），拉夫认为比贝幕斯风景画

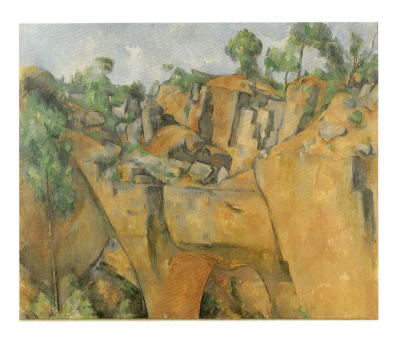

图186
《比贝幕斯采石场》
约创作于1895年
帆布油画
65厘米×80厘米
埃森弗柯望博物馆

图187
《从比贝幕斯采石场看
圣维克多山》
约创作于1897—1898年
帆布油画
65厘米×81厘米
巴尔的摩艺术博物馆

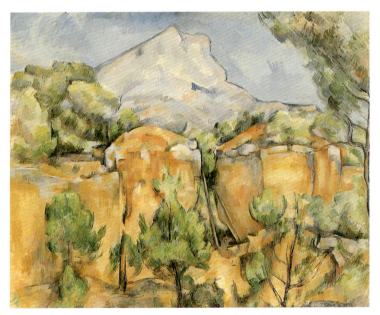

图188
《黑色城堡》
约创作于1903—1904年
帆布油画
73.6厘米 × 93.2厘米
纽约现代艺术博物馆

图189
《圣维克多山和黑色
城堡》
约创作于1904—1906年
帆布油画
65.6厘米 × 81厘米
石桥艺术博物馆
石桥财团
东京

是塞尚脱离这段时期法国画坛印象主义审美的一个转向。但是塞尚同时代的画家们很少能在不牺牲自然真实度的情况下取得类似的成果。绘画大师马蒂斯在 1908 年把塞尚描述为一个色彩大师："塞尚运用蓝色让（互补的）黄色显露出来，他对于色彩有着极强的辨别能力，在创作其他作品时也是如此。其他画家没能做到这一点。"

这座旧采石场也为周边地区提供了壮观的远景。在后来约创作于 1897—1898 年的《从比贝幕斯采石场看圣维克多山》（图 187）中，塞尚把这两个地方最具特色的主题结合在了一起，从这片人为的景观望过去，越过一片幽深的峡谷，就会看到神秘的圣维克多山。树木作为框架，斧凿过的峭壁的垂直面充当隐约出现的圣维克多山的分层基座；双重主题共享周围稀薄平行笔触下的松树和黄色、橙色以及蓝色的色调。但是这座在塞尚生活中占有重要地位的山峰，同时也在艾克斯风景中占有重要地位的山峰，呈现出自身的一种海洋性特质。清晰的蓝色线条勾勒出其上升的轮廓，拉远其与前景之间的距离。这里我们可以看出塞尚对普罗旺斯再度觉醒的热情，这也是一直支撑他创作的力量。

1899 年，为了处理家庭房产，热德布芳花园被卖掉了。这对塞尚来说是非常痛苦的一件事情，他和两个妹妹分割了这笔收入，之后搬到了艾克斯一条狭窄街道上的简朴的住所里。塞尚的妻子和儿子多数时间待在巴黎，而他则在巴黎充当父亲的代理人，与巴黎的商人们交涉。塞尚的妹妹玛丽则管理他在艾克斯的资产。塞尚试图购买另一处乡村房产，即广为人知的"黑色城堡"，但并未成功。该城堡位于比贝幕斯附近，就是用比贝幕斯采石场的石头建造的，周围围绕着浓密的树林。随处可见洞穴，随处可闻当地传说。传言它是几年前一个煤炭大亨建造的，一些地方采用了神秘奇异的伪哥特式结构。它并未竣工，也被称为"魔鬼城堡"。

　　塞尚非常熟悉这片地方：到 1899 年为止，他已经在那里作画达 10 年之久。塞尚经常雇一个马车司机载着他四处游走。毫无疑问，他喜爱那片甚至连阳光都无法穿透的树林所带来的僻静。然而，首次见到这座城堡时，他并没有感受到那里强大的吸引力。与他少量早期的黑色城堡画作相比，很多晚期的黑色城堡画作运用了浓烈的色彩和有节奏的笔触，创作过程中采用了多个视角，强调了它未完成的状态，形成了一幅阴沉的、令人不安的风景画。例如，在一幅约创作于 1903—1904 年的《黑色城堡》（图 188）中——这幅油画曾经为莫奈拥有——塞尚把它哥特式的结构设想成了一种明亮的外观，中间点缀着一扇浅红色的门。塞尚同时运用了原色和互补色的色调，其饱和度与他晚期采石场系列作品类似。他把奇异的建筑物、混乱的景色和明亮躁动的天空糅合在一起。这幅画是塞尚晚期众多风景画中具有浪漫主义特色的代表作。

　　黑色城堡是塞尚晚年风景画中挥之不去的主题，在其最后几年的创作生涯中取得了很大的成功。在约创作于 1904—1906 年的《圣维克多山和黑色城堡》（图 189）中，塞尚勾勒出黑色城堡的剪影，从一个新的观景视角把它向上倾斜的几何结构与圣维克多山的强大能量联结在一起。画面上方是精致的绿色和紫色笔触（它们也许指的是树叶或天空，也许二者皆是）的苍穹，歌颂了圣维克多山宏伟的外观。这样的笔触即使现在看来也体现出一种均衡、统一的和谐；画布表面覆盖有快速画成的、类似水彩画的色块，把主题的各个部分转变成了一个动态的无缝衔接的图像，表达了引起共鸣的希望——似乎塞尚调和的创作手法改变了其极端化的视野。

　　这不仅仅是一种偏离正轨的成功。统一、流动的色块似乎在塞尚晚期的黑色城堡系列作品上流淌，预示了他在艺术创作中的重大

变化：一直到职业生涯的最终，塞尚仍然显示出自己是个叛逆者的角色。早在 19 世纪 60 年代，塞尚就已经知道连贯的构图可以通过合理地处理颜料得以实现。在整个创作生涯中，他珍视自己独特的笔触，把它看作自己的标志，表现了自己独特的视野。"他是怎么做到的呢？"雷诺阿曾经这样问道，"只有确保一切无恙，他才会把两种颜色呈现在画布上。"几十年来，一直到职业生涯末期，塞尚的艺术作品关注有触感的物体以及大自然坚实的物理结构，而他的印象派同行们则更关注瞬时效果。塞尚通过醒目的笔触来描绘自己的创作目标。

　　这种关注的结果就是他的作品既复杂又有摄人心魄的清新。对于调色的尝试首次出现在了晚期的水彩画中。比较两幅关于圣维克多山的画作对于探讨塞尚的晚期作品是非常有益的，一幅是水彩画，另一幅是油画。例如，在约创作于 1900—1902 年的，糅合了铅笔、水粉和水彩的作品中（图 190），画家并没有顾及圣维克多山的轮廓，而只是在画布上零散地画了一些蓝色、紫罗兰色和灰色笔触。画面上零星点缀的留白处散发着特有的光亮，突显了物体闪亮的表面。这幅小水彩画象征着塞尚对大自然生动的体验。

　　另一幅油画作品也出其不意地达到了类似的效果，尽管这两幅作品媒介不同，规格各异。在塞尚约创作于 1904 年的《从黑色

城堡看圣维克多山》（图191）中，主题通过柔和的颜色加以描绘，把画家的题材意识和调和色彩的复杂工作有机地结合了起来。笔触呈不规则形状——画面上方是长的线形笔触，下方是方块形笔触，与大众所熟悉的风景画的纹理几乎毫不相关，而是创造出横扫式、波浪起伏的色彩效果，把主题转变为了一种相似的艺术美景。这幅绝佳的作品是塞尚最自由（这里犹豫是否使用"抽象"这个词汇）的作品，也是他创作于生涯晚期最完善的圣维克多山作品，它完全体现了塞尚为之奋斗终生的目标，即在作品中创造"与大自然相媲美的和谐"。

塞尚的《从黑色城堡看圣维克多山》与他在卢弗斯创作的一系列晚期风景画有所不同。卢弗斯是城镇北部边缘的一个丘陵地区，从这里看到的普罗旺斯乡村的视野对他最后几年的创作十分重要。塞尚在艾克斯租住的房子里腾出的临时小画室已经严重不够用，于是在1901年，他在卢弗斯半山腰购置了一片不太大的土地，修建了一个画室（图192），收纳晚年创作的作品，描绘花园美景、南方远处的地平线以及山下的小镇。沿着画室门前的陡坡上山，塞尚发现有个地方能看到圣维克多山的全貌（图193）。从这个地方望过去，这个长期以来用于衡量塞尚艺术成就的地标看上去更加令人敬畏。远处的山峰更显荒凉，在一片无垠的平原上拔地而起，向东延伸过去。

塞尚在卢弗斯山顶创作的大约十几幅圣维克多山油画大概都是在4年左右的时间里完成的。创作的具体时间是一天中的不同时刻。每一幅都是带着不同的目的去处理主题的。很多学者在这些画作中洞察出塞尚的创作风格正朝向一种更普遍的、充满激情的方向发展。因此，一些点缀在田间的，代表着农舍和树木的笔触与更抽象的色彩面结合在一起，赋予了作品透视感，提供了喘息的空间（图194）。正如塞尚在1904年所写的一封感情洋溢的信中所言：

图195
《从卢弗斯看圣维克
多山》
创作于1904—1906年
帆布油画
60厘米×73厘米
普希金国立造型艺术博
物馆
莫斯科

与地平线平行的线条赋予了广度，不管它是自然的截面，还是全能的圣父在我们眼前展开的景象（如果你更喜欢这样说的话）。与地平线垂直的线条赋予了深度，然而对于我们人类来说，大自然的深度远比展现出来的更深，因此有必要用红色、黄色和足够的蓝色来制造光线的颤动，以产生空气感。

作品的浩大常常使得塞尚无法完全填满画布。正如次年他在一封信中失意地写道："我老了，快 70 岁了，体现光的色彩所带来的感观享受是我把作品抽象化的原因。这些抽象化的作品不允许我画满整个画布。"然而他仍然抱有希望，坚持认为"自然，如果我们咨询它，会给我们提供达到目的的方法"。

在卢弗斯创作的最后的作品中，塞尚似乎在咨询自然的过程中重燃起青春之火，热情、自由地拥抱了家乡的景色。在那幅创作于1904—1906 年间现存于莫斯科的，黑暗的、颜色像是搅拌在一起的作品（图 195）中，颜料厚重的涂层把塞尚的拼接体系转变成了颤动的、灼热的色彩标记。这幅作品通常被认为他后期伟大作品中创作时间最晚的一幅。正如其他此类作品一样，甚至天空也被蓝色色块和绿色色块表现得生机勃勃。厚重的颜料使其不再具有比喻含义，而是保留了颜料本身的特性。虽然塞尚对自己的能力仍心存疑虑，正如他给儿子的信中写道，"（我怀疑自己是否能够）展现眼前色彩的饱和度"，或者"（是否能够）捕捉使大自然富有生气的、美妙丰富的色彩"。画家面对主题强烈的表现力和胜利者的姿态是无与伦比的。

卢弗斯的画室里摆着零星几件家具、一些熟悉的物品和早期画作的临摹品，塞尚身处其中，创作了最后的静物画、肖像画和 3 幅大型浴女画。画室北边的墙被切割出特殊的夹缝，用来放置大幅浴女画。这几幅画太大了，无法通过旋梯搬到门口。它们和卢弗斯系列风景画不分伯仲，共同代表塞尚多产的晚年中的最高成就。

在这段时期，塞尚继续雄心勃勃地创作大幅带有裸体的风景画。奇妙的混合构造不但把无边的奇思妙想和人物风景画结合在一起，还把这些想法与想象中的以及经历过的（至少是感觉到的）主题的极端领域结合在了一起。尽管通常是群像画，且使用了一系列流畅的绘画技巧，晚期浴者画在很大程度上是根据画家中期裸体画的惯例而创作的。受早期艺术、自己的画作以及依然鲜活的想象力（因此回避了同时代画家的痕迹）的影响，塞尚晚期的浴者画在大多数情况下继续存在于隔离的区域，依据性别而分类的领域清晰地决定了它们的主题和绘画形式。由于它们杰出的创意以及在早期现代主义人物画中所起到的神秘的形式作用，塞尚最后的浴者画与他早期生涯中的浴者画一样，在他自己时代的文化和逻辑范围内充分发挥了作用。

尽管塞尚的女性裸体画现在更广为人知，但是他精湛的男性浴者画《休息的浴者》（见图99）是其19世纪90年代最著名的作品。正如我们所看到的，在关键性的1877年印象派画展中，它是塞尚的代表作。塞尚约创作于1885—1887年的大幅《浴者》（见图103）中依稀有它的影子。作为卡耶博特馈赠给博物馆中带有争议的一幅作品，它获得了公众进一步的关注。它在1985年沃拉尔画展中备受称赞（甚至一度挂在沃拉尔的商店橱窗）。不久之后，画商沃拉尔请求塞尚依据这幅作品创作石版画，这样他就可以复制，出售几个版本。这进一步提升了塞尚的声誉和辨识度。因此，这个著名的浴者形象在塞尚最后的岁月中也没有被遗忘。在他晚期的男性浴者画中，塞尚继续探索他在19世纪70年代已经确立的背景框架，这对现代题材的男性裸体画十分重要。

塞尚约创作于1890年的《沐浴者》（图196），比其他晚期男性浴者画都更大、色彩更明亮，在很多方面都堪称是他男性裸体风

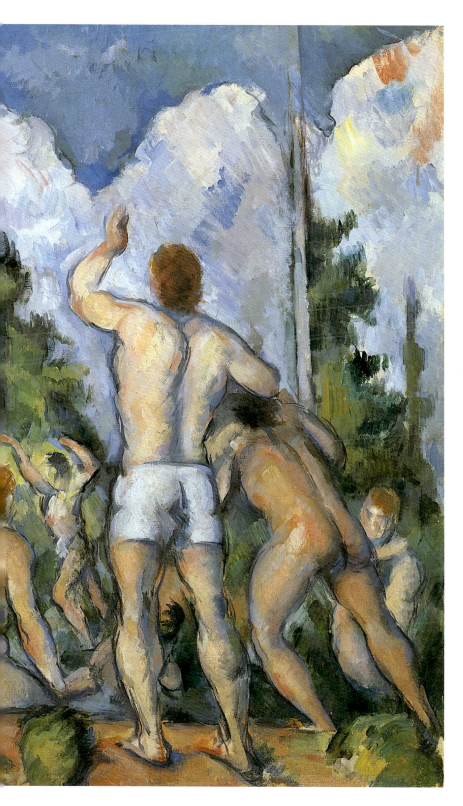

图196
《沐浴者》
约创作于1890年
帆布油画
60厘米×81厘米
奥赛美术馆
巴黎

景画的顶峰。塞尚的强健男性人物形象又一次从理想化男性裸体的传统表达中汲取了表现力，例如，在画面中间站立的强健的人物借鉴了罗浮宫收藏的一位古代罗马演说家的雕像，塞尚曾在一系列素描和油画速写中临摹过。这个人物（库蒂尔也在他 1847 年的《颓废的罗马人》中重新塑造过，见图 43）经常在塞尚创作生涯中期更小的男性浴者画中起到压轴作用，但是在这里他充当了一种新型的支配角色。在水平浅滩的中央，这个人物高雅直立的形体和远处与其相对的另一个人物形象遥相呼应，并且与底座一样的树以及手中褶皱的白色毛巾相呼应。他的周围是一群塞尚所画过的最无拘无束、最精力充沛的健壮裸体形象：右侧远方有一个向前扑倒的人物，他旁边是一个打着手势的男性，还有一个人在水里游泳。甚至是云彩，也像《休息的浴者》中的一样，带有雕塑般的、强壮的气息，与风景中的人物相呼应，没有比这更具青春活力的形象了。这件作品表达了身体与精神理想的结合，这种结合长久以来伴随着艺术中具有英雄气概的男性裸体的传统。这一理念一直笼罩着塞尚沉闷的《休息的浴者》，但是在《沐浴者》这幅作品中，浴者的形象却以一种欢欣鼓舞的形式体现了出来。

尽管塞尚处于隐居状态，但他仍能感受到时代的情感力量：在 19 世纪末，充满活力的身体形象与信心有着特别的关联性。一种衰落和无常的气氛再一次降临到了法国，使艺术家对国民身体和精神活力产生了忧虑。事实上，当同时代的法国作家乔治·卡塞拉后来描绘倦怠的民族文化需要艺术来助其走出衰败时，他这样描述塞尚的《沐浴者》：

事实上，我们将会喜欢的艺术还不存在。它拥有清醒的想法，简约和谐的线条；它会放大人类之美、裸体的光彩和健康肌肉的永恒快乐；它会提升生活的幸福、力量的宁静和自然之乐的高尚。

图197
《大浴女》
创作于1895—1906年
帆布油画
133厘米×207厘米
巴恩斯基金会
宾夕法尼亚州，梅里恩

图198
埃米尔·伯纳德
《塞尚坐在〈大浴女〉前》
创作于1904年

作为创作题材和形象，男性裸体在历史上一直比女性裸体更加公开，具有更为普遍的含义。因此，在塞尚晚期三幅大型浴女画中，我们可以在一个更加亲密的层面上了解塞尚。就像收藏在奥赛美术馆的《沐浴者》（图196）一样，浴女图铭刻着画家崇高的理想——在他的艺术中保持古典大师的杰出传统。它们也表现出了塞尚长期以来对女性裸体题材的个人兴趣。至于他的风景画，在这样一个垂垂老矣的年纪，塞尚似乎拥有惊人的能力去以新的方式提问旧的问题。虽然这些都是塞尚最后十年的画作，有一些共同的绘画元素，也许甚至是同时创作的，但是塞尚晚期的3幅《大浴女》在构图、技巧和主题推动方面都有显著的不同。

确定这些作品的大致年代（有足够的证据可以证明）对于理解每幅作品的特点极为关键。我们从沃拉尔那里知道有一幅作品，大概是收藏在巴恩斯基金会（图197）的那幅，开始创作于1895年，到了1899年塞尚画沃拉尔的肖像时，这幅作品仍在创作过程中。粗糙的、涂满颜料的画布表明这幅作品后来重修过：1904年，埃米尔·伯纳德捕捉到了塞尚在这幅画作前面创作的瞬间（图198），但是照片中的画作与真实的画作相差很大。收藏于伦敦的另一个版本的画作（图199），是几年之后开始的，画家在生命中的最后几年里仍在创作。而第三幅是最大的一幅作品，现收藏于费城（图200），是塞尚在生命的最后几个月里创作的。

正如人们所指出的，在原生、混乱的纹理和本能的意象中，巴恩斯基金会版本的晚期浴者画又回归到了塞尚最初十年的情感焦虑主题——充满欲望的裸体，象征男性的风景。从他第一幅《圣安东尼的诱惑》（见图42）中选取的野餐静物、早期《草地上的午餐》（见图48）、早期浴者画到现在，似乎给我们带来了一个完整的循环，似乎画家需要在自己的艺术中触及至关重要的基础，

图199
《大浴女》
创作于1894—1905年
帆布油画
136厘米×191厘米
英国国家美术馆
伦敦

然后才能和谐再现主题。他创作的裸体与其他一些大师的作品有着共同点：例如，画面中间跪着的裸体形象就是塞尚临摹罗浮宫的维纳斯雕像。此外我们也看到了关于早期的马奈的女神的些许记忆。

在黑暗拥挤的风景中最令人不安的元素是画面两侧各站着一个裸体，塞尚修改的痕迹很重。正如最近几位学者指出的，她们构成的框架位置以及情感暗示使其置于画家隐晦的叙事之外。最左边的裸体，拖着一条较大的白色床单，与伯纳德照片中的原型相比，人物变小了。右侧的侧面人物受到了野蛮的侵犯，她的眼睛就像塞尚《永恒的女性》（见图93）中眼神空洞的女人一样，被挖出来了，被切除了，让人感觉受到了冒犯，或心生恐惧。也许与《休息中的浴者》一样，塞尚无法把自己所看到的一切全部体现在画布上，这让他备感挫折。这种受挫感通过备受折磨的画面体现了出来。显然，通过虚实结合，这幅巴恩斯基金会收藏的作品，充满野蛮的张力，令人着迷。

尽管伦敦版本的《大浴女》（图199）也是塞尚长期创作的结

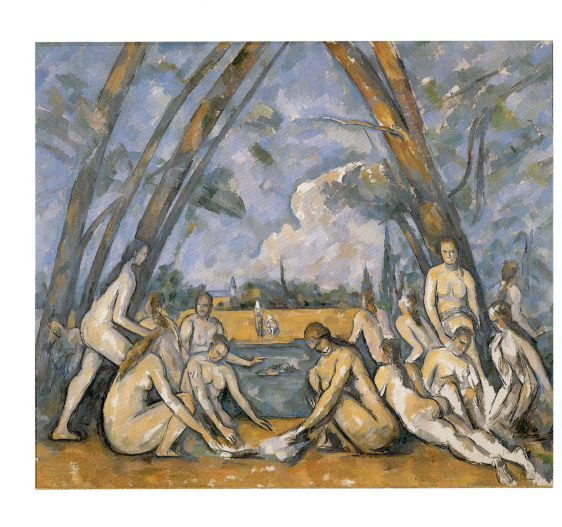

图200
《大浴女》
创作于1906年
帆布油画
208厘米×249厘米
费城艺术博物馆

果，但是整幅作品的气氛宁静、平和，几乎没有争斗的伤痕。颜色更加明亮，画家的构图仍然围绕着三角形的群体，但却更加含蓄。画中人物（全体人数增加到 11）的情感暗示减少了。颜料虽然厚重，但是却均匀地涂抹，使整体的纹理有了光泽，更符合主题。画面有大块不透明区域，抛光的表面和有限的颜色使色调统一起来。例如，塞尚在晚期作品中经常偏爱的普鲁士蓝和深蓝，在这里被用来描绘天空、树木和渲染裸体的轮廓，同时微染云彩和布料。最右边远处忧郁的、比例缩小了的人物正在大步跨进金字塔式格局，让人想起尚存的浪漫主义，打破了塞尚平静的绘画视野。

现存于费城的这幅《大浴女》（图 200），是塞尚对这种主题庄严的、具有总结意义的再现。这一主题一直以来让塞尚发挥了强大的想象力。它宏大的规模，优雅的开放空间（终于为水留出了一席之地），弧形树木的拱顶，衬托了下面裸体人像构成的三角形，以及在人物和风景之间建立起来的微妙平衡，所有这些都给予了这幅现代杰作崇高的声望。然而对于画家而言，这幅作品的成功之处在于相比前两个版本，它更扁平，颜料更稀薄，付出的辛劳更少。很多裸体和人物组合确实是从之前的画作中直接引用过来的，但是却更充分地——最重要的是——毫不费力地被整合到了一起。例如，向前趴着的倾斜人物，她在伦敦版本画中明显畸形的脚在过去固执、不恰当的作品中频频出现，这里却只被图式化诠释了，但是效果更加完善，更令人满意。右后方精致刻画的两个人物在第二幅画中僵硬地面对着浓密的绿植墙，但在这里这对人物优雅地迈进水里，进入了塞尚描绘的清凉的、远离尘世的世界。

在费城画作中，岸边有 14 个浴者，远处还有几个浴者。新增加的人物使画面更加平衡。中央的游泳者为水里增添了一抹红赭色。远处岸边，有两个小的看不清的人物望过来，映衬了观看者的位置。正如艺术史学家塔玛·卡布所指出的，更有趣的是最右侧半蹲的裸体人物。只见她肩膀浑圆，肌肉发达的胳膊向外伸出——这个胳膊也可以同时被看作立在她后面的人的大腿和臀部。还有一些其他微妙之处，比如左边正跨步走的高个子裸体人物的手与她前面跪着的人的手指融合在一起，填充进了宽敞的画布。正是由于画家拒绝完善和分配这样的形体，她们才变得如此有吸引力，不仅作为题材，也作为他绘画过程中的视觉象征。

正如在他晚期的圣维克多山系列作品中（见图 195），颜色区域保持着它们作为颜料的特性，也大胆彰显了画家的手法，塞尚让我们以一种生动的、探索的方式去面对画作。甚至在女性裸体画中——这是他最具激情且富有创意的领域——观看者的注意力会从人物形象上转移，聚焦在流畅的创作手法和构图上。这也是为什么费城《大浴女》尽管是开放性的、扁平的，甚至有些地方光秃秃的，但它并非未完之作。它体现出了画家的力量，传递出了画家终生努力实现的视觉效应，并以谦逊、超然的姿态冠之于这一虚拟的主题。画面的色彩稀薄，气氛平静。在这幅作品中，塞尚成功地去除了熟悉的焦虑和挣扎的迹象。

到 1906 年，塞尚享有盛誉，作品也频频得到世人的关注。沃拉尔已经组织了几次更加成功的塞尚作品展，包括 1905 年的水彩画展览。塞尚的画作还参加了 1900 年在巴黎举办的万国博览会，其他的画作也为布鲁塞尔、海牙、维也纳、柏林、伦敦，甚至是艾克斯这样的小地方的现代艺术做出了贡献。此外，塞尚定期在独立沙龙展中展出作品。独立沙龙展是巴黎一个大型的未经审查的展览，与印象派画家的展览类似，是由独立艺术家协会赞助的。在后来一个相关的秋季沙龙中，也就是 1907 年塞尚去世后的大型回顾展中，塞尚显著的成就得到了彰显。

在那时，一个由年轻诗人、作家和画家组成的小团体来到艾克斯朝圣，想要见上塞尚一面。塞尚被这些人的诚意和崇敬之心所感

动，毕竟长期以来他的作品得不到认可。为了向塞尚表达敬意，莫里斯·丹尼斯在 1901 年在巴黎展出的《向塞尚致敬》（图 201）中，描绘了塞尚许多较为出名的仰慕者和追随者。正如他给塞尚的信中写到的，他希望通过作品来捕捉"您在年轻画家（包括我在内）之中引发的仰慕之情，激发的创作热情。他们把自己称为是您的学生，这么说一点儿没错，因为他们对绘画的了解正是拜您所赐"。但是，即使在这段最后的光辉岁月，也会偶尔有黑暗的时刻，塞尚的画在媒体中仍然会受到恶意攻击，塞尚也喜怒无常，身体日渐衰弱（他于 1906 年给儿子的书信记录了他正忍受着越来越严重的糖尿病）。在生命的最后时刻，他更加隐退到工作之中。

塞尚在画布上对绘画语言进行了本能的、精彩的重构，然而人们对他的作品的认可，以及这一认可对他晚年作品所产生的影响的认识却姗姗来迟。因此，对于作品是"未完成的"的问题的争议，或者说对于到底是什么使得这位年迈的艺术家几乎不可能再完成画作的讨论，就像很难把他的全部创作活动按年代排序一样，长期困扰着研究塞尚的学者们。甚至对画家本人来说，这条新辟的路径有时也会令人生畏，那些充满希望的时刻仍继续被怀疑的阴影笼罩。1905 年，他在给伯纳德的信中这样写道："我认为我已经取得了更多的进展……然而，我不得不痛苦地说，这些进展是在通过绘画的角度理解自然的过程中产生的。在表达手法发展的同时，我越来越老了，身体也越来越虚弱。"在给他儿子的信中他同样写道："很遗憾我越来越老，我对色彩的感知已不如从前。"虽然身体虚弱，但是他继续工作到生命最后一刻，努力掌握色彩带来的感官享受。他晚期创作的浴者水彩画、风景画，甚至骷髅头静物画（图202），

图202
《静物 骷髅头》
约创作于1902—1906年
铅笔画和水彩画
31.7厘米 × 47.6厘米
私人收藏

图203
《卢弗斯的花园》
约创作于1906年
帆布油画
65.5厘米 × 81.3厘米
菲利普美术馆
华盛顿特区

虽然看起来有些病态，但却充满诗意，绘制精良。塞尚绘画的主题都是来自于他对自然的研究。

塞尚在卢弗斯创作风景画时偶遇暴雨，一周后，即 1906 年 10 月 23 日，塞尚不幸辞世。然而即使他生命中最后的几幅作品也拥有精彩的发现，成为他所有成就的总结。在生命的最后几个月中有一幅典型作品《卢弗斯的花园》（图203），这幅作品省略了创作方式，然而效果显著。它的主题并未立即显现。画作色彩明亮，运用了短小精悍的笔触、简单的线条、稀薄的水彩，并大胆地暴露了画布的底色。塞尚再次捕捉到了活力、有机、和谐的大自然。这已

经成为他的艺术中最本质的部分。如果说它炫目的简洁性可以启发后继的画家们，那么对塞尚而言，它是一种真实的、直觉的、充满激情的尝试，记录了他对这个世界的感知。

后记

图204
巴勃罗·毕加索
《牵马的男孩》
创作于1906年
帆布油画
220.3厘米×130.6厘米
纽约现代艺术博物馆

　　1906 年去世前，塞尚已经在巴黎被看成绘画领域的先驱，不可避免地影响了新一代的先锋派画家。"你知道，"马蒂斯解释道，"塞尚是绘画艺术之神。他带来的影响很危险？那又怎样？只是对于那些无力承受的人来说太糟糕罢了。"年轻的德国画家保拉·莫德索恩-贝克尔（1876 — 1907 年）所做过的描述也能说明这一点。在与赖内·马利亚·里尔克的妻子克拉拉的书信中，她回忆了自己首次参观沃拉尔画廊的情景，描述了塞尚的作品对她产生的影响。"塞尚是让我感觉醍醐灌顶的 3~4 位画家中的一位。"她用了一个大胆而富于表现力的方式描绘了里尔克的肖像，既模仿了商人收藏的早期《多米尼克舅舅》的特征，又把塞尚对肖像画的新见解融入其中。塞尚的作品在沃拉尔主办的画展和更大规模的沙龙中连续展出，沃拉尔对于塞尚作品数目惊人的收藏，以及塞尚本人作为巴黎艺术界一位孤独的南方客的神秘地位……这些使得塞尚在早期现代艺术发展中拥有重要的地位。

　　20 世纪的最初十年是法国艺术百花齐放的时代，塞尚在此画下了浓墨重彩的一笔。形式的创新、对古典传统的感知，再加上独特的地中海风情，深深地影响了塞尚首批最有天分的学生，并在他们的作品中有所体现。

　　我们之前提到的亨利·马蒂斯，以及安德烈·德兰和他们的画家同行朋友，在 1905 年的秋季沙龙上因其作品用色过猛而被称作"野兽派"画家。塞尚画中的浴者是一个鲜有的混合物：人物最初的拘谨——是画家未受侵蚀的初心——与看起来是出于本能的古典主义相得益彰，使得他和普桑以及法国的古典传统融为一体。在野兽派画家创作的裸体画中可以清楚地看到塞尚带来的影响。马蒂斯会永远珍藏购于 1899 年的塞尚的小幅油画《三浴女》（见图 94）。在漫长的创作生涯里，他会随时在塞尚的作品中寻找形式的灵感、和谐的色彩以及庄严的构图。但是，在当时民族主义仍然大行其道的时代，在野兽派时期创作的那些永恒的作品，例如大型壁画《生命的喜悦》（创作于 1905 年）或是《蓝色的裸体》（创作于 1907 年）中，马蒂斯既拓展了塞尚作品中复苏的古典视野，又肯定了法国以及现代派画家作品的文化传承。

如果说塞尚的浴者画启发甚至促成了野兽派田园牧歌式的审美，那么，正如我们所见，它们对于同一时期这一流派的对立面同样至关重要：如毕加索创作了不加修饰的、充满着情感隐喻的裸体形象，如创作于 1907 年的《亚维农少女》（见图 95）或者创作于 1908 年的《三个女人》。几年后，毕加索发现这些作品中承载了强烈的个人元素，十分吸引他的注意力。他这样写道："抓住我们兴趣的是塞尚的不安，这正是塞尚想要教授给我们的……除此之外一切毫无意义。"在自己的画作中，毕加索把情感的暗流和作画过程和盘托出，形成了描绘裸体的新视野。

但是这位西班牙画家也明白，英雄传统在塞尚塑造的男性人物形象中得以复苏。在完成具有历史意义的《亚维农少女》之前，毕加索已经用他自己对经典传统的理解将塞尚的《浴者》（见图 103）奉若神作。1906 年创作的《牵马的男孩》（图 204）尺幅巨大，人物步伐强健有力，姿态僵硬，典型的毕加索人物轮廓，以及他身处其中的构图及平坦的风景，这一切都是向塞尚约创作于 1885—1887 年间的一系列具有超前意识、标志性的裸体画看齐。

20 世纪初，塞尚具有感召力的人物画改变了裸体画的类型和意象。与此同时，他的风景画也为这一领域带来了一种全新形式的解读。阳光照耀下的地中海所呈现的色彩，画家在埃斯塔克发现的形式的鲜明对比，这些都是吸引乔治·布拉克在 1906 年的秋天造访这片富有戏剧性的土地的理由（即使不是全部的理由）。在接下来的两年里，他又再次造访。和毕加索一样，布拉克学习并吸收了塞尚新的人物模式，在 1907—1908 年间创作的《大浴女》中，他甚至把塞尚标志性的构造性笔触变成了连贯性的技法，把人物平面和空间平面连接起来，在流畅、扁平的画布上体现了出来。但是在埃斯塔克，布拉克大胆探索了塞尚新的形式系统所暗含的深层含义。在他描绘的风景中，可以清楚地看到塞尚对于早期立体派运动所起到的重要作用。

受到塞尚秩序井然的古典风景画的影响，布拉克在 1907 年创作的《埃斯塔克的桥》中描绘的景观稳定、和谐。在随后的一些作品中，例如 1908 年创作的《埃斯塔克的房子》（图 205），塞尚的

图205
乔治·布拉克
《埃斯塔克的房子》
创作于1908年
帆布油画
73厘米×65.1厘米
伯尔尼美术馆

影子更加明显：温暖的普罗旺斯色调，由弓形的树木支撑的坚固几何结构，短促而平行的笔触，这些都和塞尚的作品惊人地相似。然而，布拉克对塞尚的构图进行的微妙改动，使自己的作品进入了一种更加抽象的立体主义新境界：在布拉克类似浮雕一样的构图中，光影投下随意的图案，各种形式的几何体征违背了单一、连贯的透视逻辑。笔下密不透风的景观，甚至连一条地平线也没有，把画中的形象向前推，处于一个不断变化、生动形象的表面之上。这颠覆了塞尚画面中所颂扬的要表现和谐自然的原则。

　　因此，塞尚对 20 世纪的新兴艺术形式的影响可谓震古烁今。正如艺术史学家威廉·鲁宾评价的那样，整个 20 世纪不断有先锋派画家通过分析塞尚学生的作品来分析塞尚的艺术风格，结果发现他们的作品要么是无力的模仿，要么是过于大胆。如果没有塞尚的作品作为借鉴，这些作品完全难以想象。然而，如果要回过头来审视塞尚的创新理念如何影响整个世纪的艺术发展，我们也必须回到他所在的时代和文化之中进行分析。塞尚的艺术和他发出的声音并不仅仅说明他是一位先知，更说明他是一位根植于历史、扎根于历史传统和绘画类型中的先锋画家，一位为了后继者、为了观众而大胆改变传统的画家。

附录

名词解释

巴比松派（Barbizon School） 　该派画家居住在枫丹白露森林附近的巴比松镇，主要画家有：柯罗、泰奥多尔·卢梭（1812—1867年）、米勒和杜比尼。兴起于19世纪30年代初至70年代，正值工业化和城市化的发展期。巴比松派画家的创作主题主要是朴实的乡村风景和农民劳作的场面。其非理想化的画面布局、使用类似素描的作画技巧描绘出绿色和大地色的粗犷线条，这些都有违绘画传统，是基于对大自然的真实的观察。总的来说，巴比松派的作画技巧为印象派的兴起铺平了道路。该画派的一些画家尤其是杜比尼公开支持年轻的印象派画家。

构造性笔触（Constructive Strokes） 　塞尚特有的绘画手法：整体线条短促、平行、倾斜。出现在其19世纪70年代末80年代初的一些作品中。塞尚认为此种笔触为个人首创，为自己的创作主题（无论是想象的还是观察到的）增添了活力和触感。采用构造性笔触创作的作品均受到了同行画家的好评。该画法是塞尚创作生涯中期的一个标志，在肖像画中的应用频率远低于其他类型的作品。这些短促、倾斜的笔触与其他的创作手法相结合，应用在了后期的作品中。不过，这一创作笔法较少和稀薄的颜料一起使用。

普罗旺斯派（École Provencal） 　19世纪50年代在埃米尔·卢邦（1809—1863年）领导下，在马赛兴起的非正式画派。成员多是一些风景画画家，主要包括一些地方画家，如普罗斯珀-约瑟夫·格雷西、保罗·吉古。这些画家的创作风格特点鲜明：采用厚涂的手法表现作品的肌理，使用色彩鲜艳颜料表现普罗旺斯明亮的风景。画家通常使用大型宽幅画布，以全面展现普罗旺斯的美景。这些作品经常在地方性画展中展出。19世纪80年代，这一艺术形式得到了巴黎沙龙的认可，受到评论家的好评，称之为普罗旺斯派。

普罗旺斯作家协会（Le Félibrige） 　协会成立于1854年，由一些普罗旺斯诗人组成。这些诗人联合起来以期重续过往的辉煌。最重要的成员是弗雷德里克·米斯特拉尔，其作品对于普罗旺斯风景的诗意渲染使该协会的影响力超越了文学圈。

普法战争（Franco-Prussian War） 　1866年普奥战争中普普鲁士获胜，直接威胁到了法国的统治地位。在阻止德国王子继承西班牙王位失败后，1870年7月法国对普鲁士宣战。普鲁士军队轻松击溃了法军。9月2日，拿破仑三世向普军投降。在接下来的几个星期里，巴黎被围困、遭受炮击，人民忍受饥荒。1871年1月28日，双方签署停战协议。在法兰克福协议中，法国同意3年内向德国赔款50亿法郎，割让全部阿尔萨斯省和一部分洛林省地区。战争以及割让东部两省的屈辱形成了双方敌对的氛围，并使双方在20世纪初又一次卷入战争。

艺术类型等级制度（Hierarchy of Genres） 　学院、沙龙和赞助人把艺术主题划分为不同的等级。有着深刻历史、文学渊源，或者来自圣经故事的绘画主题比其他类型的主题等级要高，因为此类主题可以对公众起到教化作用，宣扬英雄主义。因此，有关历史题材的作品在18世纪末19世纪初的法国沙龙中占据了主导地位，雅克-路易·大卫《荷拉斯兄弟之誓》（创作于1784年）就是一个范本。拿破仑一世经常利用大幅的历史题材画达到自己政治宣传的目的。然而，在拿破仑帝国之后，历史题材的范畴有所扩大，涵盖了反英雄的当代悲剧（西奥多·杰利柯的《美杜莎之筏》，创作于1819年），现代政治寓意画（德拉克洛瓦的《自由引导人民》，创作于1830年），甚至还包括一种新的类别——历史风景画。这一类型主题得到接纳在19世纪大大提升了风景画的地位。1848年法国革命后，现实主义画家库尔贝以其作品《奥尔南的葬礼》对艺术等级制度进行了挑战。这幅作品虽然在版式上和传统的历史画别无二致，但是创作主题却是农民。库尔贝对于奥尔南这些农民的看法反映出对风景画的赞同，揭示了风景画的新意。这也是之后塞尚在普罗旺斯所发现的。马奈也从过去一成不变的学院等级中转向，把关注点放在了日常生活题材上。这对日后兴起的印象派画家起到了至关重要的作用，为人物画、静物画和肖像画的创作注入了新的生机。

巴黎公社（Paris Commune） 1870年9月4日，巴黎革命爆发，成立法兰西第三共和国。普鲁士进攻法国，包围巴黎，政府作战保守且与普鲁士签订了屈辱的条约，这引发了巴黎市民的强烈不满。1871年3月18日巴黎人民反击政府并进攻，梯也尔逃至凡尔赛。3月28日，巴黎公社成立。5月，梯也尔政府组织猛攻，5月21—28日，巴黎公社与政府进行了一周的血战，即著名的"五月流血团"。

外光派画法（Plein Air） 是一种在户外直接观察创作主题，捕捉光影及氛围瞬间效果的绘画手法。外光派画法通常是印象派画家采用的一种画法，最早可追溯至18世纪末，当时的画家先在大自然中进行油画速写，随后在画室里创作正式的大幅风景画时再把室外速写的主题画在画布上。艾克斯画家弗朗索瓦-马瑞斯·格朗奈在意大利和他的家乡普罗旺斯创作了众多外光风景画。对巴比松派画家而言，外光派画法是保证乡村风景画画面真实感的重要途径。尽管许多画家的作品都是室内完成，然而印象派画家创作的外光风景画却被人们一致认为是最终的成品。

沙龙/落选者沙龙（Salon/Salon des Refusés） 尽管巴黎沙龙最初是为法兰西艺术院（受皇家赞助，成立于1648年）成员举办的官方画展，在大革命后的法国，沙龙对所有的画家开放。19世纪初，沙龙的规模较小，然而，随着提交作品数量的增加（从1801年展出的485幅作品到1831年的3000幅作品），评审团制度确立，并迅速由艺术院院士掌控。这些院士只接纳那些遵守学院规范的画家。沙龙日渐流行，声名鹊起，在1841年吸引了上百万的参观者，对许多法国艺术家的命运产生了重大影响。19世纪50年代，沙龙成为画家奠定公众声誉、吸引佣金的唯一平台。即使是像马奈这样的先锋画家也竭力通过官方的沙龙寻求事业的成功。然而，进入19世纪60年代，随着沙龙落选的画家越来越多，评审体制受到了抨击和抗议。1863年，拿破仑三世意识到人们的不满，授意成立了落选者沙龙这一临时画展。评论家和公众可以自行评价展出的作品。尽管马奈的《草地上的午餐》大获成功（无法确定塞尚提交了哪些作品），但几乎没有几位画家能够从中获益。第三共和国初期，艺术家对沙龙的影响开始变弱。到了1881年，评审团成员完全由同行画家选举产生，画展也是由巴黎的独立画家们（包括印象派画家）举办。新一代的画商开始为自己的中产阶级客户开拓先锋艺术市场。

法兰西第二帝国（Second Empire） 1848年革命后，当选为法兰西第二共和国总统的路易-拿破仑·波拿巴（拿破仑一世的侄子）在1851年12月在没有宪法授权下解散了国民议会，自此他成为法国唯一的统治者，并宣布自己是法兰西帝国皇帝，称拿破仑三世。尽管他的统治独裁专横，外交政策充满矛盾，在经历了工人罢工、市民抗议的浪潮之后，拿破仑三世在1869年采取了更为宽松自由的措施，不过，影响短暂，随着普法战争的开始，法兰西第二帝国垮台。

法兰西第三共和国（Third Republic） 1870年，法兰西第三共和国成立。临时政府即刻面临国内的各种纷争倾轧。巴黎公社被阿道夫·梯也尔血腥镇压后，反巴黎公社军队的前指挥、保皇派麦克-马洪于1873年当选为总统，1879年儒勒·格雷维当选总统。格雷维带领法国进入较为平稳的发展时期。从19世纪80年代开始，法国修建铁路、发展公共教育、征兵，重新唤起民众的民族自豪感。1939年，德军侵犯波兰，法国向德国宣战。1940年，法国投降，法兰西第三共和国宣告终结。

二十人社（Les Vingt） 没有评审员参与的独立的画展团体，最初有20位成员。1884年至1893年期间，在奥克塔·毛斯的组织下每年在布鲁塞尔举办画展。画展吸引了来自伦敦、巴黎、美国的年轻艺术家。塞尚是受邀参加1890年画展的几位法国画家中的一位。"二十人社"不仅关注美术，还关注文学、音乐和装饰艺术，使民众除了可以欣赏学院派作品外还可以接触到一些先锋作品。

人物传略

弗雷德里克·巴齐耶（Frédéric Bazille，1841—1870年） 　出生于蒙彼利埃的一个富裕家庭。1862年去往巴黎学习医科，并在夏尔·格莱尔（1808—1874年）的画室习画。此间结识莫奈、雷诺阿和阿尔弗莱德·西斯莱。1864年医科考试失利后，他全身心投入绘画创作，与莫奈的关系尤为亲密。作为盖尔布瓦咖啡馆艺术成员的一员，巴齐耶为好友成员的独立画展出谋划策。他位于康达明街的画室（定格在他晚期的一幅作品中），成为好友聚会的地方。然而，在普法战争中巴齐耶不幸牺牲。

埃米尔·伯纳德（Émile Bernard，1868—1941年） 　印象派和点彩派画家，在1888—1891年间和高更关系亲密。追求象征主义，其风格影响了自己及高更"布列塔尼"系列作品的创作。之后，伯纳德和那比派有短暂交集。不过此时他已经是塞尚作品的忠实崇拜者。1892年写下了关于塞尚的首篇评论文章。1904年，伯纳德前往艾克斯拜访塞尚。作为一名多产的理论家和艺术家，他和年迈的塞尚关于艺术展开了几次讨论，并把讨论的观点集结成文公开发表，尽管有些观点有失准确。之后，这些文章均收录在《纪念保罗·塞尚》（1926年）中。

维克多·肖凯（Victor Chocquet，1821—1891年） 　巴黎海关官员，狂热的艺术爱好者和收藏家。最初收藏德拉克洛瓦的作品，之后于1875年开始收藏雷诺阿的作品。在雷诺阿的推荐下，他于同年在唐基的画店购买了第一幅塞尚的作品。之后不久，他见到了塞尚本人，成为其好友兼赞助人。在第三次印象派画展（1877年）上，肖凯借出了许多自己收藏的塞尚作品——包括那幅耗时很久完成的自己的肖像画。在画展上他面对沮丧失望的评论家和观众，立场坚定地为塞尚辩护。从19世纪70年代末到80年代，他通过文字和佣金帮助那些挣扎中的画家，是塞尚艺术的首位重要私人收藏家。他的遗孀去世后，1899年7月塞尚的作品在拍卖会上拍卖，吸引了许多新的收藏者。

居斯塔夫·库尔贝（Gustave Courbet，1819—1877年） 　出生于法国东部的奥尔南，是19世纪40年代巴黎现实主义运动的领军人物，主张艺术应以现实为依据，反对粉饰生活。这在他的作品《奥尔南的葬礼》（1849—1850年）中有所体现。尽管他有一些赞助人，但是在随后的十年对于库尔贝的争议一直不断。1855年在万国博览会召开之际，他在博览会附近举办了个人画展，这对于其后的先锋画家而言可谓是一个壮举。即使在19世纪60年代马奈成为现实主义画派新的领袖，库尔贝的影响依然无处不在：莫奈的首批风景画就有库尔贝作品的影子。塞尚创作于1866年的《多米尼克舅舅》就是把库尔贝风景画中采用的画刀画法运用到了人物画中。

查理-弗朗索瓦·杜比尼（Charles-François Daubigny，1817—1878年） 　杜比尼曾在巴黎师从几位学院派画家习画，之后在枫丹白露森林专攻风景画创作。尽管常常因为作品是未完成的速写而受到批评，杜比尼在19世纪50年代是巴黎沙龙的常客。作为巴比松派画家他以善于画水而闻名，擅长捕捉瞬息万变的风光。1866年，杜比尼当选沙龙评审。杜比尼对许多年轻的先锋画家抱有极大的热情，其中就包括塞尚。这为他职业生涯的晚期带来了额外的关注。1970年莫奈的一幅作品在沙龙中落选，杜比尼辞去了沙龙评审一职，余生在瓦兹河畔的奥维尔度过。奥维尔因此吸引了年迈的画家柯罗和杜米埃前往。塞尚也在此进行创作。

埃德加·德加（Edgar Degas，1834—1917年） 　德加出生于富裕的贵族家庭，曾在巴黎美术学院短期学过绘画，之后去往意大利，梦想成为一名历史题材画家。早期的绘画学习对他的艺术风格有着深远的影响。然而在19世纪60年代，德加接触到了马奈和早期的印象派画家，他自己的绘画风格转向了从生活中观察到的更为当代的题材。尽管德加积极参加历届印象派画展（仅有一次除外），然而他的作品颇具现实主义风格：赛马场景、芭蕾舞女、咖啡馆常客、中产阶级的室内陈设以及肖像画是他众多印象派作品的题材。在最后一次画展上（1886年），德加参展的作品是彩色蜡笔画的浴者画，这宣告了他创作生涯晚期又一个重要主题，同时也显示出其对于其他创作媒介的兴趣所在。德加的成功使他有能力收藏其他画家的作品，包括塞尚的几幅油画。

欧仁·德拉克洛瓦（Eugène Delacroix，1798—1863年） 法国浪漫主义画派的领军人物。宏大的构图、明亮的色彩、动人的文学历史主题使得德拉克洛瓦成为古典主义画家让·奥古斯特·多米尼克·安格尔一生的劲敌。德拉克洛瓦对后辈作家如塞尚、毕加索产生了深远的影响。绘画生涯中创作的大幅油画显示出他对东方文化——史诗主题的迷恋，而在他的油画素描或水彩画中，他强烈的表现手法以及众多色彩的运用与选择的题材相得益彰。在众多追随者的眼中，这是他独创性的精髓所在。

阿基里斯·昂珀雷尔（Achille Emperaire，1829—1898年） 与塞尚一样，在去往巴黎之前昂珀雷尔在艾克斯的绘画学校习画，师从当地画家约瑟夫·吉伯。19世纪60年代他也在瑞士学院学习，两位画家大概就是在这里相遇了。然而，尽管塞尚尊敬昂珀雷尔的艺术天赋，早期他为模特创作了一幅非常重要的肖像画（画中突显了他的畸形身材），甚至在老年时与他为伴，昂珀雷尔事业的发展却并不如意。塞尚曾以充满同情的口吻在写给左拉的信中有所提及。昂珀雷尔晚年贫困交加，在艾克斯去世。

居斯塔夫·福楼拜（Gustave Flaubert，1821—1880年） 出生于卢昂一个颇有名望的医生家庭。年轻时学习法律，由于受神经官能症的折磨，转而进行写作创作。他写作的题材广泛：可以点燃对法国资产阶级的怒火（《包法利夫人》，创作于1857年），激发异域色彩的浪漫情调（《萨朗波》，创作于1862年），或者充满讽刺意味（《布瓦尔和佩居谢》，未完成）。福楼拜充满奇情异想的《圣安东尼的诱惑》的最后一个版本发表于1874年。塞尚从这部作品中受到启发，创作出早期的情色主题。这部小说无论对福楼拜还是塞尚都起到了自我启示的作用。尽管《包法利夫人》出版后，当局以伤风败俗为由起诉福楼拜，但他的才华还是受到了同时代文学巨匠的认可。

若阿基姆·加斯凯（Joachim Gasquet，1873—1921年） 若阿基姆·加斯凯是塞尚儿时好友亨利·加斯凯的儿子，地方诗人、普罗旺斯作家协会成员之一。他的作品受象征主义文学影响，对于地方风土人情有着强烈的认同感，并且忠诚于天主教。加斯凯于1896年结识塞尚，作为塞尚的传记作家被世人铭记。他记录了画家许多深刻的艺术思想。从一位地方作家的角度反映了战后法国的民族主义。这让他之后的塞尚研究学者既惊喜又备感受挫。

保罗·高更（Paul Gauguin，1848—1903年） 高更出生于巴黎，童年时期在秘鲁长大。之后四处游历，丁普法战争后返回巴黎，成了一名股票经纪人。工作之余习画，经过毕沙罗（他有时和毕沙罗一起创作）引荐，高更结识了一些印象派画家，并且参加了几届印象派后期的画展。1882年股票市场崩盘，高更全身心投入绘画创作。19世纪80年代后期，他在布列塔尼带领一批青年画家组成蓬塔旺画派，在马提尼克进行短期创作，之后与凡·高在阿尔勒小镇一起创作。90年代，高更长期居住在塔希提岛，以追求永恒的原始主题和浓烈的情感表达方式。晚年，他前往马贵斯群岛，结合东西方传统，创作出极富想象力的作品。

古斯塔夫·格夫雷（Gustave Geffroy，1855—1926年） 先锋作家、评论家，莫奈的密友。曾为乔治·克列孟梭1880年创办的《正义报》撰写艺术评论。1893年起为《新闻报》撰写艺术评论。他支持许多在当时不被认可的画家，其中包括塞尚。1894年格夫雷在《新闻报》上撰文褒扬塞尚的作品。他还收藏了塞尚的一些作品。

弗朗索瓦-马瑞斯·格朗奈（François-Marius Granet，1775—1849年） 格朗奈是艾克斯本地人，师从让·安托万·康斯坦丁（1756—1844年）学习普罗旺斯风景画。1802年首次去意大利，并短暂逗留。1803年返回罗马，一直居住至1824年。是法国画家的领军人物，并与安格尔结为好友。在意大利的这些年是他创作的高产期，创作了许多意大利风景画，包括一些小幅外光油彩速写。格朗奈在巴黎以及沙龙渐渐声名鹊起。1826年他回到巴黎，成为罗浮宫的馆长。1833年他应路易-菲利普国王的要求在凡尔赛组建历史博物馆。格朗奈将自己的大部分收藏捐献给了艾克斯博物馆及日后的格朗奈博物馆。

保罗·吉古（Paul Guigou，1834—1871年） 出生于阿普特附近，年轻时在马赛学习法律。同时在附近乡下学习素描，是埃米尔·卢邦领导的普罗旺斯派的追随者。作品曾在当地展出。1862年回到巴黎，作品定期出现在沙龙画展上。不过，每年夏天他都会回到普罗旺斯，那是他工作的重点。早期的作品以厚涂为主，色彩明亮。尽管在巴黎结识了盖尔布瓦咖啡馆画家们，他晚期的作品却愈加内敛。

阿尔芒德·基约曼（Armand Guillaumin，1841—1927年） 1861年与塞尚在瑞士学

院相识，并把塞尚介绍给毕沙罗。之后三人一起在蓬图瓦兹习画，结识了嘉ცิ医生。尽管他没有取得像塞尚和毕沙罗那样的艺术成就，但却对他们产生了不可忽视的影响，并以描绘受工业化冲击的风景画而享誉画坛。基约曼曾当过铁路工人，1891年中了彩票后得以全职绘画。

安东尼·基美（Antoine Guillemet，1841—1918年） 出生于富裕的船运世家。早期跟随巴比松派画家习画，1865年作品首次参加沙龙画展。在瑞士学院及巴黎的其他地方，他结识了毕沙罗、塞尚、莫奈和左拉。作为塞尚的朋友，两位画家曾在巴黎附近一起作画，同游艾克斯。基美还为塞尚早期充满想象力的作品命名。然而，基美从未效仿过印象派作品。他的作品不断出现在沙龙展上。1882年，基美成为沙龙的评审。同年，在他的努力下，塞尚的作品被沙龙接受——这是仅有的一次。

爱德华·马奈（Édouard Manet，1832—1883年） 出生于巴黎，父亲是内务部首席司法官。马奈的艺术作品反映了19世纪60年代法国资产阶级的都市生活。18岁时走进学院派画家托马斯·库尔尔的画室学习绘画。尽管马奈的作品着眼于当代主题，反映现实主义作品的早期流派，但是一生中他不断地向沙龙提交作品，结果常常是遭到评论界"离经叛道"的评论。《草地上的午餐》落选1863年举办的沙龙。两年后，《奥林匹亚》奠定了他在法国先锋艺术中的地位。之后无数的画家，包括塞尚，都在自己的作品中向马奈的这幅作品致敬。尽管马奈与盖尔布瓦咖啡馆画家在一起时常常一副绅士派头，被人尊敬和羡慕，但是他却从未参加任何印象派画展。晚年，他创作的作品色调更加明亮，笔触更加自由，描绘了一些之前很少涉及的外光题材。

安东尼-福蒂纳·马里恩（Antoine-Fortuné Marion，1846—1900年） 塞尚和左拉在艾克斯的好友。年轻时开始学画，深受塞尚的影响（还充当过塞尚的模特）。他写给德国音乐家海因里希·莫施塔特的信件成为研究塞尚早年生涯的宝贵文献。不过，马里恩对艾克斯周边地区地质特点以及对化石和古董的兴趣使得他放弃了绘画，转而从事自然科学的研究。他是马赛大学的动物学教授，也是当地自然历史博物馆的馆长。

克劳德·莫奈（Claude Monet，1840—1926年） 在勒阿弗尔长大，在巴黎的瑞士学院习画，期间结识了毕沙罗。之后在格莱尔的画室习画，认识了雷诺阿、西斯莱和巴齐耶。19世纪60年代中期曾与马奈在人物画上一争高下，之后几乎全部精力投入了风景画的创作。1869年夏，莫奈和雷诺阿在博尼耶尔进行创作，莫奈捕捉光照主题、城郊的闲适，采用自然流露的开放的画风，即早期的印象主义风格。在首届印象派画展上，塞尚的作品《日出·印象》成为最成功的几幅作品之一。印象派的说法即由此画得名。莫奈的许多作品进一步阐释了何为印象派。与同期许多画家一样，大约在19世纪80年代之后，莫奈的画风有了变化。描绘更广范围的法国风景的崭新主题取代了早期的主题。这些新的主题激发画家尝试新的色彩，采用新的绘画技巧，大大丰富了印象主义所要表达的内容。到了90年代，莫奈开始构思同一主题的系列作品。与同时代画家相比，他获取的经济收益几乎无人能及。事业上的成功让他有能力收藏朋友的作品，包括塞尚的作品。

卡米耶·毕沙罗（Camille Pissarro，1830—1903年） 出生于丹麦维京群岛（现属美国管辖）的一个法裔犹太家庭。在当地师从丹麦画家里兹·梅尔贝（1826—1896年），并追随其至委内瑞拉习画。1855年毕沙罗回到巴黎，就读巴黎美术学院。1859年起就读瑞士学院，结识了莫奈、塞尚和基约曼。期间，他还跟随柯罗习画，参加沙龙展，开始描绘乡村风景。乡村风景是印象派画家关注的焦点。1866年，毕沙罗去往蓬图瓦兹，不过依然和盖尔布瓦咖啡馆画家保持密切联系。积极组织印象派画展，成为唯一一位参加了所有八届印象派画展的画家。19世纪70年代，塞尚、基约曼（之后还有高更）在蓬图瓦兹跟随毕沙罗习画，这些画家均受过毕沙罗的鼓励，并且和他一样致力于描绘乡村主题，学习坚实的印象派笔法。毕沙罗是一位社会活动家，对农民有着强烈的同情心。他的这些政治上的同情心常常体现在其作品中。然而，短暂地尝试了新印象派的技法，了解了法国无政府主义政治后，毕沙罗在90年代创作了一系列以巴黎、鲁昂、勒阿弗尔、迪耶普等地风光为主题的作品。这些作品生动有活力，为印象派的发展做出了重大贡献。

皮埃尔-奥古斯特·雷诺阿（Pierre-Auguste Renoir，1841—1919年） 出生于利摩日的工人阶级家庭，在巴黎长大，是一位画瓷器画的学徒。1861年他在格莱尔的画室习画，结识了莫奈、巴齐耶和西斯莱。第二年被巴黎美术学院录取。几幅作品在沙龙展出后，雷诺阿开始跟随在格莱尔画室认识朋友习画。1869年夏，他和莫奈在格尔奴叶进行创作。两位画家采用明亮的色彩，迅捷、断裂的笔触，确立了早期印象派的绘画风格。雷诺阿参加了前三届印象派画展，确立了女性题材是其创作的重点。19世纪70年代末期成为一名成功的肖像画家，他受到史无前例的关注，也为他带来数目可观的佣金。然而，大约在80年代，像莫奈一样，雷诺阿开始寻找新的创作渠道。他前往意大利向文艺复兴时期的大师学习裸体画。晚期作品摒弃了其早期印象派作品中的创作笔法和现代感，而专注于模糊的地中海背景下神秘的裸体和浴者画。

乔治·修拉（Georges Seurat，1859—1891年） 1878—1979年在巴黎美术学院学习，描绘当代主题，既包括乡下的主题，也包括城市主题。他创造出一种新的绘画笔法，标志了他的画风日渐成熟。受当代色彩理论的影响，修拉试图制定理性的依据及绘画手法来约束早期印象主义迅捷的笔法和瞬时的光影效果。在一些作品如《安涅尔浴场》（落选1884年沙龙）中，修拉把印象派画家对资产阶级休闲活动的描绘转变成对休憩中的工人阶级人物形象的准科学研究。与严密有序的画面结构相冲突。修拉最好的作品《大碗岛星期天的下午》完美演示了他的点彩技法，并在最后一届印象派画展（1886年）中展出。尽管修拉的职业生涯短暂，但是他却影响了许多画家，其中既有年轻的画家如保罗·西涅克，也有毕沙罗。

皮埃尔·唐基（Julien-François，1825—1894年） 曾是巴黎公社社员，也是巴黎艺术品商人。因对苦苦挣扎的先锋画家慷慨解囊而为世人所知。尽管这些画家的作品可能很难出售，他还是经常购买收藏。19世纪1875年肖凯从唐基处购买了他的首批塞尚作品。90年代初，位于克罗采街14号光线幽暗、狭长的唐基店是唯一一家可以定期看到塞尚作品的地方。1894年唐基去世后他收藏的画作在拍卖会出售，塞尚的四幅作品被年轻的安布鲁瓦兹·沃拉尔购买。沃拉尔成为塞尚的首位画商。

文森特·凡·高（Vincent van Gogh，1853—1890年） 尽管这位荷兰画家在现代美术史上有着谜一样的崇高地位，但他直到27岁才把绘画当作自己的职业。凡·高是荷兰乡下一位牧师的长子，童年性格孤僻。19世纪70年代初在伦敦和巴黎给一位画商当学徒。由于内心对宗教的热爱与经商的需求相冲突，他去往比利时传道。1880年开始全职进行绘画创作。凡·高80年代创作的一些忧郁的形象生动记录了他对于乡下穷苦人民的同情心理。1886年凡·高前往巴黎，在那里他开始尝试新的绘画题材和色彩搭配，创作笔法显得更加有活力。这些改变说明他迅速地汲取了印象派和新印象派的创作技法。1888年

初，受地中海明媚光线、乡下风景以及农民的吸引，同时内心渴望建立一个画家圈，凡·高离开巴黎前往阿尔勒。高更在1888年曾短期来访，并且深深地被凡·高作品（如《向日葵》）大胆的装饰风格和明亮的色彩所吸引，然而凡·高伴随一生的精神错乱几次发作，导致病情加剧。1889年5月凡·高被关进圣雷米的精神病院，在那里，他创作了久负盛名的《星夜》。一年后，他搬到瓦兹河畔的奥维尔居住，接受嘉舍医生的治疗。嘉舍医生是许多印象派画家的好友。不堪疾病的折磨，1890年7月，凡·高在奥维尔结束了自己的生命。

安布鲁瓦兹·沃拉尔（Ambroise Vollard，1867—1939年） 生于留尼旺岛，在巴黎学习法律。跟随一位画商短期学徒后，于1894年在时尚的拉菲特街开了一间小画廊。沃拉尔在唐基店中接触到了塞尚的作品，并在唐基去世后的拍卖会上购买了四幅塞尚的作品，很快成为塞尚的画商。1895年，他举办了塞尚的首个个人画展，展出150件作品，确立了自己及塞尚的先锋艺术圈中的地位。沃拉尔与塞尚的儿子关系密切，得以在之后的十年收藏了众多大师的作品。他是一位在商业上非常成功的画商，吸引了世界各地的客户，其中包括俄罗斯收藏家谢尔盖·休金、德国收藏家保罗·卡西尔和法国工业家奥古斯特·佩尔兰。

埃米尔·左拉（Émile Zola，1840—1902年） 巴黎出生，在普罗旺斯艾克斯长大。左拉是塞尚少年时代在艾克斯以及在巴黎的职业生涯初期最亲密的朋友。19世纪60年代声名鹊起，是一名记者、评论家和现实主义画家马奈的捍卫者。左拉的首部重要小说《红杏出墙》于1867年出版。左拉支持法国自然主义文学理论，尝试把观察和分析的科学方法运用到其对法国社会的研究中。在他的系列长篇小说（共包括20部小说）《卢贡-马卡尔家族》（其中包括评论第二帝国艺术史和早期印象主义，使他与塞尚友谊终止的小说《杰作》）中，左拉探讨了遗传和环境对一个家庭的影响。尽管在运用准科学方法方面有所建树，然而左拉更大的天赋在于他激发了人们对于底层人物的现代化城市生活的思考。作为一位热切的社会改革家，他写了许多抨击教权主义的文章，并且因抨击法国政府对德雷福斯案件的不公处理的《我控诉》（创作于1898年）一文而在职业生涯晚期更加为人瞩目。尽管因诽谤罪而受到指控，但左拉的努力促使政府重审德雷福斯案件。左拉因煤气中毒逝世。

年表

保罗·塞尚的生平及艺术作品	历史事件（除特别说明外，均发生在法国）
1839年 1月19日保罗·塞尚出生于普罗旺斯艾克斯的歌剧院街28号。	**1840年** 左拉、莫奈出生。
1841年 妹妹玛丽出生。	**1841年** 雷诺阿、巴齐耶、基约曼和吉耶梅出生。
1844年 塞尚父亲路易-奥古斯特·塞尚与母亲安妮-伊丽莎白-奥诺丽娜·奥贝尔结婚。	
	1847年 库蒂尔的《颓废的罗马人》[43]在沙龙展出。 英国：夏洛蒂·勃朗特，《简爱》。
	1848年 大革命使国王路易-菲利普逊位。第二共和国成立。路易-拿破仑当选总统。高更出生。 德国：卡尔·马克思和弗里德里希·恩格斯，《共产党宣言》。 英国：前拉斐尔兄弟会成立。
	1849年 弗朗索瓦-马瑞斯·格朗奈去世，遗产赠予艾克斯的博物馆。
	1851年 拿破仑发动政变。 英国：万国博览会在伦敦水晶宫开展。 美国：赫尔曼·梅尔维尔，《白鲸》。
1852年 就读艾克斯波旁学院（至1858年）。	**1852年** 第二帝国成立。奥斯曼男爵重新改造巴黎。
	1853年 荷兰：凡·高出生。
1854年 妹妹罗斯出生。	**1854年** 费利波希吉社成立。 克里米亚战争开始（至1856年结束）。
	1855年 巴黎万国博览会召开。库尔贝成立自己的"现实主义亭"画廊。
1857年 就读艾克斯免费的绘画学校，师从约瑟夫·吉伯。	**1857年** 福楼拜，《包法利夫人》。
1858年 11月12日通过中学毕业会考。	**1858年** 左拉前往巴黎。

1859年	在艾克斯大学学习法律。在绘画学校获得绘画比赛二等奖。其父于9月购置热德布芳花园。	1859年	乔治·修拉出生。 弗雷德里克·米斯特拉尔创作诗歌《米洛依》。 英国：查尔斯·达尔文创作《物种起源》。
1861年	4月至9月在巴黎。在瑞士学院学习绘画，结识卡米耶·毕沙罗。回到艾克斯后在其父的银行任职。	1861年	卡巴内尔的《森林之神与水泽仙女》[38]在沙龙展出。 瓦格纳的《唐怀瑟》在巴黎歌剧院上演。 美国：内战开始（至1865年结束）。 俄国：亚历山大二世废除农奴制。
1862年	离开父亲的银行。11月回到巴黎，入读瑞士学院。	1862年	福楼拜，《萨朗波》。 普鲁士：奥托·冯·俾斯麦出任首相。
1863年	作品在落选者沙龙展出。获许在罗浮宫临摹作品。通过弗雷德里克·巴齐耶结识雷诺阿。	1863年	德拉克洛瓦去世。 落选者沙龙展出马奈的《草地上的午餐》[21]。
1864年	7月回到艾克斯，8月在埃斯塔克居住。	1864年	瑞士：国际红十字会成立。
1865年	多数时间在巴黎居住。提交沙龙的作品遭到拒绝。冬天回到艾克斯。	1865年	马奈的《奥林匹亚》[84]在沙龙展出。 英国：刘易斯·卡罗尔，《爱丽丝漫游仙境》。
1866年	2月回到巴黎。夏天与左拉、瓦拉布列格、巴齐耶一起游览班库尔。创作《博尼耶尔风光》[51]。8—12月在艾克斯居住。闲时与马里恩和瓦拉布列格散步，并为二人创作《马里恩和瓦拉布列格》。用画刀作画[27-9,31-3]		
		1867年	安格尔去世。万国博览会；马奈和库尔贝举办自己的画展。左拉，《泰蕾丝·拉甘》 墨西哥：马西米连诺一世被处死。
1869年	多数时间住在巴黎。与奥尔唐丝·富盖相识（生于1850年）。	1869年	苏伊士运河开通。 亨利·马蒂斯出生。 福楼拜，《情感教育》。
1870年	两幅作品遭到沙龙的拒绝——一幅裸体人像（现已遗失）和《阿基里斯·昂珀雷尔的肖像》[104]。5月31日出席左拉的婚礼。返回艾克斯，整个秋天在埃斯塔克与奥尔唐丝一起度过。	1870年	法国向普鲁士宣战。法国在色当战败后，拿破仑三世被迫退位。在阿道夫·梯也尔的领导下成立第二共和国。巴黎被普鲁士兵围困。巴齐耶去世。
		1871年	巴黎沦陷。3月巴黎公社成立。5月遭到政府军的血腥镇压。法国与普鲁士签订合约，割让阿尔萨斯-洛林地区。
1872年	1月4日奥尔唐丝·富盖在巴黎生下	1872年	莫奈创作印象派作品《日出·印

儿子保罗。举家迁至蓬图瓦兹，之
后又到瓦兹河畔奥维尔小镇。塞尚
与毕沙罗一起创作，并临摹了他的
一幅作品[60-1]。

1873年 麦克-马洪元帅当选总统。占领区的
普鲁士军队撤离法国领土。

1874年 在4月15日至5月15日举办的首届印
象派画展上展出了《自缢者之家》
[67]、《现代奥林匹亚》[85]以及
一幅风景画。之后，塞尚返回埃克
斯。秋季回到巴黎。毕沙罗创作了
他的肖像画[106]。

1874年 首届印象派画展。
福楼拜，《圣安东尼的诱惑》。

1875年 部分时间待在艾克斯。通过雷诺阿
结识维克多·肖凯。

1875年 查尔斯·加尼叶设计的巴黎歌剧院
对公众开放。

1876年 在埃斯塔克过夏天。

1876年 第二届印象派画展。
美国：亚历山大·格拉汉姆·贝尔
发明电话。

1877年 多数时间待在巴黎及周边地区。在
第三届印象派画展中有16幅作品参
展，包括《休息的浴者》[99]。

1877年 第三届印象派画展。
左拉，《小酒店》。
库尔贝在瑞士去世。
英国：维多利亚女王宣布就任印度
女皇。

1878年 在艾克斯和埃斯塔克度过。奥尔唐
丝和儿子保罗住在马赛。3月，塞
尚父亲知晓奥尔唐丝和私生子保罗
之事。

1878年 万国博览会。

1879年 3月回到巴黎。4月与奥尔唐丝和儿
子保罗前往默伦镇居住至1880年
春。尽管吉耶梅担任沙龙评委，塞
尚的作品仍落选沙龙。去梅塘拜访
左拉。

1879年 第四届印象派画展。
儒勒·格雷维担任总统。
美国：托马斯·爱迪生发明电
灯泡。

1880年 3—4月居住在巴黎。夏天在梅塘创
作，作品包括《梅塘城堡》[123]。

1880年 第五届印象派画展。
左拉，《娜娜》。

1881年 5—10月与毕沙罗一起在蓬图瓦兹
创作。结识高更。夏天奥尔唐丝和
儿子保罗住在巴黎，塞尚住在普罗
旺斯。

1881年 第六届印象派画展。沙龙由国家
举办转为由法国艺术家协会负责
举办。
西班牙：巴勃罗·毕加索出生。

1882年 雷诺阿去埃斯塔克拜访塞尚。5
月，一幅作品被沙龙接受。

1882年 第七届印象派画展。
乔治·布拉克出生。

1883年 12月雷诺阿和莫奈去埃斯塔克拜访
塞尚。

1883年 左拉，《妇女乐园》
马奈去世。
英国：卡尔·马克思去世。

1884年 保罗·西涅克购置皮埃尔·唐基店
里收藏的《瓦兹河谷》[126]。

1885年 短暂的恋爱经历。3月，受神经痛
的困扰。去拉罗舍居伊翁拜访雷诺

	阿。在维尔尼斯和韦尔农逗留。8月返回艾克斯。秋天，与奥尔唐丝和儿子保罗前往加尔达纳（居住至1886年夏）。

1886年 左拉的作品《杰作》出版，与塞尚的友谊走向尽头。4月28日塞尚与奥尔唐丝在艾克斯结婚。父亲于10月23日去世。	**1886年** 第八届也是最后一届印象派画展。
1888年 在巴黎居住至年底。	**1888年** 罗浮宫自画像展。 美国：乔治·伊士曼研制的柯达相机诞生。
1889年 《自缢者之家》[63]在万国博览会上展出。	**1889年** 万国博览会庆祝法国大革命100周年。埃菲尔铁塔开放。
1890年 1月与"二十人社"画家一起在布鲁塞尔的画展上展出三幅作品，其中包括《自缢者之家》[63]。与奥尔唐丝和儿子保罗在瑞士住了5个月。之后奥尔唐丝返回巴黎，塞尚返回艾克斯。开始遭受糖尿病困扰。	**1890年** 凡·高去世。 连接伦敦和巴黎的电话线开通。
1891年 塞尚削减了奥尔唐丝和儿子保罗的开销，奥尔唐丝带保罗回到艾克斯居住。塞尚与母亲和妹妹玛丽住在热德布芳花园。成为一名虔诚的天主教徒。	**1891年** 维克多·肖凯和乔治·修拉去世。高更去往塔希提岛。
1892年 在枫丹白露森林创作。埃米尔·伯纳德发表关于塞尚的评论文章。	
1894年 古斯塔夫·格夫雷在《新闻报》发表关于塞尚的评论文章。塞尚拜访住在吉维尼的莫奈。	**1894年** 卡耶博特去世，收藏捐献给法国政府。皮埃尔·唐基去世。 沃拉尔在巴黎拉菲特街开画廊。 军官阿弗列·德雷福斯被判为叛国罪。
1895年 开始创作《古斯塔夫·格夫雷的肖像》[171]。11月在画商安布鲁瓦兹·沃拉尔的画廊首次个人画展。在比贝幕斯采石场租住一间小屋（至1899年）。	**1895年** 英国：奥斯卡·王尔德，《不可儿戏》。 美国：史蒂芬·克莱恩，《红色英勇勋章》。
1896年 会见儿时伙伴亨利·加斯凯的儿子若阿基姆·加斯凯，并创作其肖像画《若阿基姆·加斯凯的肖像》[182]。夏天，与奥尔唐丝和儿子保罗在安纳西湖的塔卢瓦尔[184]度过了两个月时间。秋天和冬天在巴黎度过。	**1896年** 马达加斯加沦为法国殖民地。
1897年 10月25日母亲去世。	
	1898年 阿基里斯·昂珀雷尔去世。左拉发表写给总统菲利斯·弗尔的公开信《我控诉》为军官德雷福斯辩护。

居里夫妇发现了镭。

1899年	多数时间在巴黎及周边生活。创作《安布鲁瓦兹·沃拉尔的肖像》[183]。热德布芳花园被出售。塞尚回到艾克斯。亨利·马蒂斯从沃拉尔处购买《三浴女》[94]。	**1899年**	保罗·希涅克，《从德拉克洛瓦到后印象主义》。西斯莱去世。
1900年	三幅作品在万国博览会上参展。	**1900年**	万国博览会。法国地铁开通。奥地利：西格蒙德·弗洛伊德，《梦的解析》。
1901年	11月在卢弗斯购置土地用作画室。	**1901年**	莫里斯·丹尼的《向塞尚致敬》[201]在沙龙展出。英国：维多利亚女王去世。马可尼成功发送第一个横跨大西洋的无线电信号。
1902年	9月卢弗斯画室完工。写遗嘱指定儿子为唯一继承人。	**1902年**	左拉去世。
		1903年	高更在马克萨斯群岛去世。毕沙罗在巴黎去世。
1904年	埃米尔·伯纳德到艾克斯拜访塞尚。巴黎第二届秋季沙龙有一整个房间展出塞尚作品。	**1904年**	弗雷德里克·米斯特拉尔与另一位作家共同获得诺贝尔文学奖。
1905年	沃拉尔画廊展出塞尚的水彩画。夏天，在枫丹白露创作。	**1905年**	野兽派画家的作品在秋季沙龙参展。德国：桥社在德累斯顿成立。
1906年	1月，莫里斯·丹尼斯到艾克斯拜访塞尚。10月23日在艾克斯的布勒贡街23号去世（墓碑上记载为22日，有误）。	**1906年**	毕加索创作《格特鲁德·斯泰因画像》[144]，《牵马的男孩》[204]。美国：旧金山发生地震。

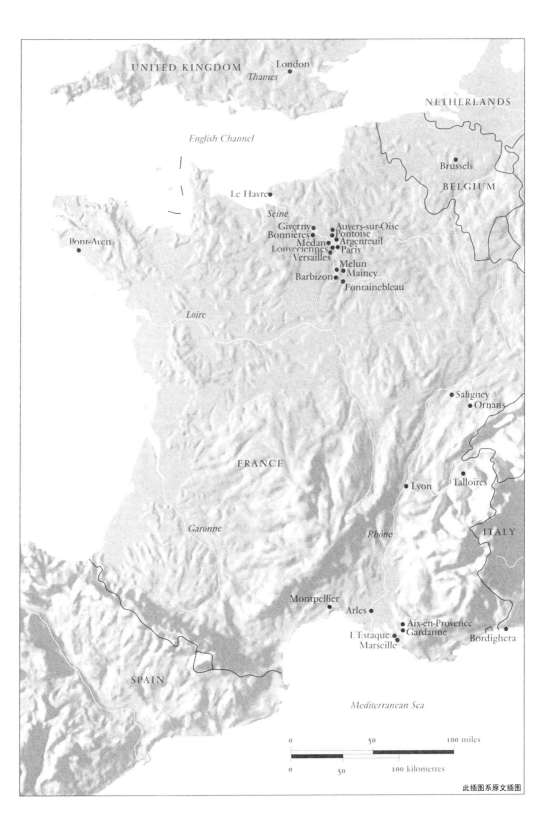

UNITED KINGDOM

London

Thames

English Channel

NETHERLANDS

Brussels

BELGIUM

Le Havre

Seine

Giverny
Bonnières
Médan
Louveciennes
Versailles
Auvers-sur-Oise
Pontoise
Argenteuil
Paris
Melun
Maincy
Barbizon
Fontainebleau

Pont-Aven

Loire

FRANCE

Garonne

Saligney
Ornans

Talloires

Lyon

Rhône

ITALY

Montpellier

Arles

Aix-en-Provence
Gardanne
L'Estaque
Marseille
Bordighera

SPAIN

Mediterranean Sea

0   50   100 miles

0   50   100 kilometres

此插图系原文插图

拓展阅读

原始文献与传记研究

Paul Cézanne, Letters, ed. John Rewald, trans. by Seymour Hacker (revised edn, New York, 1984)

P M Doran (ed.), Conversations avec Cézanne (Paris, 1978)

Joachim Gasquet, Joachim Gasquet's Cézanne: A Memoir with Conversations, trans. by C Pemberton (London and New York, 1991)

Camille Pissarro, Letters to His Son Lucien, ed. John Rewald (New York, 1943)

John Rewald, Cézanne, A Biography (New York and London, 1986)

Ambroise Vollard, Cézanne (Paris 1914, repr. New York, 1984)

目录

Adrien Chappuis, The Drawings of Paul Cézanne: A Catalogue Raisonné, 2 vols (Greenwich, CT and London, 1973)

John Rewald, Paul Cézanne: The Watercolours: A Catalogue Raisonné (Boston and London, 1983)

John Rewald with Walter Feilchenfeldt and Jayne Warman, The Paintings of Paul Cézanne: A Catalogue Raisonné, 2 vols (New York and London, 1996)

展览目录（按时间顺序）

Lawrence Gowing, Cézanne (Arts Council of Great Britain, London, 1954)

William Rubin (ed.), Cézanne: The Late Work (Museum of Modern Art, New York; Museum of Fine Arts, Houston, 1977–8)

Götz Adriani, Cézanne Watercolors (New York, 1983)

Joseph J Rishel, Cézanne in Philadelphia Collections (Philadelphia Museum of Art, 1983)

Denis Coutagne, Cézanne au Musée d'Aix (Musée Granet, Aix-en-Provence, 1984)

Lawrence Gowing, Paul Cézanne: The Basel Sketchbooks (Museum of Modern Art, New York, 1988)

Lawrence Gowing (ed.), Cézanne: The Early Years 1859–1872 (Royal Academy of Arts, London; National Gallery of Art, Washington, DC; Musée d'Orsay, Paris, 1988–9)

Mary Louise Krumrine, Paul Cézanne: The Bathers (New York, 1990)

Denis Coutagne, Sainte-Victoire, Cézanne 1990 (Musée Granet, Aix-en-Provence, 1990)

Richard Verdi, Cézanne and Poussin: The Classical Vision of Landscape (National Galleries of Scotland, Edinburgh, 1990)

Götz Adriani, Cézanne Paintings (Cologne, 1995)

Françoise Cachin and Joseph J Rishel (eds), Cézanne (Grand Palais, Paris; Tate Gallery, London; Philadelphia Museum of Art, 1995–6)

Terence Maloon (ed.), Classic Cézanne (Art Galleries of New South Wales, Sydney, 1998)

Katharina Schmidt (ed.), Manet, Zola, Cézanne: Das Portrat des modernen Literaten (Kunstmuseum, Basel, 1999)

Cézanne Watercolors (Acquavella Galleries, New York, 1999)

Cézanne und die Modern (Foundation Beyler, Basel, 1999)

Cézanne and Japan (Yokohama Museum of Art; Aichi Prefectural Museum of Art, Nagoya, 1999–2000)

Felix Baumann et al., Cézanne: Finished–Unfinished (Kunstforum, Vienna; Kunsthaus, Zurich, 2000)

专题研究及批判研究

Kurt Badt, The Art of Cézanne, trans. by Sheila Ann Ogilvie (Berkeley, CA, 1965)

Yve-Alain Bois, 'Cézanne: Words and Deeds', October, 84 (Spring 1998)

Françoise Cachin et al. (eds), Cézanne aujourd'hui: Actes du colloque organisé par le musée d'Orsay, novembre 1995 (Paris, 1997)

Isabelle Cahn, Paul Cézanne (Paris, 1995)

Denis Coutagne, Cézanne ou la peinture en jeu (Limoges, 1982)

—, Les Sites cézanniens du pays d'Aix (Paris, 1996)

Douglas Druick, 'Cézanne's Lithographs' in William Rubin (ed.), Cézanne, The Late Work, op.cit., pp.119–138

Roger Fry, Cézanne: A Study of His Development (New York, 1927, repr. Chicago, 1989)

Tamar Garb, 'Cézanne, Identifying the Body', Tate, 8 (Spring 1996), pp.22–8

Clement Greenberg, The Collected Essays and Criticism, ed. John O'Brian, 4 vols (Chicago, 1986–93)

John House, 'Completing the Picture', Tate, 8 (Spring 1996), pp.29–33

Richard Kendall (ed.), Cézanne and Poussin: A Symposium (Sheffield, 1993)

—, 'Degas and Cézanne: Savagery and Refinement' in The Private Collection of Edgar Degas (exh. cat., Metropolitan Museum of Art, New York, 1997), pp.197–219

Jean-Claude Lebensztejn, 'Persistance de la memoire', Critique, 49 (August–September 1993)

Mary Tompkins Lewis, Cézanne's Early Imagery (Berkeley, CA, 1989)

Erle Loran, Cézanne's Composition (Berkeley, CA, 1943)

Pavel Machotka, Cézanne: Landscape into Art (New Haven and London, 1996)

Maurice Merleau-Ponty, 'Le Doute de Cézanne', Fontaine, 47 (December 1945)

Robert Ratcliffe, 'Cézanne's Working Methods and Their Theoretical Background' (PhD dissertation, University of London, 1960)

Theodore Reff, 'Reproductions and Books in Cézanne's Studio', Gazette des Beaux-Arts, 56:1102 (November 1960), pp.303–9

—, 'Cézanne's Constructive Stroke', Art Quarterly, 25:3 (Autumn 1962), pp.214–27

—, 'Copyists in the Louvre', Art Bulletin, 46:4 (December 1964), pp.552–9

—, 'The Pictures within Cézanne's Pictures', Arts Magazine, 53:10 (June 1979), pp.90–104

John Rewald, Cézanne and America, Dealers, Collectors, Artists and Critics, 1891–1921 (Princeton and London, 1989)

Rainer Maria Rilke, Letters on Cézanne, trans. by Joel Agee (New York, 1985)

Joseph J Rishel, Great Paintings from the Barnes Foundation (New York and London, 1993), cat. entries pp.102–63

Meyer Schapiro, Paul Cézanne (New York, 1952)

—, 'The Apples of Cézanne: An Essay on the Meaning of Still-Life', Art News Annual, 34 (1968), pp.34–53, reprinted in Modern Art: Selected Papers (New York and London, 1978)

Richard Shiff, Cézanne and the End of Impressionism (Chicago and London, 1984)

—, 'Cézanne's Physicality: The Politics of Touch' in Salim Kemal and Ivan Gaskell (eds), The Language of Art History (Cambridge, 1991), pp.129–80

Paul Smith, Interpreting Cézanne (London, 1996)

Leo Steinberg, 'Resisting Cézanne: Picasso's "Three Women"', Art in America, 66:6 (November–December 1978), pp.114–33

Lionello Venturi, Cézanne (Geneva, 1978)

Richard Verdi, Cézanne (London, 1992)

Jayne Warman (ed.), 'L'Année Cézanniene', Bulletin de la Société Paul Cézanne, 1 (Aix-en-Provence, 1999)

Judith Wechsler, The Interpretation of Cézanne (New York, 1972)

历史和艺术背景

Albert Boime, The Academy and French Painting in the Nineteenth Century (New Haven and London, 1986)

Richard Brettell et al., A Day in the Country: Impressionism and the French Landscape (exh. cat., Los Angeles County Museum of Art, 1984)

Timothy J Clark, The Painting of Modern Life: Paris in the Art of Manet and his Followers (New York and London, 1985)

Nicholas Green, The Spectacle of Nature: Landscape and Bourgeois Culture in Nineteenth-Century France (Manchester and New York, 1990)

Robert L Herbert, Impressionism: Art, Leisure, and Parisian Society (New Haven and London, 1988)

Richard Hobbs (ed.), Impressions of French Modernity (Manchester, 1998)

Sara Lichtenstein, 'Cézanne and Delacroix', Art Bulletin, 46:1 (March 1964), pp.55–67

Patricia Mainardi, Art and Politics of the Second Empire: The Universal Expositions of 1855 and 1867 (New Haven and London, 1987)

John McCoubrey, 'The Revival of Chardin in French Still-Life Painting, 1850–1870', Art Bulletin, 46 (March 1964), pp.39–53

Charles S Moffett et al., The New Painting: Impressionism 1874–1886 (exh. cat., The Fine Arts Museums of San Francisco, 1986)

Linda Nochlin, 'Impressionist Portraits and the Construction of Modernity' in Renoir's Portraits (exh. cat., National Gallery of Canada, Ottawa, 1997), pp.53–75

—, Cézanne's Portraits (Lincoln, NE, 1996)

Philip Nord, The Republican Moment: Struggles for Democracy in Nineteenth-Century France (Cambridge, MA, 1995)

Daniel Pick, Faces of Degeneration: A European Disorder, c.1848–1918 (Cambridge, 1989)

John Rewald, The History of Impressionism (4th revised edn, London and New York, 1973)

Jane Mayo Roos, Early Impressionism and the French State, 1866–1874 (Cambridge and New York, 1996)

Robert Rosenblum, Nineteenth Century Art (New York, 1984)

—, Paintings in the Musée d'Orsay (New York, 1989)

James H Rubin, Impressionism (London, 1999)

Meyer Schapiro, Impressionism, Reflections and Perceptions (New York, 1997)

Aaron Sheon (essay), Paul Guigou, 1834–1871 (exh. cat., William Beadleston Inc., New York, 1987)

Richard Thomson (ed.), Framing France:

The Representation of Landscape in France, *1870–1914* (Manchester, 1998)

Gary Tinterow and Henri Loyrette, Origins of Impressionism (exh. cat., Metropolitan Museum of Art, New York, 1994)

Martha Ward, 'Impressionist Installations and Private Exhibitions', Art Bulletin, 73:4 (December 1991), pp.599–622

Carol Zemel, Van Gogh's Progress: Utopia, Modernity, and Late-Nineteenth-Century Art (Berkeley, CA, 1997)

—, Mon Salon, Manet, Ecrits sur l'art, ed. Antoinette Ehrard (Paris, 1970)

第1章

André M Alauzen, La Peinture en Provence (Marseille, 1984)

Marcel Bernos et al., Histoire d'Aix-en-Provence (Aix-en-Provence, 1977)

Frédéric Mistral, The Memoirs of Frédéric Mistral, trans. by George Wickes (New York, 1986)

Hugh Quigley, The Land of the Rhone: Lyons and Provence (Boston and London, 1927)

第2章

Virginia Bettendorf, 'Cézanne's Early Realism: "Still Life with Bread and Eggs Reexamined"', Arts Magazine, 56:5 (January 1982), pp.138–41

Albert Boime, 'The Salon des Refusés and the Evolution of Modern Art', Art Quarterly, 32 (Winter 1969), pp.411–26

Fenton Bresler, Napoleon III: A Life (London and New York, 1999)

David P Jordan, Transforming Paris, The Life and Labors of Baron Haussmann (New York and London, 1995)

第3章

Giula Ballas, 'Paul Cézanne et la revue "L'Artiste"', Gazette des Beaux-Arts, 98:1355 (December 1981), pp.223–32

Albert Boime, Thomas Couture and the Eclectic Vision (New Haven and London, 1980)

Pierre Drachline, Le Crime de Pantin (Paris, 1985)

Mary Louise Krumrine, 'Parisian Writers and the Early Work of Cézanne' in Lawrence Gowing (ed.), Cézanne: The Early Years, op.cit., pp.20–31

Mary Tompkins Lewis, 'Literature, Music and Cézanne's Early Subjects' in Lawrence Gowing (ed.), Cézanne: The Early Years, op.cit., pp.32–40

Theodore Reff, 'Cézanne, Flaubert, St Anthony, and the Queen of Sheba', Art Bulletin, 44:2 (June 1962), pp.113–25

Robert Simon, 'Cézanne and the Subject of Violence', Art in America, 79:5 (May 1991), pp.120–35, 185–6

第4章

Albert Boime, Art and the French Commune, Imagining Paris after War and Revolution (Princeton, 1995)

Richard Brettell, Pissarro and Pontoise: The Painter in a Landscape (New Haven and London, 1990)

—, 'The "First" Exhibition of Impressionist Painters' in Charles S Moffett et al., The New Painting, op.cit., pp.189–202

—, 'Pissarro, Cézanne and the School of Pontoise' in Richard Brettell et al., A Day in the Country, op.cit., pp.175–204

Rupert Christiansen, Tales of the New Babylon, Paris *1869–1875* (London 1994; New York, 1995)

L'Estaque, Naisance du paysage modern *1870–1910* (exh. cat., Musée Cantini, Marseille, 1994)

Alastair Horne, The Fall of Paris. The Siege and the Commune, *1870–1871* (London, 1965, 2nd edn, 1989)

J Kaplow, 'The Paris Commune and the Arts' in J Hicks and Robert Tucker (eds), Revolution and Reaction: The Paris Commune *1871* (Amherst, 1973), pp.144–67

Joachim Pissarro, Monet and the Mediterranean (exh. cat., Kimbell Art Museum, Fort Worth; Brooklyn Museum of Art, New York, 1997–8)

Jean Rollin, La Commune de Paris *1870–71* (exh.cat., Musée d'Art et d'Histoire de Saint-Denis, 1971)

Jaques Rougerie, Paris insurge, la Commune de *1871* (Paris, 1995)

Paul Tucker, 'The First Impressionist Exhibition in Context' in Charles S Moffett et al., The New Painting, Impressionism *1874–1886*, op.cit., pp.93–117

—, 'Monet's "Impression, Sunrise" and the First Impressionist Exhibition: A Tale of Timing, Commerce and Patriotism', Art History, 7 (December 1984), pp.465–76

—, Monet at Argenteuil (New Haven and London, 1982)

Barbara Erlich White, Impressionists Side by Side (New York, 1996)

第5章

Wayne Andersen, 'Cézanne's "L'Éternal féminin" and the Miracle of Her Restored Vision', Journal of Art (December 1990), pp.43–4

Timothy J Clark, 'Freud's Cézanne' in Farewell to an Idea: Episodes from a History of Modernism (New Haven and London, 1999)

Hollis Clayson, Painted Love, Prostitution in French Art of the Impressionist Era (New Haven and London, 1991)

Benjamin Harvey, 'Cézanne and Zola: a reassessment of "LÉternel féminin"', Burlington, 140 (May 1998), pp.1312–8

John House, 'Cézanne and Poussin: Myth and History' in Richard Kendall (ed.),

Cézanne and Poussin, A Symposium, op.cit., pp.129–149

Athena S Leoussi, Nationalism and Classicism: The Classical Body as National Symbol in Nineteenth-Century England and France (London and New York, 1998)

Linda Nochlin, Bathtime: Renoir, Cézanne, Daumier and the Practices of Bathing in Nineteenth-Century France (Groningen, 1991)

Theodore Reff, 'Cézanne's "Bather with Outstretched Arms"', Gazette des Beaux-Arts, 59:1118 (March 1962), pp.173–90

Richard Shiff, 'Cézanne and Poussin: How the Modern Claims the Classic' in Richard Kendall (ed.), Cézanne and Poussin: A Symposium, op.cit., pp.51–68

Paul Tucker, 'Monet and Challenges to Impressionism in the 1880s' in Monet in the 90s, The Series Paintings (exh. cat., Museum of Fine Arts, Boston; Royal Academy of Arts, London, 1989–90), pp.15–37

第6章

Nina Athanassoglou-Kallmyer, 'An Artistic and Political Manifesto for Cézanne', Art Bulletin, 72:3 (September 1990), pp.482–92

Theodore Reff, 'Pissarro's Portrait of Cézanne', Burlington, 109 (November 1967), pp.627–33

第7章

William J Berg, The Visual Novel: Émile Zola and the Art of his Times (University Park, PA, 1992)

Lawrence Gowing and John Rewald, '"Les Maisons provençales": Cézanne and Puget', Burlington, 132 (September 1990), pp.637–9

John House et al., Landscapes of France: Impressionism and its Rivals (exh. cat. Hayward Gallery, London; Museum of Fine Arts, Boston, 1995)

Patricia Mainardi, The End of the Salon: Art and the State in the Early Third Republic (Cambridge, 1993)

Jane Mayo Roos, 'Within the "Zone of Silence": Manet and Monet in 1878', Art History, 3 (1988), pp.372–407

Paul Smith, 'Joachim Gasquet, Virgin and Cézanne's Landscape: "My Beloved Golden Age"', Apollo, 148 (October 1998), pp.11–23

第8章

Françoise Cachin and Charles S Moffet, Manet, 1832–1883 (exh. cat., Metropolitan Museum of Art, New York, 1983)

Philippe de Chennevières, 'Les Portraits d'artistes au Louvre' in Souvenirs d'un directeur des Beaux-Arts (Paris, 1889)

Michel Deleuil, Paul Cézanne, Les quinze mois à Gardanne, l'invention de la Sainte-Victoire (Paris, 1997)

Jean-Max Guieu and Alison Hilton (eds), Émile Zola and the Arts (Georgetown, 1988)

Richard Shiff, 'Sensation, Movement, Cézanne' in Terence Maloon (ed.), Classic Cézanne, op.cit., pp.13-27

第9章

Jean Sutherland Boggs et al., Degas (exh. cat., Metropolitan Museum of Art, New York, 1988)

Mary Louise Krumrine, 'Les "Joueurs de cartes" de Cézanne: un jeu de la vie' in Françoise Cachin et al. (eds), Cézanne aujourd'hui, op. cit., pp.65–74

Lynne Lawner, Harlequin on the Moon: Commedia dell'arte and the Visual Arts (New York, 1998)

—, 'Cézanne and Chardin' in Françoise Cachin et al. (eds), Cézanne aujourd'hui, op. cit., pp.11–28

—, 'Cézanne's "Cardplayers" and Their Sources', Arts Magazine, 55:5 (November 1980), pp.104–17

Martha Ward, Pissarro, Neo-Impressionism, and the Spaces of the Avant-Garde (Chicago and London, 1996)

Eugene Weber, Peasants into Frenchmen: The Modernization of Rural France, 1870–1914 (Stanford, 1976)

第10章

Tamar Garb, 'Visuality and Sexuality in Cezanne's Late Bathers', Oxford Art Journal, 19 (1996), pp.46–60

Lawrence Gowing, 'The Logic of Organized Sensations' in William Rubin (ed.), Cézanne: The Late Work, op.cit., pp.55–71

James D Herbert, Fauve Painting, The Making of Cultural Politics (New Haven and London, 1992)

Theodore Reff, 'Painting and Theory in the Final Decade' in William Rubin (ed.), Cézanne: The Late Work, op.cit., pp.13–53

John Rewald, 'Cézanne's Last Motifs at Aix' in William Rubin (ed.), Cézanne: The Late Work, op.cit., pp.83–106

后记

Jack Flam, Matisse on Art (revised edn, Berkeley, CA, 1995)

William Rubin, 'Cézannisme and the Beginnings of Cubism' in Cézanne: The Late Work, op.cit., pp.151–202

Peter Selz, German Expressionist Painting (Berkeley, CA, 1954)

致谢

在本书的写作过程中我衷心感谢众多研究塞尚的学者们，他们中的一些人不但给我提供良好的建议、鼓励我，还是我做学术研究的榜样。杰恩·沃曼（Jayne Warman）帮助我查证图片，在华盛顿国家美术馆工作的贝特西·科曼（Betsy Coman）在档案馆查找约翰·里瓦尔德（John Rewarld）的论文帮助我确定文献中一些记载模糊的日期，丹尼斯·库塔尼（Denis Coutagne）和安娜·科西（Anna Corsy）慷慨地带我参观位于艾克斯的塞尚故居和其他一些塞尚出入的场所。此外，关于普罗旺斯最新的历史研究、关于普法战争和第三共和国的历史研究、大量的展览目录、文章以及学术讲座[讲座人包括约翰·豪斯（John House）、塔马·加布（Tamar Garb）、琳达·诺克林（Linda Nochlin）、保罗·塔克（Paul Tucker）、卡罗尔·泽梅尔（Carol Zemel）]，还有我在三一学院认真听课、善于提问的学生们，所有这些都对我的写作提供了帮助。最后，感谢保罗·雷迪（Paul F Ready）担任我的法律顾问，莎拉·蒙塔古（Sarah Montague）、弗洛尼亚·辛普森（Fronia Simpson）认真审校文稿。感谢费顿出版社非常耐心的合作团队。尤其感谢朱莉娅·麦肯兹（Julia Mackenzie），她为本书最终定稿提供了无私帮助。还要感谢吉姆·刘易斯（Jim Lewis），他以惯有的自信和沉着陪我经历了这一切。

谨以此书献给布里奇特（Bridget）、布赖恩（Brian）以及我的父亲。

图片版权

图书在版编目（CIP）数据

塞尚 /（英）玛丽·汤姆金斯·刘易斯著 ；孙丽冰
译. — 北京 ：北京美术摄影出版社，2019.2
（艺术与观念）
书名原文：Cezanne（Art and Ideas Series）
ISBN 978-7-5592-0192-8

Ⅰ . ①塞… Ⅱ. ①玛… ②孙… Ⅲ. ①塞尚（
Cezanne, Paul 1839-1906）—人物研究 Ⅳ.
①K835.655.72

中国版本图书馆CIP数据核字(2018)第213729号

北京市版权局著作权合同登记号：01-2016-2637

责任编辑：耿苏萌
助理编辑：李　梓
责任印制：彭军芳

艺术与观念

塞尚
SAISHANG

［英］玛丽·汤姆金斯·刘易斯　著

孙丽冰　译

出　版　北京出版集团公司
　　　　北京美术摄影出版社
地　址　北京北三环中路6号
邮　编　100120
网　址　www.bph.com.cn
总发行　北京出版集团公司
发　行　京版北美（北京）文化艺术传媒有限公司
经　销　新华书店
印　刷　广东省博罗县园洲勤达印务有限公司
版印次　2019年2月第1版　2022年11月第2次印刷
开　本　700毫米 × 1000毫米　1/32
印　张　10.75
字　数　295千字
书　号　ISBN 978-7-5592-0192-8
审图号　GS（2018）1712 号
定　价　89.00元

如有印装质量问题，由本社负责调换
质量监督电话　010-58572393